当年明月

人类从历史中学到的唯一教训，就是人类无法从历史中学到任何教训。

——黑格尔

当年明月 著

明朝那些事儿

增补版

第贰部

朱棣：逆子还是明君

北京联合出版公司
Beijing United Publishing Co.,Ltd.

目录

目录

第一章

建文帝：建文的忧虑

○朱允炆抬起头 用忧虑的口气说出了朱元璋万想不到的话 外敌入侵 由叔叔们来对付 如果叔叔们有异心 我怎么对付他们呢

朱元璋病逝前，指定皇太孙朱允炆继位。朱元璋逝世时很是安心，因为他认为朱允炆一定能够继承他的意愿，将大明王朝治理得更好。一个安心的人走了，却留下了一个忧虑的人。

朱元璋巨大的身影从朱允炆身上消失了，朱允炆终于可以独自处理政事了，但这个年仅二十一岁的少年惊奇地发现，他仍然看不到太阳，因为有九个人的身影又笼罩到了他的头上。

这九个人就是朱元璋的九个儿子，从东北到西北分别是辽王、宁王、燕王、谷王、代王、晋王、秦王、庆王和肃王。

如果说皇帝是最大的地主，那么这九个人就是保卫大地主的地主武装。

朱元璋在全国各地封了二十四个儿子和一个孙子为王，这些特殊的人被称为藩王，他们有自己的王府和军队，每个王都有三个护卫，但请注意，这三个护卫不是指三个人。

所谓护卫是一个总称，护卫的人数从三千人到一万九千人不等，这样算一下就可以了解藩王们的军事实力。

上面那句话的关键所在就是不等，按照这个规定，藩王所能拥有的军力是九千人到五万七千人，而在实

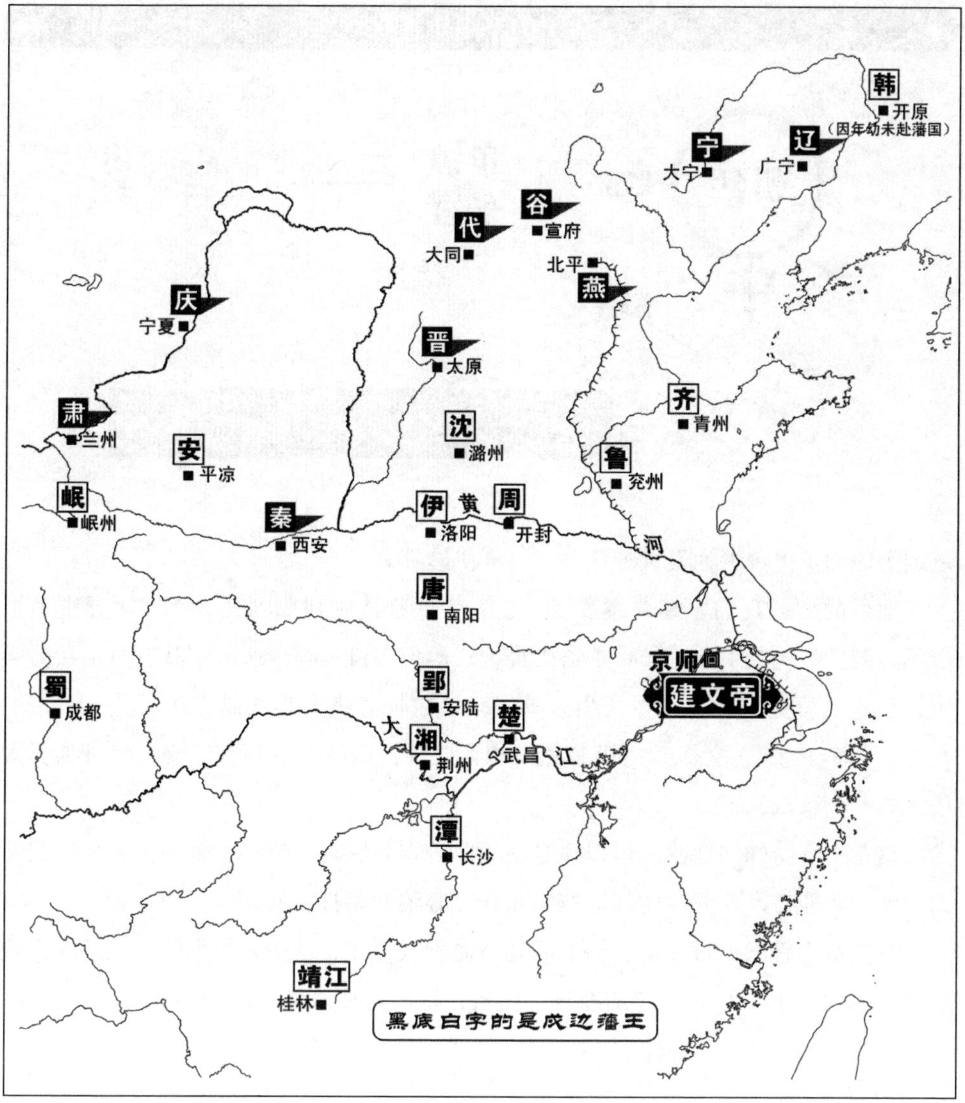

↑ 明初诸王分布

践中，藩王们都倾向于选择后一个数字，枪杆子里出政权，就算不要政权，多养点打手保镖看家护院也是好的。

按说这个数字其实也不多，区区五万多人，自然干不过中央。可见朱元璋在安排军队建制时是有所考虑的，但事情往往坏就坏在例外这个词上。

可以例外的就是我们上面提到的这九个人中的某几个。他们之所以可以例外，

藩王的军事指挥权

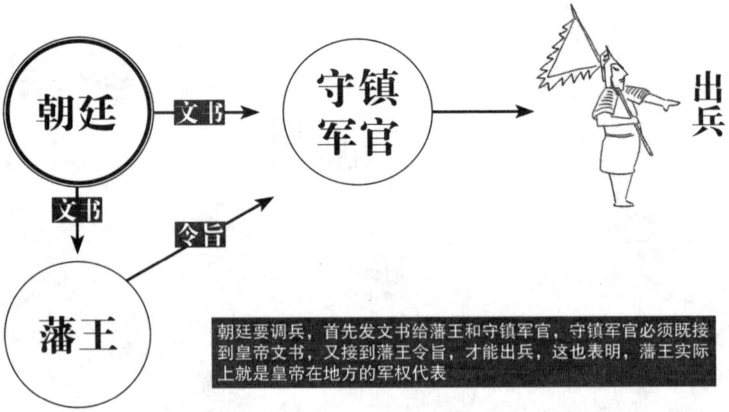

朝廷要调兵，首先发文书给藩王和守镇军官，守镇军官必须既接到皇帝文书，又接到藩王令旨，才能出兵，这也表明，藩王实际上就是皇帝在地方的军权代表

是因为他们负担着更为繁重的任务——守护边界。

他们的防区我们已经介绍过了，这九个武装地主就如同九大军区，分别负担着不同的任务，其中燕王和晋王势力最大，他们各自带有十余万军队，可谓兵势强大，但这二位还不是九王中最生猛的，公认的打仗第一强人是宁王，此人“带甲八万，革车六千”，看似兵力没有燕王和晋王多，但他手下却有一支当年最为强大的武装——朵颜三卫。

这是一支特殊的部队，可以说是明军中的国际纵队，全部由蒙古人组成，战斗力极强。可能有人要问，为何这些蒙古人甘心给明朝打工？

其实这个答案也很简单，因为明朝按时发放工资，这些外援们吃饱饭还能去娱乐场所休闲一下，而北元却是经常打白条，打仗前许诺抢到的战利品归个人所有，

参考消息 **别惹厨子**

朱元璋封藩王时，老三朱棡被封为晋王。朱棡在前往封地的路上，不知什么缘故，看朱元璋拨给他的御厨徐兴祖不顺眼，把徐鞭打了一顿。朱元璋知道后，立刻派人快马加鞭送去了一封信，口气极为严厉：“我率众平天下，从来不姑息属下。唯独这位厨师徐兴祖，跟了我二十三年，我连根小指头都没碰过。怨不在大，你小子要懂！”此次鞭打事件后，朱元璋一度对朱棡印象糟糕，导致后来朱棡遭官员弹劾，朱元璋想都没想就削了他的爵，后来还是在太子朱标的劝说下才给他恢复了爵位。

结果往往抢回来就要先交集体，剩下的才是自己的。

这就是明显的赔本买卖了，拼死抢了点东西回来，还要交公，万一死掉了估计还没有人管埋。确实不如给明朝当公务员，按月拿钱还有福利保障，无数的蒙古人就是被这种政策吸引过来的。

在利益面前，要保持忠诚是一件很难的事情。

另外宁王本人也是极为凶横，据说他每次打仗都领头冲锋，活像《第一滴血》里的兰博，杀人不眨眼，砍头如切菜，连燕王这样的狠角色看到他都要让三分。

这几位镇守边界的武装地主还经常搞联合军事演习，动不动就是十几万人在边界动刀动枪，喊杀冲天。一旦有这样的动静，北元游击队就会立刻转入地下斗争。

其实这些喊杀声惊动的不只是北元，还有坐在皇位上的朱允炆，在他看来，这是一种示威。

该采取点措施了。

朱允炆是一个好人，在他十五岁的时候，父亲朱标患重病，朱允炆尽心伺候。他的孝顺并没有感动上天，挽留住朱标的性命。朱标去世后，朱允炆将他的三个年纪还小的弟弟接来和自己一起住，目的很简单，他不想这些年幼的弟弟和自己一样去承受失去父亲的痛苦，他知道他们需要的是亲情。

那年，他才十五岁。

除此之外，他还担任了朱元璋的护理工作。由于朱元璋脾气本来就不好，伺候他的人总是担心掉脑袋，朱允炆主动承担了责任，他亲自服侍朱元璋，直到朱元璋离开这个世界。他尽到了一个好儿子和好孙子的责任。

他也是一个早熟的少年，当然促使他早熟的并不只是父亲的早逝，还有他的那些叔叔们。

参考消息 **朱允炆的咏月诗**

朱允炆从小脑袋就长得怪怪的，朱元璋曾经叹他是“半边月儿”，不得善终。一次，朱元璋让他以初月为题吟诗，朱允炆的诗是这样的：“谁将玉指甲，掐作碧天痕。影落江湖里，蛟龙不敢吞。”朱元璋听了，半晌没吭声，觉得“影落江湖里”正是不祥之兆，但“蛟龙不敢吞”，倒也没有性命之害。据说因此而交给朱允炆一个铁匣子，里面放着剃刀僧服等，告诉他危难时可打开。

参考消息 **黄龙白龙**

传说晚年的朱元璋有天晚上做了这么一个梦：一条白龙和一条黄龙在宫前相遇而斗。最终黄龙胜，腾云而去，而白龙却因伤势过重，跌落在地。醒后上朝，发现燕王朱棣居然敢站在皇太孙朱允炆的左前方！按照明代的规制，左为尊位，朱棣虽说是皇叔，但到底还是臣子，怎么能站到皇太孙的左边呢？很显然是没把朱允炆放在眼里。朱元璋大怒，立刻将朱棣撵了出去。其实洪武二十五年立了皇太孙后，规定行过朝礼之后就可以行家人礼，朱棣此罚受得比较无辜。

◆ 叔叔的威胁

让朱允炆记忆犹新的有这样两件事：

一次，朱元璋老师出了一道上联：风吹马尾千条线，要求学生们对出下联。学生只有两个人，一个是好学生朱允炆，另一个是社会青年朱棣。

朱允炆先对，却对得很不高明，他的答案是“雨打羊毛一片膻”，虽然勉强对得上，却是不雅；而此时社会青年朱棣却灵感突发，脱口而出：日照龙鳞万点金。

这句不但对得工整，还突出了一个龙字，确是绝对。朱元璋很高兴，表扬了朱棣，而朱棣也不失时机地看了朱允炆一眼，那意思似乎是你也就这能耐而已。

朱允炆虽然还小，但却明白那个眼神的意义。

另一次就严重得多了，朱允炆放学后，正巧遇上社会青年朱棣。朱棣一看四下无人，就露出了流氓相，居然用手拍他的后背，说道：没想到你小子也有今天（不意儿乃有今日）。

朱棣的这种行为在封建社会是大不敬，大概类似今天学校门口的不良少年堵住学生抢劫。

朱允炆也没有想到朱棣居然敢如此放肆，一时不知所措，慌了手脚，正在这时，朱元璋老师过来了，他看见如此情景，勃然大怒，狠狠地骂了朱棣一顿，此时朱允炆的反应却十分耐人寻味。

他不但没有向朱元璋告状，反而帮朱棣说话，向朱元璋表示这是他们叔侄俩闹着玩的。朱元璋这才没有追究。

你不得不佩服朱允炆的反应。这是皇室子孙在复杂环境下的一种天赋，但在我看来，这种天赋似乎是一种悲哀。

在朱元璋的眼里，朱棣是一个好儿子；可是在朱允炆的眼里，朱棣是一个坏叔叔。这倒也不矛盾，就如我们前面所说，朱棣本来就有两张脸，一张是给父亲看的，一张是给侄子看的。

在这种情况下，就有了那次历史上有名的对话。

朱元璋在解决了良弓和走狗的问题后，曾不无得意地对朱允炆说：“我安排你的几个叔叔为你守护边界，站岗放哨，你就可以在家里安心做皇帝了。”

朱元璋笑了，朱允炆却没有笑，他一反以往的附和，陷入沉思中。

这是一个机会，有些话迟早要说，就趁现在这个机会说出来吧。

朱允炆抬起头，用忧虑的口气说出了朱元璋万想不到的话：“外敌入侵，由叔叔们来对付；如果叔叔要有异心，我怎么对付他们呢？”

一生运筹帷幄的朱元璋居然被这个问题问呆了，难道自己的儿子还不能相信吗？他沉默了很久，居然也说了一句朱允炆想不到的话：“你的意思呢？”

这下轮到朱允炆傻眼了，皮球又被踢了回来，要靠我还用得着问你老人家吗？这爷孙俩被这个问题弄得疲于应付，但问题还是不能不答的，朱允炆经过长时间的思考，用做论文的精神列出五点来回答了这个问题：“首先，用德来争取他们的心，然后用礼来约束他们的行为，再不行就削减他们的属地，下一步就是改封地，如果实在没有办法，那就只好拔刀相向了。”

一生精于谋略计算的朱元璋听到这个计划后，也不由得开口称赞：“很好，没有更好的方法了。”

朱元璋十分高兴，他的判断告诉他，朱允炆列出的方法一定能够解决这个隐忧。但事情真的会如他所想般顺利吗？有没有什么漏洞呢？

事实证明确实有一个漏洞，今天我们回头来看这段经典的对话，就会发现两个人说得都很有道理，朱元璋的判断没有错，确实没有比朱允炆所说的更好的方法了，但他忽略了一个关键因素，那就是朱允炆的能力。

朱允炆是一个很聪明的孩子，据史料记载，由于他的头形不好，朱元璋曾经十分不喜欢他，但朱元璋慢慢发现，这个孩子十分聪明，背书十分在行，便对他另眼相看，最后立为继承人。

这里也说明一下能力的问题。在我小时候，我邻居家有个小孩，才五岁就会帮家里打酱油，居然还会讨价还价，时人皆叹之，因为每次打酱油都能帮家里省一毛钱，被誉为奇才。十几年后，我偶然听人说起他待业在家，找不到工作，不过仍然去买酱油，唯一的区别是副食店的老板再也不肯跟他讨价还价了。

打酱油只是个比方，这里主要是说明读书的能力和处理问题的能力是不一样的。书读得好，不代表事情能处理得好；能列出计划，不代表能够执行计划。

◆ 建文的班底

其实朱元璋也并没有把这个复杂的问题抛给毫无经验的孙子，他为朱允炆留下了一群人，帮助他治理天下，其主要成员有三个人，他们也成为后来建文帝的主要班底。

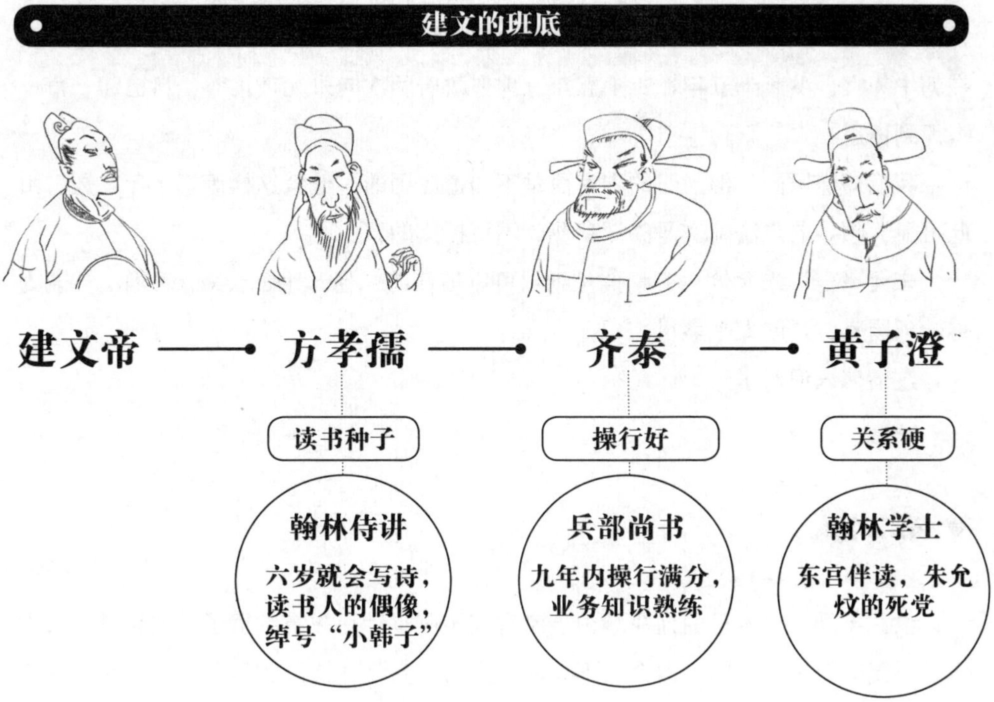

◆ 第一个人

洪武年间，朱元璋曾带着几分神秘感，告诉已经被确认为继承人的朱允炆，自己已为他选择了一个可以治理天下的人才，但这个人有个缺点，就是过于傲气，所以现在还不能用他，要压制他一下，将来才能够成大器。然后他说出了这个人的名字:

方孝孺。

大家应该从朱元璋的话中吸取教训，一般领导提拔你之前总是要打压一下的，所谓磨炼就是这样来的，千万不要为此和领导闹意见，否则就真有可能一辈子压制下去了。

说来倒也滑稽，这位方孝孺就是在空印案中被错杀的方克勤之子，杀其父而用其子，不知这算不算是对方孝孺的一种压制。

方孝孺自小熟读经书，为人称道，他的老师就是大名鼎鼎的宋濂，而他自己也常常以“明王道，致太平”为己任，但让他莫名其妙的是，自己名声很大，老师又在朝中为官，洪武十五年、二十五年，地方政府两次向朱元璋推荐，自己却一直没有得到任用。

我们知道原因，但当时的方孝孺是不知道原因的，他就这样等了十年之久，由此可见，领导的想法确实是高深莫测、不可捉摸的。

朱元璋告诉朱允炆，方孝孺是绝对可以信任的，他一生都会效忠于你，并能为你治理国家，开创太平盛世。

这话他只说对了一半。

◆ 第二个人

洪武年间，京城里的谨身殿由于没有安装避雷针，被雷给劈了。如果是今天大概是要搞个安全宣传的，教育一下大家注意天气变化，修好完事。但在当年，这可是一件不得了的大事，朱元璋认为是上天发怒了，便决定去祷庙祭祀，他大概是认

参考消息　方孝孺代师写文

据说一次朱元璋设宴，酒喝得高兴，就命宋濂写上一篇以仙草为题的《灵芝甘露颂》，次日早朝呈上。但因为席中有武将，朱元璋频频赐酒，宋濂不胜酒力，喝得烂醉如泥。第二天从宿醉中醒来，猛然想到此稿，顿时酒意全无，大叫了一声：“我今天死定了（我今日要死也）！”幸亏宋濂的学生——方孝孺担心老师误事儿，早就帮忙写好了一篇。朱元璋看了文章，感觉与宋濂以往的风格不太一样。从宋濂口中知道实情后，给出了一句评语：“你这学生比你强啊！”

为自己确实干了不少错事，所以这次祭祀他挑选了一批人和他一起去。

挑选条件是极为苛刻的，那就是在九年之内（含九年）没有犯任何过失的，这在洪武朝可真是难过登天了。那个时候，官员能保住脑袋就不错了，你就是没错，说不准老朱也能给你挑出错来。这么看来，能符合要求者还真是需要一颗纯洁的心灵，至少对老朱纯洁。

虽然不多，却也不是没有，齐德就是其中一个，他因为这件事被朱元璋留意，并记在心中，祭祀完毕后，朱元璋亲自为齐德改名为泰，从此齐泰这个名字成为了他一生的代号。

此人是个文人，虽未带兵，却被任命为兵部左侍郎。朱元璋也曾放心不下，为他举行了一场单独面试，询问边界将领的名字，齐泰不慌不忙，从东说到西，从南说到北，毫无遗漏，得了满分。之后又问各地的形势，齐泰这次没有说话，从袖子里拿出一本手册，上面的记载十分详细。朱元璋十分惊讶，大为欣赏。

要知道，这次面试是突然性的，齐泰并未预先作准备，说明这位仁兄确实是把这些玩意儿当书来背的，还写成小册子，随走随看，其用功之热情胜似今日在公交车上背单词的四级考生。

他也将成为建文帝的重臣。

◆ 第三个人

这个人比较特殊，他从入朝为官时起就是朱允炆的死党，此人就是黄子澄。

黄子澄是江西人，洪武十八年（1385），他一鸣惊人，在当年的高考中以最高分获得会元的称号，后被选拔为东宫伴读。这是一个前途远大的工作，因为太子就是将来的皇帝，能够得到这个职位可见其学问之深。

朱允炆为皇太孙时，他一直陪伴在旁，而一件事情的发生更是加深了他与朱允炆之间的感情。

有一次，朱允炆在东阁门外唉声叹气，正好被经过此地的黄子澄看见，他便上前问原因，朱允炆看他是自己人，便说了实话。他担心的正是他的那些叔叔，万一将来要造反可怎么办才好。没想到黄子澄听后微微一笑，要朱允炆不用担心，他说:

"诸王的兵力只能用来自保而已，如果他们敢造反，朝廷发兵攻击他们，一定能够取胜！"然后他又列举了汉景帝时七国之乱的故事来鼓励朱允炆，表示只要朝廷出兵，叛乱一定会被平定。

朱允炆听见这些话，顿时大感安慰，他把这些话记在心中，并感谢黄子澄为他指出了一条金光大道。

这又是一个典型的脱离实际以古论今的例子，试问周亚夫在何处？你黄子澄能带兵打仗吗？

总结以上三人，有几个共同特点：都是饱读诗书，都是文人，都有远大理想，都是书呆子。

书生误国，并非虚言。

建文帝登基后，立刻召回方孝孺，任命为翰林侍讲，并提升齐泰为兵部尚书，黄子澄为翰林学士。这三个书生就此成为建文帝的智囊团。

当朱允炆正式成为皇帝后，他找到了黄子澄，问了他一个问题："先生，你还记得当年东阁门所说的话吗？"

黄子澄肃然回答道："从不敢忘记！"

那就动手吧，朱棣迟早要反，先下手为强，后下手遭殃，我的判断没有错，他一定会造反的！

参考消息 **面试很重要**

黄子澄天资聪颖，读书又异常刻苦，并四处虚心求教。这样一个勤奋的聪明人，是没有理由不成功的。果不其然，洪武十七年，黄子澄参加乡试，获得第二名的佳绩，第二年参加会试，又一举拿下了会元。据说当年他理应中状元，但殿试时，朱元璋问他哪年出生，他一时紧张，不敢回答元朝的至正年号，使得朱元璋大扣印象分，直接把他从第一名降到了第三名。快到手的状元，遂缩水成了探花。

第二章

等待中的朱棣：朱棣的痛苦

○大王若能用我，贫僧愿意送一顶白帽子给大王

○朱棣闻听此言，勃然变色，他虽然读书有限，但王上加白是什么字他还是清楚的

朱棣其实并不想造反，他想当皇帝，但他不想造反。

这看起来似乎是个矛盾的命题，其实并不矛盾。从权利、义务的关系来看，当皇帝是权利，而造反则是义务，因为对于那些投错了胎或者是投晚了胎的人来说，要想享受权利，必须履行义务。

从经济学上来说，造反的成本太高，而且很容易亏本。根据以往数据显示，亏本者的结局一般都是死。相信朱棣在造反前还是仔细读过历史书的，古往今来，把五胡十六国和五代十国这些小朝代也算在内，王爷能够造反成功的，扳指头就可以数得出来，估计还不用脚趾。

如果把范围再缩小一点，只统计类似明朝这样的大一统时代，朱棣就会惊喜地发现，目前的纪录还是零。而朱棣对打破这个纪录似乎也不太有信心。如果有人告诉朱棣，出一笔钱，就可以让他造一把反，造反失败赔钱就行，估计朱棣就算是找银行贷款也会把钱凑足的。

可惜这个世界上没有这样的机会，也没有这样的担保者。对于朱棣而言，造反的成本实在太大了，当年的朱重八，烂命一条，父母双亡，身无长物，一人吃饱全家不饿，无正当工作，也没有银行存款，简直就是天生的造反苗子，可就是这样，他在造反前还左

同是造反，境况不同

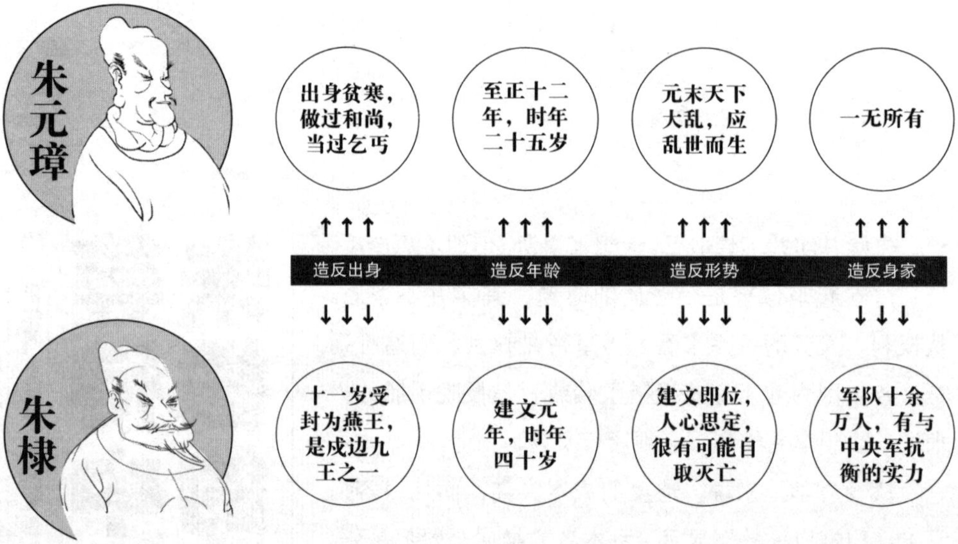

思右想，犹豫不定。

朱棣就不同了，他出身皇族，有自己的房子和老婆孩子，手下有十几万人，随时听从他的指挥。王府休闲娱乐一应俱全，如果想找点刺激，出门左转不远就能碰到邻居——蒙古人，顺便过过打仗的瘾。可万一造反失败，房子女人孩子部下都没了，自己的小命也必然不保。

做这样的一笔生意实在是要经过仔细考虑的。

因为走上了这条路，就不能再回头。

此时有一个人打破了朱棣的犹豫，也改变了他的命运。

朱棣还在犹豫之中，建文帝的两位重臣黄子澄和齐泰却已经准备动手了，说来也是滑稽，虽然这两个人都是书生，却是有样学样，指点诸王，说今天灭这个，明天解决那个，很快就发生了争论。偏偏两人都很自负，一个号称满腹韬略，一个自认谋略过人，谁也不服谁。

其实他们大可不必争论，因为当时的天下第一谋士另有其人，而更不幸的是，这个人正是他们的敌人，也就是改变朱棣命运的那个人。

◆ 另一个和尚

洪武十八年，朱元璋从民间选拔十名僧人，准备分给诸位藩王讲经荐福，对于这些本心并不清静的僧人而言，选择跟随哪位王爷就成了一件重要的事情，在藩王们到来前，僧人们纷纷议论，哪个更有钱，哪个更有权，哪里地方好水土佳。

只有一个叫道衍的和尚岿然不动，似乎并不在意这些，但实际上，他的内心比谁都激动，因为他等待这个时机、等待那个人已经很久了。

不一会儿藩王们进来了，原先嘈杂的僧人们立刻安静下来，他们知道决定自己命运的时刻到来了。

道衍用眼睛的余光看见了自己等待的人，他终于来了！

朱棣带着招牌似的微笑一路走来，他并没有注意道衍，就在他行将经过的时候，这个沉默的和尚突然开口了："燕王殿下，贫僧愿意跟随您。"

朱棣愣住了，他回头看了一眼这个自荐的和尚，微微一笑，问出了一句似乎很有必要的话："为何？"

"贫僧有大礼相送。"

这下朱棣真的感兴趣了，自己贵为藩王，要什么有什么，这个穷和尚还能送什么礼给自己？

"噢，何礼？"

到关键时刻了，不能再犹豫了，这个礼物一定能够打动他！

"大王若能用我，贫僧愿意送一顶白帽子给大王！"

朱棣闻听此言，勃然变色，他虽然读书有限，但王上加白是什么字他还是清楚的，他快步走到道衍面前，怒斥道："你到底是什么人，不要命了吗？！"

此时的道衍却是笑而不言，似乎没有听到这句话，闭目打起坐来。

这个诱惑太大了，他一定会来找我的。

果然，过了一会儿，一个低沉的声音在他的耳边响起："跟我来吧。"

一丝笑容爬上了他的嘴角，属于我的时代到来了，把这个世界搅得天翻地覆！

◆ 乱世之臣

这个世界上有很多人，从事着不同的职业，种地的农民，做生意的商人，修修补补的手艺人，他们都是这世上芸芸众生中的一员。而在他们中间，有一些人却不安于从事这些职业，他们选择了另一条路——读书。

从圣人之言到经世之道，他们无书不读，而从这些书中，他们掌握了一些本质性和规律性的东西，使得他们能够更为理性和客观地看待这个世界。同时，科举制度也使得读书成为了踏入仕途的一条重要渠道。于是许多读书人沿着这条道路成为了封建皇帝的臣子，协助皇帝统治天下。

在这些臣子中，有一些更为优秀的人凭借自己的能力成为了精英中的精英，他们判断问题比别人准确，懂得如何抓住时机，能更好地解决问题，我们称这些人为能臣。

所谓能臣并不单指正臣、忠臣，也包括所谓的奸臣，它只用来形容人的能力，而不是立场。

这些人都是真正的精英，但他们还可以按照人数多少和不同用途进一步划分为三个层次。

第一种叫治世之臣。这种人几乎每个朝代都有，他们所掌握的是圣人之言、君子之道，其共同特点是能够较好地处理公务，理清国家大事。皇帝有了这样的臣子，就能够开创太平盛世。代表人物有很多，如唐代的姚崇、宋璟等。这种人并不少见，他们属于建设者。

第二种叫乱世之臣。他们并不是所谓的奸臣，而是乱臣，他们掌握的是阴谋诡计、权谋手段，精通厚黑学。与第一种人不同，他们往往在社会上摸爬滚打多年，经历过许多风波，对人生的黑暗面有着清楚的认识。这些人的能量极大，往往能够将一个大好的朝代断送掉，代表人物是安禄山。这种人并不多见，他们属于破坏者。

第三种叫救世之臣。这可是稀有品种，其遗传率和现世率比熊猫还低，往往上百年才出一个。这些人兼有上述两种人的特点，既学孔孟之道，又习权谋诡计。他们能够灵活地使用各种手段治理天下，并用自己的能力去延续一个衰败朝代的寿命。其代表人物是张居正。这种人很少见，他们属于维护者。

而这位道衍就是一个典型的乱世之臣。

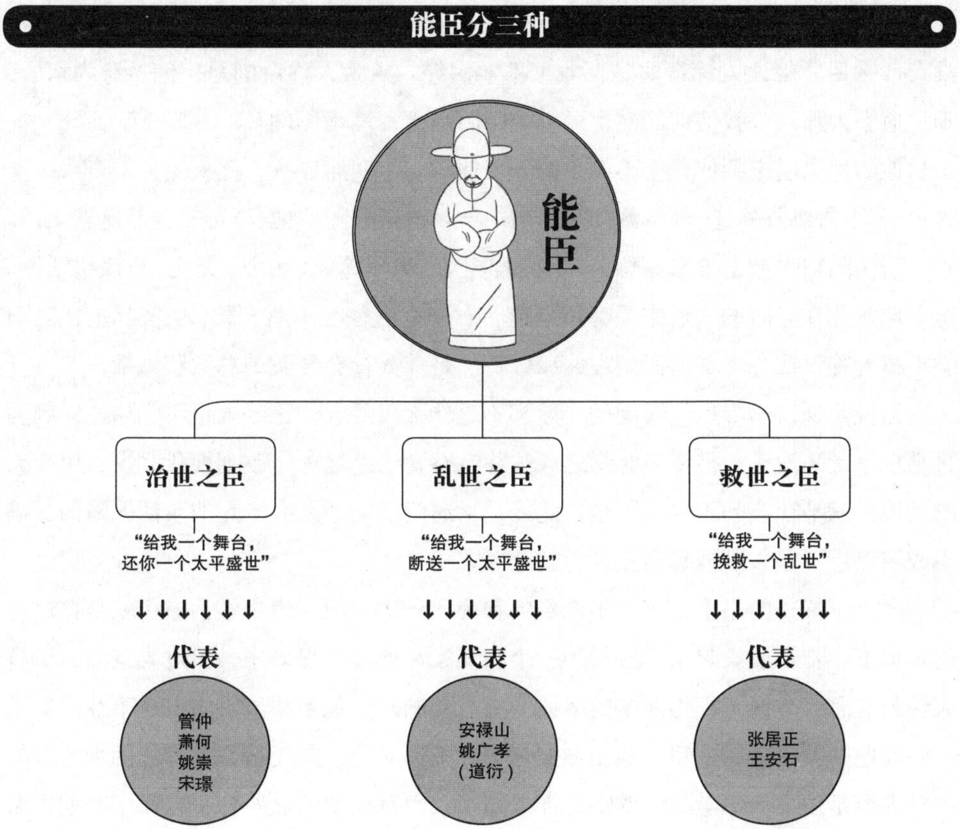

他并不是个真正的僧人，在出家以前，他也曾饱读诗书，历经坎坷，满怀报国之志却无处容身。他的名字叫姚广孝。

◆ 姚广孝

姚广孝，长洲（今江苏吴县）人，出生于至元元年（1335），只比朱元璋小七岁。出生于乱世的他从小好学，擅长吟诗作画，十四岁出家为僧，取名道衍。交际广泛，当时的名士如杨基、宋濂等人和他关系都不错。

但他所学习的却不是当时流行的程朱理学和经世之道，其实和尚学这些也确实没有什么用，但让人惊奇的是，他也不学佛经。更为人称奇的是，他虽身为和尚，却拜道士为师！宗教信仰居然也可以搞国际主义，确是奇闻。

他的那位道士师傅是个不简单的人，他的名字叫席应真，此人也是个奇人，身为道士，不去炼丹修道，却专修阴阳术数之学。道衍跟随着他，学习的也是这些东西。

所谓阴阳术数之学来源悠久，其内容庞杂，包括算卦、占卜、天文、权谋机断等。这些玩意儿在当时的人看来是旁门左道，君子之流往往不屑一顾，但实际上，阴阳学中蕴含着对社会现实的深刻理解和分析，是前人社会经验的总结和概括。

话说回来，学习这门学问的一般都不是什么正经人，正经人也不学这些，因为科举也不考阴阳学，但身怀此学之人往往有吞食天地之志、改朝换代之谋，用今天的话说，就是社会的不安定因素。此外，学这门学问还是有一定的生活保障的，搞不成阴谋还可以去摆摊算命实现再就业。

一个不炼丹的道士，一个不念经的和尚，一支旁门左道之学，道衍就是在这样的环境下一步步成长起来，成长为一个阴谋家。他读了很多书，见过大世面，了解人性的丑恶，掌握了权力斗争的手段，更重要的是，他希望能够做一番事业。

问题的关键就在这里，他虽结交名士，胸怀兵甲，却无报国之门。因为考试的主要内容是语文，不考他学的那些课外知识，而且他学的这些似乎在和平时期也派不上用场。有才学，却不能用，也无处用，因此在很长一段时间内，道衍都处于郁闷的状态。

可能这辈子都没有出头之日了，他开始消极起来。

既然在家里烦闷，就出去玩吧。和尚旅游，地点最好还是寺庙。全国各地的寺庙大都留下了他的足迹，而当他到嵩山寺游玩时，碰见了一个影响他一生的人，这个人给精于算卦的道衍算了一命，准确地预言了他未来的前程和命运。

这个人叫袁珙，与业余算命者道衍不同，他的职业就是相士。相士也是一个历史悠久的职业，他们在历史上有很大的名声，主要原因就在于他们往往能提前几十年准确预告一个人的将来，比天气预报还要准，而名人效应更是增加了这一人群的神秘感。最有代表性的就是许劭对曹操的那句乱世奸雄的评语。

袁珙并不认识道衍，但当他看到道衍时却大吃一惊，便如同今日街上算命的人一样，追上道衍硬要给他算一卦（收没收钱不知道），并给了他一个评语："世上怎么会有你这样奇异的和尚！长着一双三角眼，就像生病的老虎，你这样的人天性嗜好杀戮，将来你一定会成为刘秉忠那样的人！”

如果今天街上算命的人给你一个这样的评语，估计你不但不会给钱，还会教训他一顿。但是道衍的反应却大不相同，他十分高兴。三角眼、嗜杀这样的评语居然让道衍如此愉悦，从这里也可以看出，此人实在是个危险分子。

这里还要说到刘秉忠，这是个什么人呢，为什么道衍要把此人当成偶像呢？

刘秉忠也是个僧人，联系后来的朱重八和道衍来看，当时的和尚实在是个危险的职业，经常聚集了不法分子。刘秉忠是元朝人，在忽必烈还是亲王时，被忽必烈一眼看中并收归属下成为重要谋士，为忽必烈登上帝位立下汗马功劳。

以这样的人为偶像，道衍想干些什么，也是不难猜的。

道衍并不是一个清心寡欲的人。洪武年间，朱元璋曾下令懂得儒术的僧人去礼部参加考试，道衍抓住了这次招考公务员的机会，也去考了一把，考得如何不清楚，但反正是没有给他官做，这让道衍非常失望，他又要继续等待了。

终于，他抓住了洪武十八年的这次机会，跟随燕王去了北平，在庆寿寺做了住持。

如果他真的只做住持的话，也就不会发生那么多的事了。

这位本该在寺里念经的和尚实在不称职，他主要的活动地域并不是寺庙，而是王府，他日复一日、年复一年地用同一个命题劝说着朱棣—— 造反。

从后来的史实看，道衍这个人并不贪图官位，也不喜爱钱财，一个不求名不求利的人却整天把造反这种事情放在嘴边，唯恐天下不乱，是很奇怪的，他到底图什么呢？

参考消息 **袁珙**

袁珙（1335—1410），今浙江宁波人，人称天下第一相士。初时他和姚广孝相识，说姚是“目三角，形如病虎，性必嗜杀”。后来姚广孝把他介绍给燕王，燕王正和七八个卫士在酒馆喝酒，袁珙一见，上前跪拜，说殿下怎么可以这样不惜重自己呢；等到单独召见时，又说燕王是“太平天子”，四十岁后必能当皇帝。据说正是这句话，让朱棣下定了造反的决心。袁珙这人还有个特点，他看出某人心术不正时，就故意吓唬，说你不如何如何就会招来祸患，人听了都害怕，因此坏人就变成了好人。

很明显，道衍是一个精神正常的人，他也不是那种吃饱了饭没事干的人，造反又不是什么好的娱乐活动，为何他会如此热衷？如果从这个人的经历来分析，应该是不难找到答案的，驱动他的是两个字——抱负。

道衍是一个失落的人，他学贯古今、胸有韬略，却因为种种原因得不到重用，在被朱棣带回北平的那年，他已经五十岁了。青春岁月一去不返，时间的流逝增加了他脸上的皱纹，却也磨炼了他的心。一次又一次的等待，一次又一次的失望，使得这个本应在家养老的人变成了一个火药桶，只要有合适的引线和时机就会爆炸。

朱棣就是那根引线，这个风云际会的时代就是时机。

参考消息 **刘秉忠小传**

刘秉忠原名刘侃，河北邢台人。十七岁时，为了养家糊口，在衙门里混了个刀笔小吏。几年后，辞去公职，先是加入了道教全真派，后来高僧虚照禅师听说他在释法方面颇有能耐，便派弟子前去相请。经过一番可能并不怎么激烈的思想斗争，刘道长改行当了禅师，不久便被推荐进了忽必烈的幕府。在辅助忽必烈夺得汗位后，他主要干了这么三件事儿：一、定国号为“元”；二、带人制定了一整套的法制、典章、礼仪等制度；三、设计建造了元大都。忙完了这一切后，刘秉忠积劳成疾，在陪皇帝外出避暑时去世，享年五十九岁。

道衍

男，1335—1418
江苏长洲（今吴县）人
俗姓姚，幼名天禧
永乐二年，朱棣复其姓，赐名广孝

出身
医学世家
家境殷实
十四岁出家为僧

靖难之变总策划
永乐朝黑衣宰相

通儒术，工诗文，善阴阳术数之学

第三章

准备行动

〇刀已经架到脖子上了　朱棣似乎成为了板上鱼肉　在很多人看来　他只能束手就擒了　然而就在此时　朱棣却做出了一件别人想不到的事情

黄子澄和齐泰准备动手了，但他们在目标的确定上起了争论，齐泰认为先拿燕王开刀为好，而黄子澄却认为，应该先剪除其他各王，除掉燕王的羽翼，然后再对燕王动手。

我们今天回头来看这两个计划，似乎都有道理。后人评价时往往认为齐泰的做法是正确的，但我看来，这样的论断似乎有成王败寇之嫌。黄子澄的计划是有其合理性的，毕竟先挑弱者下手还是有一定作用的。

这是一盘决定天下命运的棋局，对弈的双方是朱允炆和朱棣，现在身为皇帝的朱允炆猜到了先手，他在棋盘上下出了自己的第一着。

◆ 先着

周王朱橚是燕王朱棣的同母兄弟，在朱允炆看来，他将是朱棣的有力助手，也正是因为这个原因，他成了最早被清除的人。奉命执行这项任务的就是我们之前介绍过多次的李文忠之子李景隆。

事实证明，这位仁兄打仗可能不在行，抓人还是有一套的。他突调大军奔赴河南周王府，把周王的老婆孩子加上他本人一股脑儿押到京城，朱允炆对他的这位叔叔并不客气，把他从国家一级干部直接贬为老百姓，并迁至云南。当时的云南旅游资源还没有充分开发，算是半原始状态的荒芜之地，周王就被放到这个地方去当人猿泰山了。

此时，建文帝才登基一个月。但他显然没有到新单位上班的羞涩和谦虚，开始收拾起他的那些叔叔。周王是第一个，但绝不是最后一个，而且周王很快就会发现与后来者的遭遇相比，去云南旅游未尝不是一件好事。

同年十二月，有人告发代王朱桂“贪虐残暴”，建文帝表现出了强烈的正义感，毅然履行了皇叔犯法与庶民同罪的法律原则，把他的叔叔迁至蜀地看管起来。

第二年五月，建文帝又一次大义灭亲，以“不法事”罪名将岷王朱楩逮捕，并贬成老百姓。说到底，这个“不法事”是个什么事也没说清楚，和那句著名的“莫须有”有一拼。这样看来，在历史上，要整人实在不需要找太多理由。

还没等大家反应过来，建文帝又以破坏金融罪——私印钞票，对湘王朱柏下手了，其实那个时代的钞票本来就没有什么计划可言，乱印最多的就是建文帝本人。当然这只不过是一个借口而已，随后朝廷就派使臣至湘王封地去抓人，他们以为这次会像以往一样顺利，但意想不到的事情发生了。

湘王朱柏不愧是朱元璋的子孙，甚有骨气。他在得知有人要来抓他的消息后，笑着对自己的手下说：“我亲眼看到很多在太祖手下获罪的大臣都不愿受辱，自杀而死，我是高皇帝的儿子，怎么能够为了求一条活路而被狱吏侮辱！”

他没有开门迎接使臣，而是把老婆孩子都召集起来，紧闭宫门，自焚而死。

这样的惨剧，并没有阻止建文帝的行动步伐，他以迅雷不及掩耳之势又连续抓获了齐王朱榑和代王朱桂，此二人皆被废为庶人。

参考消息 **科学家朱橚**

朱橚年少时多少还有些政治抱负，不过由于屡屡失意，反倒促使他将更多的精力放到了实务方面。古代农业不发达，饥荒时有发生，常用草根树皮果腹。由于对饥民的疾苦感同身受，朱橚便把攻关重点集中在了开荒种植的研究上，他召集了一大批对农作物颇有心得的老农和采药人，漫山遍野地搜集各种易于成活的可食用植物。最后总结出四百余种绘制成图、编辑成册，名为《救荒本草》，这本救活了无数饥荒地区老百姓的册子，可以说是明代最有用的书之一。

真是干净利落，毫不留情！到了这个地步，就是傻瓜也知道建文帝想干什么了。

大家可能会奇怪，为什么这些藩王毫不反抗呢？其实原因很简单，一方面他们并没有燕王那样的反抗资本，而另一个更为重要的原因是，他们没有反抗的理由。

在那个时代，皇帝是最高的统治者，所有的藩王都是他的属下，别说你是皇帝的叔叔，就算你是他爷爷，只要他是皇帝，你也得听他的。说句难听点的话，削藩问罪还是客气的，算是给足了面子，如果藩王不服气明着来的话，自然也有大刀大棍伺候。

至此，建文帝已经完全违反了他自己向朱元璋作出的承诺，什么以德服人都被丢到九霄云外，他就像是一个刚上擂台的拳击手，急风暴雨般挥出一轮王八拳，看似痛快凌厉，效果却有限。

这是一场残酷的政治斗争，也是一场拳赛。

天真的朱允炆不知道他要参加的这场拳赛并不是三个回合的业余赛，而是十二个回合的职业赛。在这样的比赛中，想要乱拳打死老师傅是根本不可能的事情，获得胜利的关键在于隐忍的耐心和准确的判断。

朱允炆抢到了先手，却没有抢到先机。

朱棣即将作出自己的应对。

◆ 应对

建文帝就要找上门了，这下子由不得朱棣了，要么造反，要么像他的那些兄弟一样被干掉。此时的朱棣可谓处境艰难，他比当年的朱重八还不如。朱重八就算不去造反，还可以逃出寺庙，去当盲流，混碗饭吃，可是朱棣却没有这样的好运气。天下是朱允炆的，他还能逃到哪里去呢？

道衍抓住了眼前的这个时机，继续向朱棣推销他的造反理论。对于这一点，朱棣是早已经习惯了，如果哪一天这位仁兄不说这些大逆不道的话，那才叫奇怪。以往朱棣对这些话还可以一笑置之，因为他很清楚，造反不是吃夜宵，说干就能干的。这个唯恐天下不乱的和尚身无长物、一无所有，才会全身心地投入造反事业，可是自己是藩王，和这些穷光蛋有天壤之别，怎么可能被这些人拖下水？

双方的准备工作

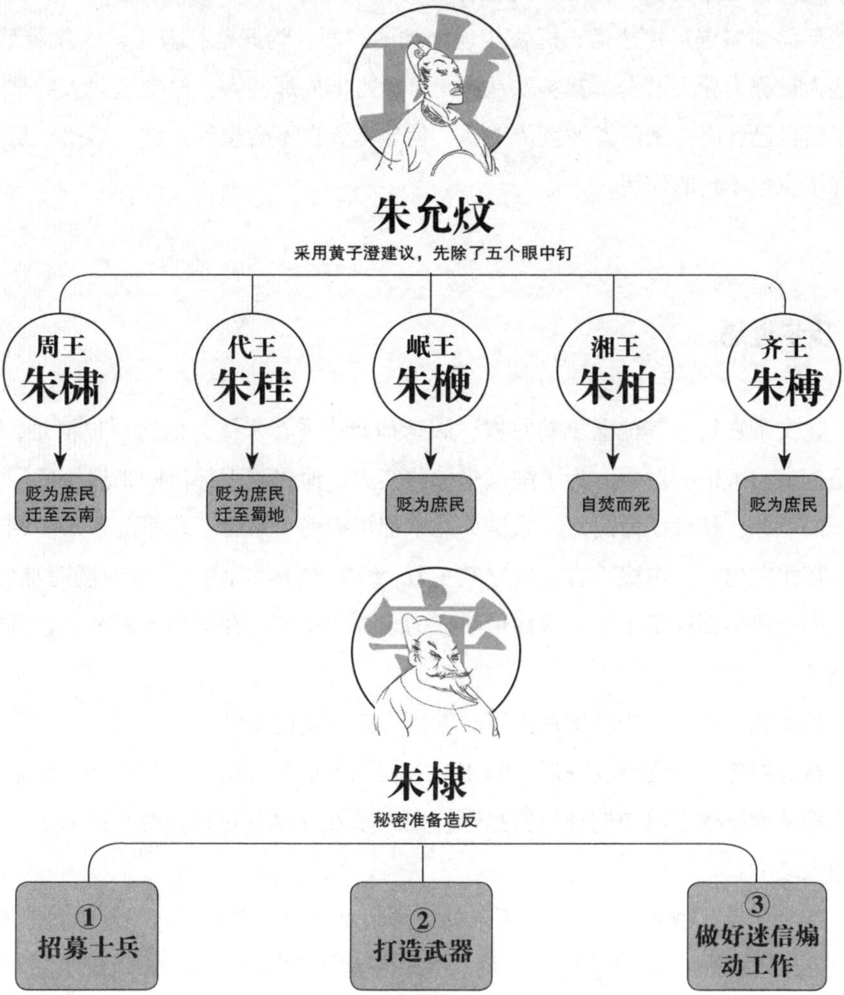

但是到现在他才发现，如果放纵这个侄子搞下去，自己会变得连穷和尚也做不了。

于是他开始了自己的准备工作，他招募大批强壮士兵为卫军，并进行军事训练，地点就在自己的王府之内。所谓批判的武器不能代替武器的批判，要想造反，拿着木棍农具是不行的，这就需要大量的兵器，打造兵器的动静很大，而当时又没有隔音设备。朱棣在这个问题上充分发挥了想象力和创造力，他建造了一座很大的地下室，周围竖起围墙，并在附近开办了多个养鸡场，就这样，地下室里叮叮当当地敲个不停，外面的人一点也听不见。

此外，朱棣还吸取历来农民起义战争中的先进经验，虚心向农民兄弟学习，即在造反前要搞点封建迷信、远古传说之类的东西。为此他招募了一大批特殊人士。这些人被称为异人术士，其实就是街上算命占卜的那些人，他把这些人搞来无非是为了给自己壮胆，顺便做做宣传工作，但他本人也不会想到，这一举措在后来竟然发挥了意想不到的作用。

◆ 步步进逼

建文帝在解决其他藩王的时候，眼睛却始终看着朱棣，因为他也清楚，这个人才是他最为可怕的对手。为了削减朱棣的实力，他先派工部侍郎张昺接任了北平市市长的职务，然后任命谢贵、张信为北平都指挥使，掌握了北平的军事控制权。之后他还派宋忠（此名极不吉利）率兵三万，镇守屯平、山海关一带，随时准备动手。

刀已经架到脖子上了，朱棣似乎成为了板上鱼肉，在很多人看来，他只能束手就擒了。

然而就在此时，朱棣却做出了一件别人想不到的事情。

按照规定，建文帝登基后，藩王应入朝觐见皇帝，由于当时局势十分紧张，很多人都认为朱棣不敢如期拜见新皇帝，但大家万万没有想到，他不但来了，还干出了惊人之举。

建文元年（1399）三月，燕王入朝参拜新君。按说来到别人的地盘就老实点吧，可这位仁兄居然在众目睽睽之下“行皇道入,登陛不拜”。可见朱棣嚣张到了何种地步。

朱棣的无礼举动引起了群臣的愤怒，户部侍郎卓敬多次上奏，要求就地解决朱棣，建文帝竟然以燕王是自己的至亲为由拒绝了这一正确提议。卓敬气得跳脚，大叫起来:“杨坚、杨广两人难道不是父子吗？”

但建文帝仍然拒绝了他的提议。

朱棣就这样在京城逛了一圈，风风光光地回了北平。而齐泰和黄子澄竟然结结实实当了一回看客,平日在地图上运筹帷幄、决胜千里的所谓谋略家就是这样的水平。

当然，建文帝手下并非都是一些如齐泰、黄子澄之类的人，事实证明，他还是有许多得力部下的。

◆ 成功的策反

在这场斗争中，建文帝并非不堪一击，他也使用了很多权谋手段，特别是在地下工作方面，可谓卓有成效。

建文元年初，朱棣派长史葛诚进京城朝见皇帝，其实这个葛诚也是个间谍，他的真实目的是打探消息，但朱棣万没有想到的是，此人竟然被策反了，而策反葛诚的正是皇帝本人。

葛诚一到，建文帝便放下架子，以九五之尊对葛诚礼遇有加，估计也亲切地询问了他的家庭收入情况并鼓励他好好工作之类。葛诚十分感动，皇帝竟然如此看重自己！他一时头热，就主动交代了燕王朱棣的种种不法行为和自己的间谍身份。然

徐达家的两派

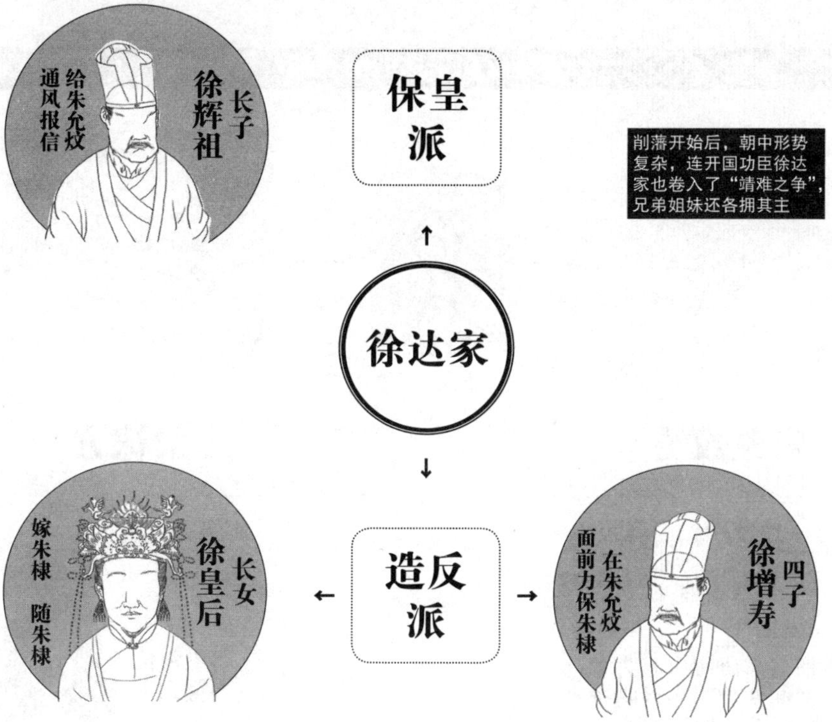

后他光荣地接受了建文帝地下工作者的称号，表示回去后一定努力工作，并及时做好情报信息传递工作，争取早日将燕王等人一网打尽。

一颗钉子就这样扎下了。

如果说葛诚是一个小间谍，那么下面要介绍的这位就是超级间谍，更具讽刺意味的是，此人并不知道自己做了间谍。

这个人就是朱棣的老婆、大将军徐达的女儿。

将门往往无虎子，如常遇春的儿子常茂、李文忠的儿子李景隆都是如此。但事情总有例外，徐达之子徐辉祖就是一个例外。他虽然出身名门，却从不引以为傲，为人谦虚谨慎，熟知兵法，而且效忠于建文帝。

他利用裙带关系，走夫人路线，在与他的妹妹聊天时了解到了很多妹夫朱棣学习工作的情况，并通报给了一直以来都对朱棣关怀备至的朱允炆。

就这样，朱棣的很多绝密情报源源不断地传到了朱允炆的耳中。

其实在这条战线上，朱棣的工作也毫不逊色。他的情报来源比较特殊，主要是

朱允炆和朱棣的间谍战

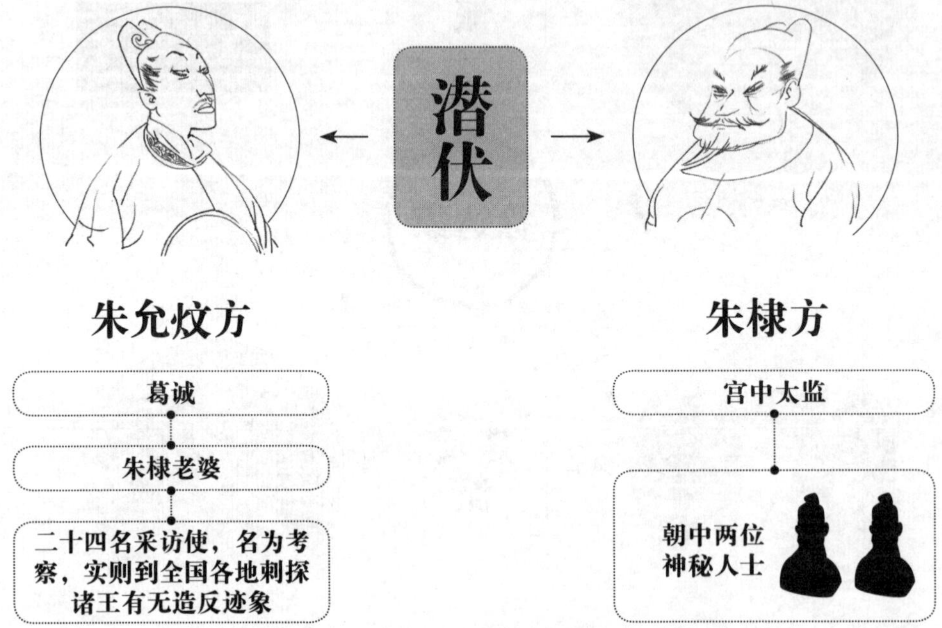

由朱允炆身边的宦官提供的。朱元璋曾经严令不允许太监干政，作为正统继承人的朱允炆对此自然奉为金科玉律，在他手下的太监个个劳累无比又地位极低，其实太监也是人，也有自己的情感倾向，他们对朱允炆十分不满却又无处诉苦。

正在此时，救世主朱棣出现了，他不但积极结交宫中宦官，还不断送礼给这些谁也瞧不起的人，于是一时之间，燕王慈爱之名在宦官之中流传开来，大家都甘心为燕王效力。

朱允炆从来没有正眼看过这些他认为很低贱的人，但他想不到的是，就是这些低贱的人在某种程度上决定了这场斗争的胜负。

除了这些太监之外，朱棣还和朝中的两个人有着十分秘密的关系，此二人可以说是他的王牌间谍，当然不到关键时刻，朱棣是不会用上这张王牌的，他要等待最后的时刻到来。

◆ 黄子澄的致命错误

四月，朱棣回到北平后，就向朝廷告病，过了一段时间，病越生越重，居然成了病危。这场病并不是突发的,而是酝酿了相当长的时间。因为在即将到来的五月，朱棣有一件不想做却又不得不做的事情。

五月，是太祖朱元璋的忌日，按照礼制朱棣应该自己前去京城，但朱棣敏锐地感觉到如果这次再去，可能就回不来了。可是老爹的忌日不去也是不行的，于是他派长子朱高炽及另外两个儿子朱高煦、朱高燧代他祭拜。一下子派出三个儿子，除

参考消息 **刘伯温的儿子**

建文元年，朱允炆派遣二十四名采访使分巡天下，体察民情。其中北平采访使、刘伯温次子刘璟受命搞起了皇四叔的谍报工作。朱棣察觉后，决定将计就计，亲自策反刘璟。经过百般暗示，刘璟却似乎一无所觉，不但没有向朱棣效忠，还隔三差五地给朝廷递话，描述朱棣的一举一动。有一次，朱棣和他下棋的时候，按捺不住，一语双关地对刘璟说：“你不能稍微让着我一点吗？”刘璟则回敬道：“可让处则让，不可让者不敢让也。”答得也是话中有话。朱棣终于死了心，此后再也没打过刘璟的主意。

了表示自己重视此事外，另一个目的就是告诉朝廷，自己没有异心。

朱棣这次可算是打错了算盘，当时的形势已经很明了，朱允炆摆明了就是要搞掉藩王，此时把自己的儿子派入京城，简直就是送去的人质。

果然，朱高炽三兄弟一入京，兵部尚书齐泰就劝建文帝立刻将此三人扣为人质。建文帝本也表示同意，谁知黄子澄竟然认为这样会打草惊蛇，应该把这三个人送还燕王，表明朝廷并无削藩之意，以麻痹燕王。

真正是岂有此理！五六个藩王已经被处理掉，事情闹得沸沸扬扬，连路上的叫花子都知道朝廷要向燕王动手，黄子澄的脸上简直已经写上了削藩两个字，居然还要掩耳盗铃！书生办事，真正是不知所谓。

建文帝拿不定主意，此时魏国公徐辉祖出来说话了。按亲戚关系算，这三个人都是他的外甥，他看着此三人长大，十分了解他们的品行，他对朱允炆进言，绝对不能放这三个人回去，因为此三人不但可以作为人质，而且都身负大才，如若放虎归山，后果不堪设想。

现在看来，徐辉祖的算命水平已经接近了专业水准，他的预言在不久之后就得到了证实，但更神的还在后头。

紧接着，徐辉祖特别说到了朱高煦这个人。他告诉朱允炆，在他这三个外甥中，朱高煦最为勇猛过人也最为无赖，他不但不会忠于陛下，也不会忠于他的父亲。

不能不服啊，徐辉祖的这一卦居然算到了二十多年后，准确率达到百分之百，远远超过了天气预报。

可是决定权在建文帝手中，他最后作出决定，放走了朱高炽三兄弟。

如果朱允炆知道在后来的那场战争中朱高煦起了多大的作用，他一定会为自己作出的这个决定去找个地方一头撞死。也正是为此，他后来才会哀叹：悔不用辉祖之言！

可惜，后悔和如果这两个词在历史中从来就没有市场。

远在北平的朱棣本来已经为自己的轻率行动后悔，没想到三个儿子毫发无损地回来了，好吃好住，似乎还胖了不少。朱棣高兴得从床上跳了起来，大叫道："我们父子能够重聚，这是上天帮助我啊！"

其实帮助他的正是他的对手朱允炆。

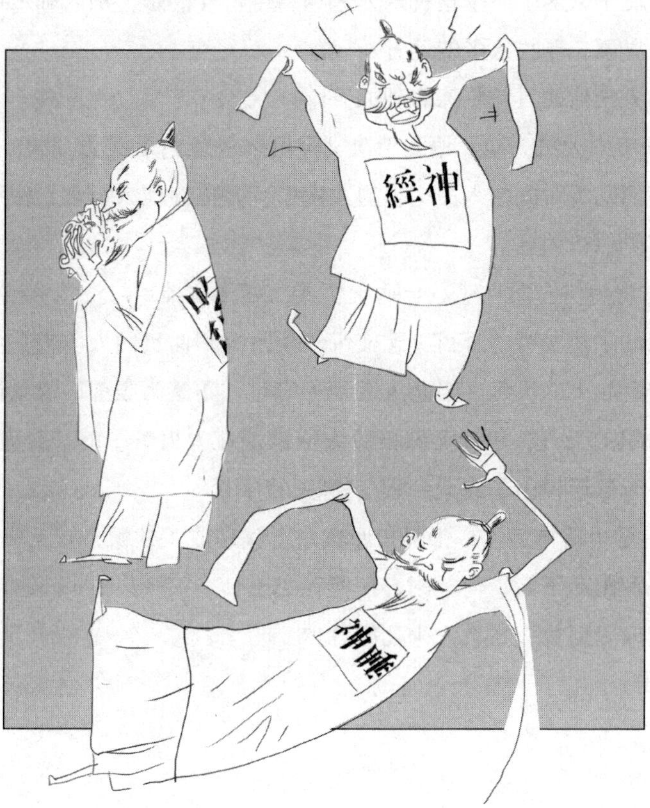

◆ 精神病人朱棣

朱棣明白，该来的迟早会来，躲是躲不过了，皇位去争取不一定会有，但不争取就一定没有。而且现在也没有别的退路了，朱允炆注定不会放过自己，不是天子之路，就是死路！

拼一拼吧！

不过朱棣仍然缺少一样东西，那就是时间。造反不是去野营，十几万人的粮食衣物兵器都要准备妥当，这些都需要时间。为了争取时间，朱棣从先辈们的事迹中得到启发，他决定装疯。

于是，北平又多了一个精神病人朱棣，但奇怪的是，别人都是在家里疯，朱棣却是在闹市里疯，专找人多的地方。

精神病人朱棣的具体临床表现如下：

一、闹市中大喊大叫，语无伦次（但可以保证绝无反动口号）；

二、等到吃饭时间擅入民宅，望人发笑，并抢夺他人饭食，但无暴力行为（很多乞丐也有类似行为）；

三、露宿街头，而且还是一睡一整天，堪称睡神。

此事惊动了建文帝的耳目，建文帝便派张昺和谢贵两人前去看个究竟。此时正是六月，盛夏如火的天气，当两人来到王府时，不禁为眼前的情景惊呆了。

可以捂蛆的天气，朱棣竟然披着大棉被待在大火炉子前“烤火”，就在两人目瞪口呆时，朱棣还说出了经典台词：“冻死我了！”

这一定是个精神病人，张昺和谢贵马上就达成了共识，并上奏给建文帝。

为避祸竟出此下策，何等耐心！何等隐忍！

问世间权为何物，直教人生死相许！

第四章

不得不反了！

○朱棣向张信行礼　连声说道　是您救了我的全家啊　他立刻唤出在旁边等待多时的道衍　开始商议对策　事情至此发生变化

收到两人密奏，建文帝很是高兴了一阵子，精神病人朱棣自然也很高兴，他终于有时间去准备自己的计划了。

朱棣把事情想得太简单了，由于一个意外的发生，他的计划破产了。

朱棣失算了，因为长史葛诚背叛了他。他把朱棣装疯的情况告诉了建文帝，并密报朱棣即将举兵。一向犹豫不决的兵部尚书齐泰终于做出了正确的决断。他下了三道命令：

一、立刻命令使臣前往北平；

二、授意张昺和谢贵立刻采取行动监视燕王及其亲属，必要时可以直接采取行动；

三、命令北平都指挥使张信立刻逮捕朱棣。

应该说这是一个很好的应急计划，但就如同我们之前所讲，计划的执行才是最重要的，这个计划的第一点和第二点都没有问题，坏就坏在第三点上。

张信说不上是建文帝的亲信，他是燕王亲任的都指挥使，齐泰居然将如此重要的任务交给他，简直是儿戏！想来这位书呆子是听了太多评书，在他脑子里，抓人就是“埋伏五百刀斧手于帐后，以摔杯为号”，完全估计不到权力斗争的复杂性和残酷性。

张信接到任务后，犹豫了很久，还是拿不定主意。他和燕王的关系很好，但毕竟自己拿的是朝廷的工资，如果通知了燕王，那不但违背了职业道德，而且会从国家高级干部变成反贼，一旦上了这条贼船，可就下不来了。

生死系于一线，这条线现在就在我的手中！

关键时刻，张信的母亲帮助他做出了抉择，她老人家一听说要逮捕燕王，立刻制止了张信，并说道："千万不可以这样做（逮捕燕王），我经常听人说，燕王将来必定会取得天下，他这样的人是不会死的，也不是你能够抓住的。"

我们可能会觉得纳闷，这位老太太平日大门不出，二门不迈，她怎么知道这样的"天机"？综合各种情况分析，这位老太太很可能是受到那些散布街头和菜市场的算命先生们传播的谣言影响，得出了这样一个结论。

如此重大的决策，竟然受一个如此可笑的理由和论据影响并最终做出，实在让人觉得啼笑皆非。

封建迷信害死人啊。

◆ 张信的决断

张信是一个拿定主意就动手的人，他立刻去燕王府报信。但出乎他意料的是，燕王府竟然不见外客。按说这也算燕王气数已尽，来报信的都不见，还有什么办法？可偏巧这个张信是个很执著的人，下定决心，排除万难，非要做反贼不可。

他化装后混入王府，再表明身份要求见燕王。燕王没有办法，只好见他，但燕王没有忘记自己的精神病人身份，他歪在床上，哼哼唧唧说不出话来，活像中风患

参考消息 **靖难谶语**

在建文帝大力削藩之时，京城里潜伏着的朱棣的支持者们开始行动了。大家都说，一位形容举止有些疯癫的道士，一边在街上走，一边高唱着一首歌谣："莫逐燕。逐燕燕高飞，高飞上帝畿。"很快，南京城内的孩童们都学会了，紧接着大人中间也开始流传。随着会唱这首歌谣的人越来越多，朱棣成功地在人们心中树立起了"朱棣是好人，建文削藩就是欺负好人"的形象。这想法使得民众的心理起了微妙的变化，堪称靖难之役中最大的谶语。

者。张信叩拜了半天，这位病人兄弟一句话也没有说。

张信等了很久，还是没有等到燕王开口，看来这位病人是不打算开口了。

张信终于开口说话："殿下您别这样了，我有重要的事情要和您说！"那意思就是你别再装孙子了，有火烧眉毛的事要办！

谁知朱棣实在是顽固不化，居然继续装糊涂，假装听不懂张信的话。

张信实在忍无可忍（看来想做反贼也不是件容易的事），站起身来大声说道："您就别装了吧，我身上有逮捕您的敕令（逮捕证），如果您有意的话，就不要再瞒我了！"

于是，一幕医学史上的奇迹发生了，长期中风患者兼精神病人朱棣神奇地恢复了健康。朱棣在一瞬间完成了起床、站立、跪拜这一系列复杂的动作，着实令人惊叹。

朱棣向张信行礼，连声说道："是您救了我的全家啊！"他立刻唤出在旁边等待多时的道衍，开始商议对策。

事情至此发生变化。

◆ 齐泰的后手

张信迟迟不见动静，应该也在齐泰的意料之中，从事情发展看来，他已经预料到了这一点，因为就在张信去燕王府报信后没过几天，张昺和谢贵就手持逮捕燕王官属的诏书，率领大批部队包围了燕王府。

看来齐泰也早就料到张信不可靠，所以才会有两手准备。

至此，从削藩开始，事情一步步地发展，终于到了不可收拾的地步。

把面具揭去吧，最后决断的时刻来到了！

朱棣病好没多久，就立刻精神焕发起来，但他也没有想到敌人来得这么快，千钧一发之际，他召集大将张玉、朱能率卫队守卫王府。由于事发突然，军队来不及集结，而外面的士兵人数要远远多于王府卫队，朱棣正面对着他人生中最大的挑战之一，要取得天下，必先取得北平，而自己现在连王府都出不去！

该怎么办呢？

这是朱棣一生中最为凶险的状况之一，外面喊打喊杀，围成铁桶一般，若要硬拼明显是以卵击石，怎么办才好呢，难道要束手就擒？

办法不是没有，所谓擒贼先擒王，只要把带头的人解决掉，这些士兵就会成为乌合之众。但要做到这点谈何容易，对方就是冲着自己来的，难道他们会放下武器走进王府让自己来抓？

关键时刻，朱棣突然意识到，自己好像忽略了什么！

外面这些人到底是来干什么的？这似乎是一个很明显的问题，从他们整齐的制服、凶狠的面部表情、手中亮晃晃的兵器，都可以判断出他们绝不是来参加联欢的。但问题在于，他们真的是来抓自己的吗？

朱棣的判断没有错，张昺和谢贵并没有接到逮捕燕王的命令，他们得到的命令是逮捕燕王的官属，偏偏就是没有逮捕他本人的诏令！

这真是百密一疏，而燕王的胆略也可见一斑，所谓做贼心虚，有些犯过法的人在街上见到大檐帽就跑，也不管这人到底是公安还是城管，原因无他，心虚而已。朱棣竟然在政府找上门来后还能冷静思考，做贼而不心虚，确实厉害。

于是朱棣下令请张昺和谢贵进王府。此二人并非傻瓜，好说歹说就是不进去。朱棣见状便列出被逮捕人的名单，并表示这些人已经被抓住了，要交给政府，需要带头的来验明犯人的身份。

这下子两个人不进也得进了，因为看目前这个形势不进王府工作就无法完成，而诏书也确实没有说要逮捕燕王。两人商量后，决定进府，本来他们还带了很多卫士一起进府，但被王府门卫以其他人级别不够为由拒绝了。王府重地，闲人免进，本来也是正常的，但在非常时刻，如果依然墨守成规就太迂腐了。偏偏这两位就是这样迂腐，居然主动示意士兵们听从门卫的安排，然后两个人肩并肩，大步踏入了鬼门关。

一进王府，可就由不得他们了，到了大堂，他们惊奇地发现精神病人朱棣扶着根拐杖坐在那里，一副有气无力的样子。见到他们来也不起身，只是让人赐坐。此场景极类似今日之黑帮片中瘸腿黑社会老大开堂会的场景。朱棣这位黑老大连正眼都没看他们一下。

张昺和谢贵的心中开始打鼓了。可是既然已经来了，说什么也晚了。所幸开头的时候气氛倒还和睦，宾主双方就共同关心的问题交换了若干意见，情况一时大有缓和之迹象。

就在二人暗自庆幸之时，有侍女端上瓜片（估计是西瓜），燕王朱棣突然腿也不瘸了，亲自拿着两片瓜朝张、谢两人走来。两人诚惶诚恐，起来感谢燕王。但他们哪里知道，燕王这次玩了花样，他似乎觉得摔杯为号太老套了，要搞搞创新。

二人正要接瓜，朱棣却不给了，燕王突然间变成了阎王，他满脸怒气，指着二人鼻子大骂道：“连平常老百姓也讲究兄弟宗族情谊，我身为天子的叔叔，却还要担忧自己的性命，朝廷这样对待我，天下的事就没有什么不能干的了！”

说完，朱棣摔瓜为号，燕王府内众卫士把张、谢两人捆了起来，这二位平时上馆子都不要钱，没想到吃片瓜还把脑袋丢了，同时被抓住的还有葛诚。朱棣一声令下将他们全部斩杀。

这样看来，那年头想吃片瓜真是不容易啊。

朱棣扔掉了手中的拐杖，用庄严的眼光看着周围的人，大声叫道：“我根本就没有病，是奸臣陷害我，不得不这样做而已，事已至此，也就怪不得我了！”

◆ 决裂！

被杀者的鲜血还未擦净，朱棣就发表了自己的声明，现场陷入了可怕的沉默之中。

士兵们知道，就要打仗了，得把脑袋系在裤腰带上去拼命。燕王的亲属们知道，自己的命运将会改变，不是从王侯升格为皇亲，就是降为死囚。无论如何，改变现状，特别是还不错的现状总是让人难以接受的。

毕竟大家都是人，都有自己的考虑，类似造反这种事情实在是不值得庆祝的，特别在成功之前。即使是义正词严的朱棣本人，心底应该也是发虚的。但有一个人却是真正的兴高采烈。

这个人就是道衍，对于他而言，这正是最好的机会。他已经六十四岁了，为了等待这个机会，他已经付出了所有的一切！他的一生中没有青春少年的意气风发，也没有声色犬马的享乐，有的只是坎坷的生活经历和孤灯下日复一日的苦读。

他满腹才学，却未官运亨通；心怀天下，却无人知晓。隐忍这么多年，此时不发，更待何时！

反了吧，反了吧，有这么多人相伴，黄泉路上亦不寂寞！

不登极乐，即入地狱，不枉此生！

张昺和谢贵被杀掉了，可是他们的卫士还在门外等着，士兵们看见人一去不返，最先想到的问题倒不是两人有什么危险，而是自己的肚皮问题。

毕竟士兵也是人，拿着刀跟着你来拼命，你就要管饭，但是很明显今天的两位大哥不讲义气。王府里面自然好吃好喝，却把兄弟们晾在外面喝风。时间一长，天也黑了，再等下去也没有加班费给，于是众人回家的回家，搞娱乐的搞娱乐，纷纷散去。

但天下没有不透风的墙，不久张、谢两人被燕王杀掉的消息就不胫而走，老大被杀，这还了得，于是众多士兵操起家伙回去包围王府，但他们虽然人多，却没有主将指挥，个别士兵虽然勇猛，也很快就被击溃。

开弓没有回头箭，既然干了，就干到底吧！

朱棣立刻下达第二道命令，夺取北平！

大将张玉率兵乘夜攻击北平九门。此时九门的士兵根本反应不过来，也没有做激烈的抵抗，朱棣没费多少工夫，就取得了九门的控制权。

在当时，只要控制了城池的城门，就基本控制了整个城市。所谓关门打狗的成语不是没有道理的，建文帝花了无数心思、调派无数将领控制的北平城在三日内就被燕王朱棣完全占据。

城中将领士兵纷纷逃亡，连城外的明将宋忠听到消息，也立刻溜号，率兵三万退到怀来。

朱棣终于夺取了北平城，这座曾是元朝大都的城市现在就握在朱棣的手中，他将在这里开始自己的霸业！

◆ 给我一个造反的理由

朱棣为这一天的到来已经准备了很久，士兵、武器、粮食都十分充足，但他还缺少一样东西，那就是造反的理由。

造反需要理由吗？需要，非常需要。在造反这项活动中，理由看上去无关紧要，但实际上，理由虽不是必需的，却也是必要的。

对朱棣而言更是如此，自己是藩王，不是贫农，造反的对象是经过法律认可的皇帝。无论从哪个方面来看，自己都是理亏的。所以找一个理由实在是很有必要的，即使骗不了别人，至少可以骗骗自己。

于是朱棣和道衍开始从浩如烟海的大明法条规定中寻找自己的依据，这有点类似今天法庭上开庭的律师翻阅法律条文，寻找法律漏洞。功夫不负有心人，他们终于找到了法律规则的漏洞，打了一个漂亮的擦边球。

朱元璋并非完全没有料到自己的儿子将来有可能会造孙子的反，他制定了一套极为复杂的规定，用来制约藩王，但为了防止所谓奸臣作乱，他又规定藩王在危急时刻可以起兵勤王，即所谓“朝无正臣，内有奸恶，则亲王训兵待命，天子密诏诸王，统领镇兵讨平之”。

但这个规定有一个关键之处，那就是需要天子密诏。而在朱棣和道衍看来，这个问题是不难解决的，他们充分发挥了自己厚黑学的本领，对这一点视而不见，公然宣称朝中有奸臣，要出兵“靖难”，清君侧。

更让人难以置信的是，他们居然还将这一套歪论写成奏折，公然上奏朝廷，向朝廷要人，摆出一副义愤填膺的模样，这就如同街上的地痞打了对方一个耳光，然后激动地询问肇事者的去向，并表示一定要为对方主持公道。

“靖难”理论的提出和发展充分说明朱棣已经熟练地掌握了权谋规则中的一条重要原理:

> 如果你喜欢别人的东西，就把它拿过来，辩护律师总是找得到的。
>
> ——腓特烈二世原创

◆ 不祥的预感

既然一切都准备好了，该干什么就干什么吧，但是中国自古就是礼仪之邦，即使是造反这种事情也是需要搞一个仪式的，领导要先发言，主要概述一下这次造反的目的和伟大意义，并介绍一下具体执行方法以及抚恤金安家费之类的问题。然后由其他人等补充发言，士兵鼓掌表示理解，之后散会，开打。

朱棣的这次造反也不例外，早在杀掉张、谢二人之前的一个月，他已经纠集一些部下搞过一次誓师仪式，当然，是秘密进行的。但在那次活动中，出现了一个意外，

使得朱棣产生了一种不祥的预感。

那是在六月七日，他召集一群参与造反的人宣讲造反的计划，并鼓舞士气。但就在他讲得正高兴的时候,突然风雨大作,房屋上的瓦片纷纷被吹落。众人顿时面如土色。

这实在不是一个好的兆头，当时的人可不会从房屋质量、天气情况上找原因，本来商量的就是见不得人的事情,突然来这么一下子,莫不是老天爷反对自己造反?

朱棣也慌了，讲得正高兴的时候，老天爷来砸场子，事发突然，他也愣住了。关键时刻，还是道衍发挥了作用，他大声说道："真龙飞天，一定会有风雨相随，现在瓦片落地，正是大吉大利的预兆！"

于是一通封建迷信宣传过后，掉瓦片就成了上天支持朱棣的铁证。看来上天倒真是一个随和的人，总是按照人们的意愿行事，所谓替天行道之言，实在不可深信。

小兵们好糊弄，他们没有多少文化，没见过老天爷，也没见过皇帝，上级说什么他们就信什么，可是朱棣不同，他十分清楚所谓的皇帝天子到底是个什么玩意儿，什么天意归属、天星下凡都是自己编造，用来糊弄别人、安慰自己的。真要到了紧要关头，只能靠自己。

他曾经不止一次地把自己和当朝皇帝做比较，无论从军事、政治哪一方面来看，自己都要远远胜过那个小毛孩子。而且他对自己的军队有绝对的信心，京城的那些部队养尊处优，久不经战阵，自然比不上自己手下的这些虎狼之师。

但毕竟那个在京城的人才是真正的皇帝，自己只是一个藩王，要想登上那个宝座，还有很长的路要走，凶险难测啊。

朱棣的预感并没有错，他即将走上的是一条异常艰苦的道路，贵为皇子的他必须要经历金戈铁马、九死一生的战场拼杀，去夺取自己的天下。而他遇到的敌人绝不仅仅是黄子澄那样的无能之辈，还有很多十分厉害的对手在等待着他，他也将在不久之后吃到这些人的苦头。

不用再考虑了，前路纵然艰险，总胜过坐地等死！

起兵！朱允炆，把你的宝座让给我！

◆ 宋忠的应对

宋忠是一个名字不太吉利、军事才能也很一般的人，本来在建文帝的布局中他并不是什么重要的人物，事情急转直下，却将他推向了风口浪尖。

北平附近的南军全部涌向了他所在的怀来，情况一片混乱。关键时刻，宋忠表现出了惊人的勇气，他在短时间内收容和安排了许多士兵，并将他们重新编队。但是士兵们的慌乱是他无法平息的。在很多时候，平息慌乱的最好方法是愤怒，为了

参考消息　道衍的口才

有一次，朱棣和道衍闲坐，当时天寒地冻，于是他出了一个上联："天寒地冻，水无一点不成冰。"（繁体字中，冰字常写"水"字左上角加一点）道衍一门心思让燕王起兵，自然不会放过任何劝谏的机会，于是他避而不谈天气，把下联的话题又引到政治上了："世乱民贫，王不出头谁做主？"对仗工整，一语双关，可谓妙绝。

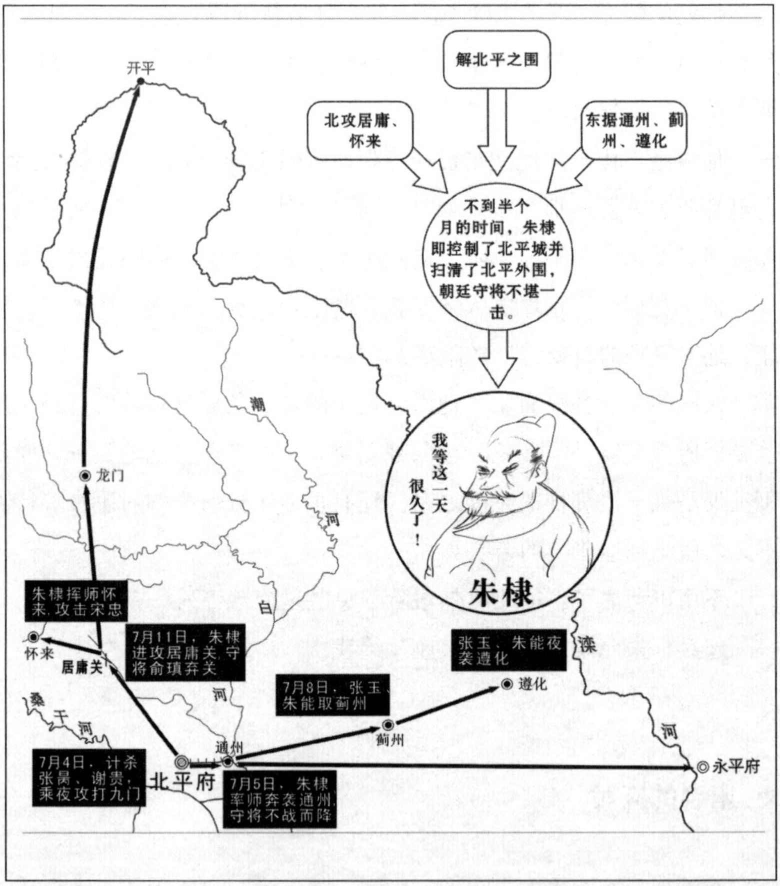

→ 朱棣靖难的第一步：控制北平城及其外围

★书内地图中日期皆为阴历

尽快恢复士兵们的战斗力，宋忠决定撒一个谎，他平生可能撒过许多次谎，但事实证明这个谎话是比较蹩脚的。

宋忠派人传播谣言，说家在北平的士兵家属们都被燕王杀掉了，士兵们果然群情激奋，准备拼死一战，宋忠这才安下心准备与燕王作战。

可是当燕王的军队真的发动进攻时，意想不到的事情发生了，打头阵的敌方士兵们并没有冲上来拼杀，而是不断大喊大叫，喊叫内容类似今天在机场火车站出站口接人时说的那些话，一时间父子兄弟表哥堂弟的喊声此起彼伏。

原来朱棣得知了宋忠的这个谎言，他特意安排这些士兵的亲属打头阵，用来瓦解宋忠的军心。这一招十分有效，宋忠手下的士兵顿感上当，于是纷纷逃走。宋忠没有办法，只好自己亲自上阵，但大势已经不可挽回了。战斗结果，宋忠全军覆没，他本人也被活捉。

朱棣曾经想劝降宋忠，被他严词拒绝了，最后被朱棣杀害。宋忠虽才具不高，却有决战之勇气，宁死不屈，对得起他名字中的那个忠字。

战败的消息很快就传到了朝廷，建文帝大惊失色，他终于明白一直害怕发生的事情最终还是发生了，现在只能用刀剑来说话了。

◆ 唯一的人选

朱元璋杀戮功臣的恶果终于显现出来，当建文帝朱允炆环顾四周时，惊奇地发现他很难找出一个真正有战斗经验的人去对付朱棣。

只剩下耿炳文了。

耿炳文是朱元璋的老乡，身经百战，战场经验丰富，为朱元璋所信任，并在战后被封为长兴侯，一等功臣。很明显朱元璋当年杀掉无数功臣却独独留下他，正是为了今日之变。

朱允炆的考虑是对的，当时唯一的人选只能是耿炳文，但他也犯了一个错误，他似乎并没有仔细思考一个问题，为什么他的爷爷偏偏要留下耿炳文呢？

洪武年间，名将如云，耿炳文虽然是一个不错的将领，但并不十分突出，在那个名将一抓一大把的年代，比他强的将领数不胜数，比他低调的也不在少数。朱元璋杀掉那么多开国功臣，却把他留下来。此人到底有什么过人之处呢？

其实秘密就藏在他的封号中，耿炳文之所以被封为长兴侯，是因为当年他驻守长兴十年，抵御张士诚的进攻，城池固若金汤，一直未被攻破，极大地牵制了张士诚的力量。

每个将领都有他自己的长处，也有他的短处，耿炳文的长处就是防守。联系起来看，你不得不佩服朱元璋的精明，擅长进攻的蓝玉、王弼都被他杀了，擅长防守的耿炳文却被留了下来。即使将来耿炳文真有异心，也翻不起多大的浪，而如果有外敌入侵，耿炳文就可以派上用场了。

可是朱允炆交给他的任务却是进攻，而进攻的对象是从小混迹于名将之中、深通兵法的朱棣。他的军事天赋丝毫不逊色于洪武朝的一流名将，碰巧的是他的长处正是进攻。

耿炳文接受了使命，一场矛与盾的交锋即将开始。

朱允炆十分清楚，他的叔叔朱棣这次是来玩命的，马虎不得，于是他将三十万大军的指挥权交给了耿炳文，希望他将叛军一举荡平。为了表示对此事的重视，他还亲自送耿炳文出征，也就是在这次送行活动中，朱允炆干出了他一生中最愚蠢的事情。

他在将军队交给耿炳文的同时，语重心长地对他说："请你务必不要让我背上杀害叔叔的罪名啊。"

虽然他一生中干过很多蠢事，但我认为这件事是最愚蠢的。

这就好比拿上刀去和人家拼命，砍伤目标后就停手，然后送对方去医院，等他出院后接着打。朱允炆虽然从朱元璋那儿学到了很多东西，但关键的一条规则他并没有领会，这也是朱元璋一生的信条。

要么不做，要么做绝。

想必接到朱允炆命令的耿炳文也是一头雾水，打仗还不能伤害对方主帅，是什么道理？但他还是顶着雾水出发了。迎接他的将是凶险未卜的命运。

八月，耿炳文率领大军到达了真定，他派遣徐凯驻守河间、潘忠驻守莫州、杨松为先锋进驻雄县，待主力会集后再发动进攻。可以看出，耿炳文确实经验老到，他深知深入敌境作战，应稳扎稳打，他摆出的这个三角形阵势充分体现了其丰富的战斗经验和扎实的几何学功底。

万事俱备，只等朱棣了。

◆ 张玉的狂言

朱棣比他的侄子更了解耿炳文，他明白这位老将并不简单，绝不能轻敌，于是在战前他派了自己手下的第一大将张玉去侦察敌情。然而张玉侦察敌情后却给了他一个意想不到的回复。

年轻的张玉似乎没有把老前辈放在眼里，他告诉朱棣，敌军的纪律涣散，潘忠和杨松都是无谋之辈，耿炳文不过是个老家伙，打败他们打开南下之路，易如反掌。

在我们的经验中，战前口出狂言者，往往都没有什么好下场，可是有些时候，口出狂言者是有着充足的资本的。

张玉就有这个资本，他是经过仔细分析和研究后说出这番话的，而朱棣也认同他的这一看法，他亲自带兵抵达娄桑，准备发动他的第一波进攻。

朱棣的进攻对象正是杨松驻守的雄县，他还为自己的这次进攻选择了一个绝妙的时机——中秋之夜。

朱棣选择中秋之夜开始进攻是经过充分考虑的。士兵也是人，即使打仗时也要过过节假日，想想家里的爹娘和老婆孩子。可是对于雄县的那些士兵而言，他们的思念将到此为止。

朱棣的士兵们没有过中秋节，他们趁着黑夜悄悄爬上了城头，此时城内的士兵们个个喝得大醉，没有任何防备，突然见到这些不速之客，不由得大惊。当然他们也绝对不会把这些人错认为嫦娥或是吴刚的。于是主帅杨松一面派人向潘忠求援，一面组织士兵奋起反抗，杨松知道，己军势如犄角，如若潘忠能及时来援，必能击退敌军。

但是遗憾的是，由于寡不敌众，杨松本人及其所部全部战死，他没有能够等到援军到来的那一刻。

援军在哪里呢？

潘忠确实接到了杨松的求援，他立刻意识到战斗已经开始，境况紧急。如果杨松的雄县失守，自己也要完蛋，于是他亲自带骑兵奔袭雄县。

加快速度！杨松你一定要坚持住，援军马上就到！

他的速度确实不慢，很快就到达了一座名为月漾桥的石桥，此时的潘忠自然没有心思去管这里到底是什么地方，但如他原先来过这里，再仔细观察一下，就会发现桥底下多了很多水草。

就在潘忠和他的部队奔过桥后，突然炮声四起，桥底的水草不见了，无数士兵冒了出来，占据了大桥，截断潘军后路，而路边和前方也出现大量燕军，向潘忠发动猛烈进攻。潘忠进退不能，被围起来猛打，不一刻全军覆没，他本人也被活捉。想来他被捉的时候应该还没有缓过劲来。

朱棣不是一个头脑简单的人，他看破了耿炳文的阵势，明白其布军厉害之处就在于互相支持、互为照应，只要雄县出事，潘忠必定来救并内外夹攻。但耿炳文没有想到朱棣动作如此之快，用闪电战打了一个时间差，解决杨松后居然还在援兵必经之路上设下埋伏。一箭双雕，实在是厉害至极。

朱棣旗开得胜，但他也明白，真正的决战和考验还在后面，不久之后他将面对耿炳文本人和他的三十万大军。那才是真正的考验。

◆ 战机

正当朱棣筹划下一步的攻势时，一个人来到了他的军营，这个人叫张保，是耿炳文的部将。此人并非假投降，他向朱棣提供了重要情报，那就是明军目前处于分散状态，三十万部队并未到齐，现在只有十余万人分布在滹沱河南北两岸。如果能够分别击破，将获大胜。

听到这个消息，众人都很高兴，他们也认为趁对方兵力分散进行攻击能够获得胜利，应立刻进兵。然而朱棣的反应却大出他们所料。

他没有如张保所说去攻击分散的明军，而是安排张保回营告诉耿炳文，自己的大军已经逼近，让耿炳文做好准备。

这又是让人疑惑不解的一招，莫非朱棣嫌敌人太少？

没错，他就是嫌敌人太少、太分散，他的真实计划是让耿炳文得到消息后合兵一处，然后与自己决战！在他看来，敌人分兵两处反而不容易打败，自己有可能会腹背受敌，还不如把他们集中在一起收拾掉。

从这个计划来看，朱棣对自己的指挥能力有着极强的自信心，在他看来耿炳文的军队并不可怕，他所需要的不过是一场面对面的决战！

耿炳文果然如朱棣所料，将自己的部队合兵一处，等待着朱棣的到来。无论张保是不是间谍，这都是他的唯一选择。

对于已经六十余岁的耿炳文来说，快到退休的年龄还要打仗实在不是一件让人惬意的事情。而当他得知自己精心布下的阵形被突破，杨、潘二人如切菜一样被朱棣处理掉时，也不禁为这个年仅四十岁的天才将领的军事能力而惊叹。他是见过世面的人，徐达、常遇春、李文忠等人的身影陪伴了他很多年，他们那势如破竹的攻势、鬼神莫测的判断能力都给他留下了深刻的印象。在那个时候，自己只能在这些人的光芒之下做一些力所能及的事情。随着这些人的去世，他也曾自负地认为天下能打仗、会打仗的人不多了。

但是现在，他终于完全认识到：自己面对的是一个可怕的敌人，一个很会打仗、很难对付的敌人。

他的专长并非进攻，而朱棣的军队不断向他逼近，他没有办法，只能合兵，等待着对方的进攻。这对于一个带领三十万军队的将领而言实在是一种耻辱。是死是活总要有个结果的，朱棣，你来吧！

◆ 真定溃败

朱棣在得知耿炳文合兵后，立刻开始了攻击，但他所谓的决战并不是带领全部兵力和对方拼命，因为他清楚，决战也是有很多方式的。

耿炳文终于看见了朱棣的旗帜，他等待着朱棣的到来。

真定之战就此拉开序幕，但在这场战役中，北军没有指定做先锋的将领，因为这个光荣的职位由朱棣自己兼任了，当然也是不会有人跟他抢的。

朱棣喜爱战争，战火中出生的他似乎和战争结下了不解之缘。当他跨上马，听着那熟悉的号角声和呐喊声，挥舞马刀杀向敌阵时，他似乎更能找到自己存在的价值。

喊杀声是他的音乐，铠甲是他的服装，尸山血河是他的图画，他属于这个地方。

耿炳文等了很久，他相信朱棣就在对面阵中的某个地方看着他，可他等了很久，还是不见朱棣出战，到底搞的什么名堂？

耿炳文注定等不到朱棣了，因为朱棣并没有从正面进攻，他没有去赴耿炳文的约会，放了对方鸽子，却亲自带领着数千人绕了个圈，从城池的西南面突然冲了出来！这下耿炳文真是被打了个措手不及，两营被攻破，损失惨重，但他不愧经验老到，并不慌乱，立刻列兵出阵。他相信自己的兵力与对方比并没有太大的劣势，还是可以拼一下的。

然而北军的反应简直如同闪电一般迅速，他刚带兵出战，正面的北军立刻就发动了攻击！

等待已久的北军在张玉、谭渊、朱能的带领下对耿炳文的南军发动了猛烈进攻，这些经常与蒙古人打交道的北军战斗力自然远远胜过疏于战阵的南军。在他们的攻击下，南军败相初现，而阵中的耿炳文又得到了一个不幸的消息，游击队员朱棣已

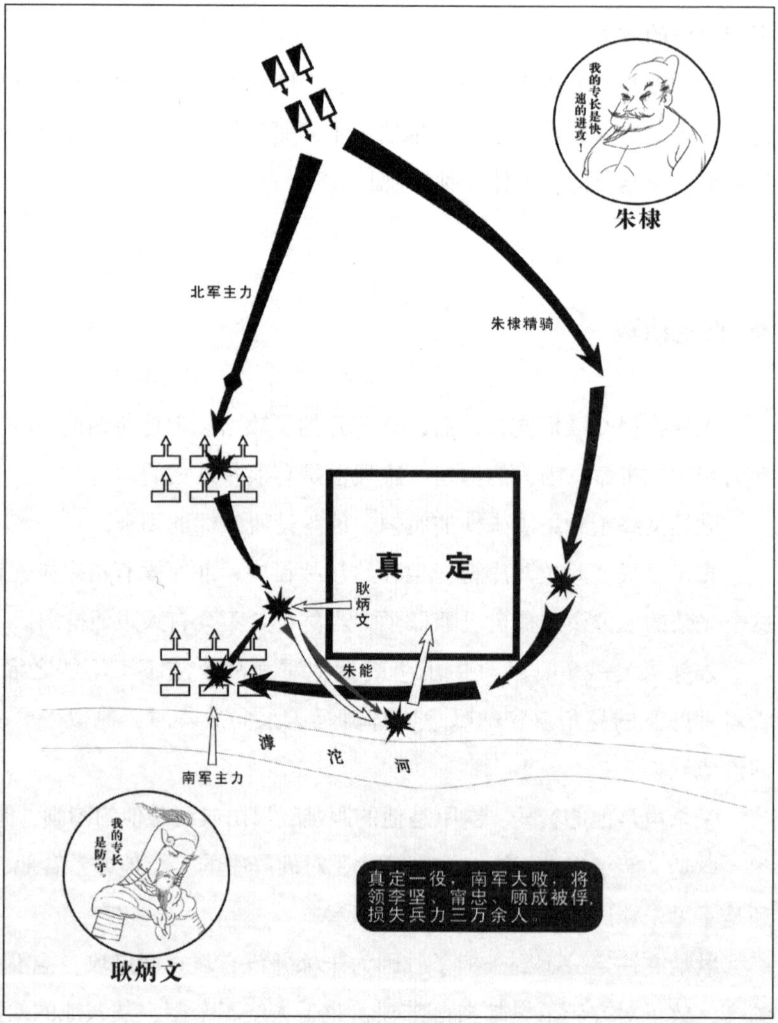

→ 真定之战

经绕到了他的背后发动进攻。

这下算是完蛋了。

两下夹击之下，耿炳文再也抵挡不住，他带领部队退到了滹沱河东，但北军大将朱能却紧追不舍。耿炳文不是胆小鬼，当他定下心来仔细观察敌情时，他惊奇地发现，紧追自己数万大军的朱能居然只带了三十来个人。

几十个人就敢追逐数万大军！实在太欺负人了。耿炳文立刻命令停止撤退，重新列队，他要看看这些人是不是真的刀枪不入。

◆ 不要命的朱能

朱能发现南军停止了撤退，并列好队伍准备迎战，他明白，南军为了军人起码的荣誉，要拼命了。穷寇莫追，如果识时务的话，似乎应该撤走了。

但朱能很明显是一个不要命的人，不要命的人不惧怕敢拼命的人，他不但没有停止追击，反而加快了速度，带领剩下的几十人冒死冲进敌阵！事实证明，人只要不怕死，是什么奇迹都可能创造的。耿炳文的南军本来已是败军，被朱能这么一冲，居然又一次崩溃。弃甲投降者三千余人。

耿炳文再也没有自信了，他率领剩下的士兵退进了真定城。在城池里他才能发挥自己的强项。

北军大胜，他们接着攻击城池，但耿炳文又一次证明了他能够被选中活下来实在不是偶然的事情，当年的张士诚我都不怕，还怕你们这些人吗？

北军连续攻击了三天，耿炳文就凭着这些残兵坚守真定，使得北军毫无进展，如果这些进攻者知道耿炳文坚守城池时间的最高纪录，只怕会晕过去。

但是无论如何，耿炳文十分清楚，自己输了，输得心服口服。他似乎从朱棣的身上看到了李文忠的影子。

朱棣，你赢了，你已经超越了其他人，成为这个时代最优秀的将领，而我已经被淘汰了，我不是你的对手。

但这个时代真的没有人可以与你匹敌吗？不会的，上天是公平的，他不会让你独自表演下去的，你的对手终归会出现的，虽然不是我。

参考消息 **真定烈士**

耿炳文毕竟年岁已经大了，精力有些跟不上。在亲自率军上阵后不久，便遭遇了燕军的猛烈攻击，只有退守一途。而此时，作为副将的驸马都尉李坚看到主帅失利，匆忙出击，结果被燕军的骑兵打落马下，重伤被擒，被带往北平，只可惜这位朱棣的亲妹夫在途中就不治身亡了。朱棣即位后，李坚名列奸党，朱棣看在他妹妹大明公主的分儿上，免了她儿子李庄的罪名。李庄后来不敢问政，终其一生放浪于诗酒之中。

第五章

你死我活的战争

○○
我有着过人的军事天赋　我的铁蹄曾踏遍蒙古　纵横千里　但我并不是皇帝
我可以击败朱允炆十次　他依然是皇帝　但朱允炆只要击败我一次　我就可能永不翻身　沦为死囚

耿炳文是十分精明的，他知道只要自己在这里坚守下去，北军就会逐渐瓦解，到时就能不攻自破，因为毕竟这些人是反叛者。

但是随后朝廷中的一场争论让他的如意算盘化为了泡影。

◆ 黄子澄的第二次误判

当耿炳文战败的消息传到朝廷后，朱允炆才意识到问题的严重性，他终于慌了。此时黄子澄又出了一个馊主意，他提议由李景隆担任主帅。关键时刻，齐泰坚决反对这一提议，但遗憾的是，他的意见并没有被采纳。

黄子澄又一次误判了形势，一个人做一件蠢事并不难，难的是一直做蠢事。只要回顾一下此人以往提出的各种天才意见，就会发现他确实完成了这个高难度的任务。如果此人后来不是尽忠而死，恐怕逃脱不了燕王间谍的嫌疑。

于是纨绔子弟李景隆就成为了新的统帅，这次他的兵力达到了五十万，他带着自己的军队浩浩荡荡地开赴战场，一同带走的还有朱允炆获胜的希望。

◆ 李景隆的悲哀

朱棣正在自己的大营里发愁，耿炳文确实是老狐狸，知道自己不能久战，便坚守不出。这一招使得朱棣焦急无比却又无法可施。

时间对于耿炳文来说并不重要，他大可每天喝喝茶、浇浇花打发时间，但对于朱棣来说，时间比黄金还要宝贵。因为朱棣是一个造反者。造反者从某种意义上来说可以归入假冒伪劣产品之列，这种东西在乱世可能还很有市场，但现在是太平天下，对政府不满的人并不多，要想找闹事的人实在并不容易，万一哪一天这些人不想造反了改当良民，把自己一个人丢下当光杆司令，那可就不妙了。

必须尽快解决这个问题。

也就在此时，他的情报人员告诉他，耿炳文被撤换，由李景隆接任指挥职务。

朱棣简直不敢相信自己的耳朵，想什么来什么，他跳了起来，兴高采烈地发表了一番演讲。如果要给这个演讲取个名字的话，可以命名为《论李景隆是军事白痴及其失败之必然性》。

演讲共有五点，这里就不列举了，总之推出的结论就是李景隆必败！

一个统帅刚走马上任，还未打一仗，居然会让对方主帅高兴得手舞足蹈！

悲哀！李景隆，我真为你感到悲哀！

无论李景隆在朱棣的眼中是多么的无能，但他毕竟有五十万军队。朱棣可以瞧不起李景隆，但不能瞧不起那些士兵。在短暂的高兴后，他又陷入了沉思。

以自己目前的兵力如要硬拼，胜算并不大，而对方的后勤补给能力要远远胜过自己，拼消耗也并不是理想的方法。只有积聚力量给对方一个致命的打击才能从根本上解决问题。

但自己的力量是不够的，虽然士兵们战斗力强，但数量并不多，并且还要派人

参考消息 **隆重的出征仪式**

李景隆出征时，建文帝期望他成为“周亚夫第二”，为他举行了隆重的拜将出征仪式。不仅率文武百官到江边饯行，还赐给他“通天犀带”，以及代表最高统帅威仪的斧钺——有士卒兵将不听命者，执此斧钺可就地处死。为了激励李景隆，建文帝还亲自为他写了八个大字当座右铭：“体尔祖祢忠孝不忘”，大意就是你老父李文忠一生对太祖尽忠尽孝，你应以此为榜样，一辈子忠孝于我。

防守北平附近的大片根据地，总不能找那些没有受过训练的老百姓去打仗吧。可是目前能够召集的有战斗力的士兵就这么多了，还有什么力量可以借助呢？

只有那个人了，只能借助他的力量才能确保获得胜利，没有其他办法！

但这件事情必须要仔细策划、亲自执行，因为别人是对付不了那个人的。可是大敌当前，李景隆就是再白痴，只要知道自己带兵外出，就一定会来攻击北平。北平能够抵挡得住五十万大军的攻击吗？

顾不了那么多了！死守在这里也是凶多吉少，反正已经豁出去了，就赌一把吧！

朱棣把防守北平的任务交给了自己的长子朱高炽，并郑重地告诉他："我把城池交给你，你一定要守住，待我大军归来之日即是全胜之时！"

身有残疾的朱高炽还是第一次看到父亲用如此严肃的语气和自己说话，他隐约地感到，一场严峻的考验即将到来。

朱高炽的感觉没有错，这一战不但将决定朱棣的命运，也将影响他自己未来的人生。

◆ 宁王！

朱棣一向眼界甚高，在众多藩王中，他瞧得起的也就那么几个人，而宁王绝对是其中的一个。时有人评价诸王，有“燕王善战，宁王善谋”之语。以燕王如此狡猾之辈，竟然还有宁王善谋之语，可见此人确实厉害。

而在朱棣看来，宁王最厉害的就是他手下的那支特殊武装——朵颜三卫。这是一支朱棣做梦都想得到的部队，也是当时战斗力最强的军队。但这些部队已经明令归宁王指挥，想要染指只有一个办法，那就是先解决宁王。

在这场削藩的斗争中，宁王也未能幸免。建文帝对这个能征善战的叔叔并不放心，在对燕王动手的同时，也把手伸向了宁王，而宁王显然没有朱棣那样的反抗精神，他虽然不愿意服从，却也没有反叛的企图。不过在他的内心确实存在着兔死狐悲的复杂情感。

朱棣正是利用了这一点，他率领自己的军队到达了宁王的属地，引起了宁王的警觉，虽然自己目前境况不得意，但还是不想做反贼的。他命令自己的军队做好准备，如有意外，就让这位善战的燕王受点教训。

可是朱棣的行为让他大吃一惊，这位王兄把军队部署在城外，单枪匹马进了城，宁王这才接见了他。一见面，朱棣就摆出了一副苦大仇深的模样，痛斥建文帝对他的迫害，并表示自己已经无处可去，只好来找兄弟当中间人向朝廷求情，赦免自己，顺便在这里混吃混喝。

宁王终于摸清了朱棣的来意，他欣然答应了朱棣的要求。在他看来，这位一向号称藩王中最强的人也不过是个软蛋，靖难靖到一半就准备投降了，信自然会写，但朝廷是否饶恕他那就不关自己的事了。

此时一副可怜相的朱棣小心翼翼地提出了另一个要求，由于自己的部下都在城外，多有不便，能否允许手下部分官吏进城，也好安排相关事宜。当然大批军队是不会入城的。

宁王本来有些犹豫，但在得到军队不进入城内的保证后，也就同意了。他相信一群不带武器的人翻不起滔天巨浪。

朱棣严格遵守了规定，没有派大批军队入城，但他派入城中的人却带着另一样威力巨大的武器——金钱。

朱棣就在宁王的地盘待了下来，每天除了吃吃喝喝就是和宁王谈天。出乎意料的是，他并没有劝说宁王参加自己的队伍，也没有提出任何过分的要求。这样的客人自然是受宁王欢迎的，但意思意思也就够了，宁王无时无刻不在提醒自己，眼前的这个人毕竟是反贼，还是早点礼送出门的好。

但还没等他表达出这个意思，朱棣自己就主动提出来了，他表示在此地已经待得太久了，希望回去。宁王大喜过望，这个瘟神终于要开路了。他十分高兴，表示要亲自去送行。

送行的仪式在郊外举行，无论真情假意，自然也有一番依依话别。宁王此时也有些愧疚，遗憾地对朱棣说："可惜我没有能够帮上老兄什么啊。"

朱棣笑了，他一把拉住宁王，说道："既然如此，老兄和我一起去靖难如何？"

这就不是客气话了，宁王立刻正色说道："如大哥需要什么可以直说，靖难之事就不要开玩笑了。"

朱棣看着他的眼睛，认真地摇了摇头："我确实需要你，不但需要你，还需要你的朵颜三卫和你所有的一切，你跟我一起走吧。"

宁王终于明白朱棣的目的了，但他是不会轻易认输的。"难道你认为在我管辖的地方可以任你胡来吗？"

"我明白，"朱棣又笑了，"所以才让你到郊外来送我。"

朱棣一声令下，早已布好的伏兵一起杀出，控制了局势。宁王也想动手，却发现自己的手下已经不听使唤，原来那些见钱眼开的朵颜三卫首领已经被朱棣派进城的人买通，变成了朱棣的人。刹那间，朱棣从客人变成了主人，除了宁王手下大将朱鉴奋力抵抗战死外，其他的人早已放下了武器。

人真是靠不住啊，以善谋著称的宁王就这样被另一个善谋的人挟持，一同踏上了靖难之路。他郁闷的心情是可以理解的，但在目前这个环境中，他只能屈服，而他的这种态度也让朱棣十分满意，最后把他和他的子孙安置到了江西，也算给了他一个好的结局。

当然朱棣绝不会想到，一百年后，这位宁王的子孙也会依葫芦画瓢，去造他后代的反。这真是应了那句名言：

出来混，迟早要还的。

◆ 北平的防御

就在朱棣在宁王处筹划阴谋时，北平也遭到了攻击。李景隆果然如朱棣所料，亲自带领五十万南军围攻北平，他在北平九门都修筑了堡垒，并派兵攻击通州，同时他还在郑村坝设置了九座大营，作为进攻的依托。

一切准备停当后，他对北平发动了进攻。

此时驻守北平的是朱棣的长子朱高炽。朱高炽是一个身有残疾的人，根据史料分析，他可能在小的时候得过小儿麻痹症之类的病，行动不方便，出入都要人搀扶。在很多人眼里，他只是一个废人。但朱棣却十分了解这个外柔内刚的儿子。他相信这个瘸子的内心远比其外表坚强得多，而他这次将防守北平的任务交给朱高炽，也正说明了对这个儿子的信任。

但信任是一回事，守不守得住又是一回事。

事实证明，五十万人攻城绝不是开玩笑的，南军使用大量火炮配合攻城，几十万人像蚂蚁一样往城墙上爬，城内守军虽然有思想准备，但还是被如此大的阵势吓坏了，正是这一愣神的工夫，战局出现了变化。

顺城门的守军由于准备不足，大部溃散，南军找准机会，猛攻此门，眼看就要攻破，大将梁明赶到，整顿了部队加入防守，而更让人称奇的是，城内的一群妇女也发挥不爱红妆爱武装的精神，使用特殊武器——板砖和瓦片攻击攻城部队，这样看来，板砖拍人之说也算历史悠久，古已有之。

当然这种攻击行为有多大作用倒很难说，但是起码它鼓舞了守城士兵的士气，帮助他们抵挡住了这次进攻，经过激战，围攻顺城门的部队被击退，北平暂时保住了。

朱高炽的思维远比他的行为要迅速得多，他明白这样下去，北平迟早是不保的，要想守到父亲回来，必须想别的方法，于是他制定了一个大胆的计划。

此时的李景隆看着这座摇摇欲坠的北平城，心中十分得意，他是李文忠的儿子，且生得相貌堂堂，但一直都有人说他不过是个纨绔子弟，没有多大本事。当然纨绔子弟从来都不会承认自己纨绔的，他一直在找机会证明自己。

这就是一个绝好的机会，他相信只要攻下北平，击败朱棣，就能从父亲的阴影中走出来，让所有的人都承认自己！

参考消息 **朱高炽守城**

朱高炽守北平时，深知责任重大，每天四更就起，二更才睡；一天到晚率领将士督治城中守备，赶制守城兵器；经常慰问将士，深得人心。由于过于操劳，他的部属们纷纷建议世子应该顾惜身体，而朱高炽也严肃地答道："君父此刻在外边身冒艰险，这难道是我当儿子的享清福的时候吗？况且北平是我们的大本营，敌人肯定会重点来袭，怎能不精心准备！"手下军民听后，深受感染，无不拼死守城。

事实证明，打仗似乎并不难，眼前的这座城市已经坚守不了多久了，孤城一座还能玩出什么花招，胜利入城的日子不远了。

然而夜晚来临时，战局却出现了他所想不到的变化，城内的北军居然越城而出，分成小队，主动对城外大军发动了偷袭进攻！南军万没料到城内的孤军竟然还敢主动出击，一时间大乱，为了确保安全，李景隆下令退后十里扎营。

但并非所有的人都像李景隆那么无知胆怯，都督瞿能就是一个有见识的人，他从纷乱的战局中发现了战机，他准确地判断出北军的夜袭只是掩人耳目、争取时间，看似混乱的时候正是破城的最好时机！

他仔细观察了城池的防守情况后，认准了张掖门是最弱的一环，率领着自己的数千人猛攻此门，情况确实如他所料，北军确实是虚张声势！在他的攻击下，张掖门的守军纷纷溃退。眼看城门就要被攻破，李景隆却干出了一件为人不齿的事情。

李景隆果然不负其军事白痴的声名，没有辜负朱棣对他突发性弱智的期望，眼看着城门就要攻破，却立刻下令停止攻击，原因很简单，他不想被人把功劳抢走（景隆忌之）。

有李景隆这样的上司，就是神仙也没有办法打胜仗。

所谓天予不取必受其咎是有道理的，就在李景隆准备齐集兵力再次进攻时，老天爷出来说话了。

此时正值十一月，气温极低。虽然历时数百年，此地从北平到北京名字变了多次，但除了沙尘暴日益频繁外，天气是没怎么变的。今天的街道上不断有化雪车清除道路，行人们穿着厚厚的棉衣和防滑鞋上班还要小心翼翼。可当时的南军士兵们要做的却是在冰天雪地中攻城。

而城内的朱高炽虽然没有学过物理，但应该也有不错的自然科学造诣，他让人往城池上不断浇水，待得第二日来看时，北平城已变成了一座冰城，这一方法似乎也可以用来制造冰雕，简单且实用。

城外士兵们就苦了，别说攻城，眼前的这个大冰砖连个搭手的地方都没有，只能望城兴叹。

就在李景隆的愚蠢和老天爷的帮忙下，朱高炽坚守住了城池，并等到了父亲的归来。北平防卫战是李景隆的耻辱，却是朱高炽的机遇，正是这一战为他争取了足够的政治资本。日后他登上皇位时，想必也会感谢李景隆吧。

◆ 朱棣归来

朱棣回来了，此时的朱棣已经不是一个月前的朱棣了，在他的麾下终于聚集了当时最为强悍的朵颜三卫骑兵。对于有了强力外援加盟的优秀将领朱棣而言，手下士兵的强悍程度是与军队的整体战斗力成正比的；而对于李景隆这样的军事蠢材而言，士兵的素质往往只与他本人的逃跑成功率有关系。虽然朱棣的兵力数量仍然远远不如李景隆，但他明白，所谓五十万军队的统帅李景隆不过是一只外硬内软的鸡蛋，现在他就要把李景隆这只鸡蛋彻底碾碎！

李景隆的指挥部设在郑村坝（距北京二十公里），他虽然反应迟钝，却也知道朱棣离开北平必有返回的一天，在得到朱棣班师的消息后，他派部将陈晖率一万骑兵前去阻击，但令陈晖哭笑不得的是，他并没有攻击的具体地点和目标，这是因为派他出去的李景隆也不知道朱棣在哪里！

但命令还是要执行的，于是陈晖就带着自己的一万部下踏上了漫长的寻人之旅。可是这天寒地冻的时候，能见度又低，去哪里找人呢？陈晖只好带着自己的部队到处乱转，陈晖不知道的是，朱棣就在离他不远的地方向着北平挺进。

不知是幸运还是不幸，陈晖与朱棣的军队竟然擦肩而过，未曾相遇。但当陈晖经过朱棣曾经的行军路线时，发现了大量的马蹄印和行军痕迹。终于找到敌人了！陈晖异常兴奋，沿着痕迹一路跟随朱棣的军队，他没有马上动手，而是准备靠近敌军大本营后来一个前后夹击。

应该说这个计划本来是不错的，但可惜陈晖不是蓝玉，而朱棣更不是捕鱼儿海边的北元皇帝。就在陈晖发现朱棣后不久，朱棣就察觉到自己被跟上了，他也没有和陈晖废话，派遣新进的朵颜骑兵去攻击陈晖。这些蒙古人刚收了朱棣的好处，正想找个机会显示一下自己的能力，他们三下五除二，把陈晖的一万士兵全部打垮，陈晖本人算是运气不错，逃了回去。

这一战大大增强了北军的士气，很快北军就到达了李景隆的大本营郑村坝，已经得到消息的李景隆整备好了军队，准备迎战他的这位儿时伙伴。而朱棣也将在这里给他这位纸上谈兵的表侄上一堂真正的军事理论课。

郑村坝之战就此开始，朱棣派出最强的朵颜三卫以中央突破战术直冲南军大营，这些蒙古骑兵果然名不虚传，以万军不当之势连续攻破南军七营，打得南军四

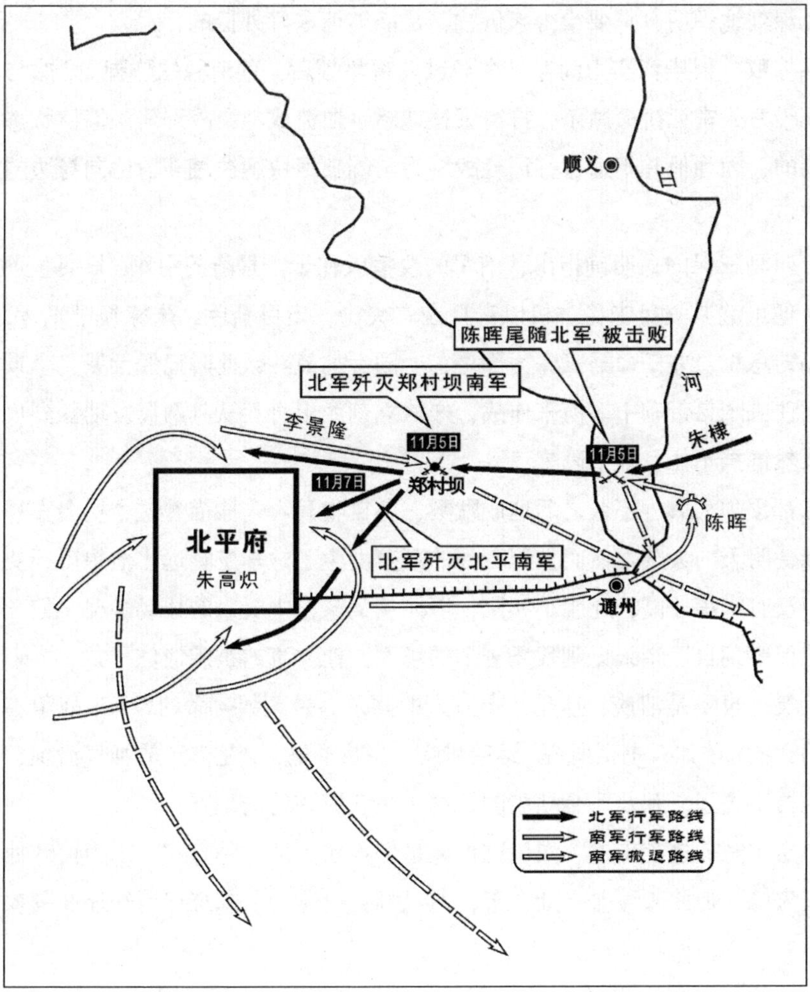

郑村坝之战←

参考消息 **收买人心**

郑村坝之战的第一晚，交战双方筋疲力尽，各自鸣金收兵。此时已是寒冬，燕军装备单薄，只能露天歇息。随着夜色的加深，天气越来越冷，众将士难以入眠。这时候，都指挥火真找来了几个废旧的马鞍，在朱棣面前点起了一堆火。很快，就有几个士兵忍受不了酷寒凑了过去。卫士见状，立刻大声呵斥，朱棣却动情说道："饥寒切身，是最难以忍受的。我穿了两件皮衣，尚觉得冷。我恨不得让他们都过来烤火取暖，哪里还忍心骂他们？"这样的一番话令兵士们铭感五内，更加为之死效。

散奔逃，这也深刻地说明，只要给得起价钱，是能够请来好外援的。

南军虽然惨败，但毕竟实力尚存，在经过一番整顿后，逐渐稳住阵脚，开始与北军作战。几十万人奋死拼命厮杀，打得天昏地暗、血流成河。战局陷入僵持状态对朱棣是不利的，因为他并不适合打消耗战，为了能够尽快解决战斗，他向身边的人征求作战意见。

此时一个叫马三保的人明确指出，南军的要害就在于李景隆的中军，只要李景隆移动位置，便可趁其立足未稳之机以奇兵左右夹击，定可获胜。朱棣经过思考，采纳了马三保的意见，并任命马三保为部将，一同参加战斗。此时已经天黑，李景隆果然按捺不住，亲自带领中军前来作战，朱棣立刻派出奇兵从其两翼发动猛烈攻击，李景隆果然抵挡不住，败下阵来。

由于双方都损失太大，不久之后达成默契，各自收兵。朱棣借着这个机会安顿好了士兵，准备明天的大战。然而他想不到的事情发生了。李景隆远比他想得还要无能，他不但没有军事才能，还胆小如鼠，以往从父亲口中听来的战场惨况，他一直并不在意，但等到自己亲眼见到残酷屠杀的场面，他才真的被震慑住了。

这不是玩笑，也不是清谈，这是几十万人的厮杀，是无数生命的毁灭，战争不应该是这样的，它应该如兵书上所说，运筹帷幄，决胜千里，那是何等的神气活现！

不能再这样下去了，我是不会获胜的，这不是我应该待的地方。

李景隆打定主意，连夜南逃，按说这也算是保存实力的一种方式，因为估计他确实也打不过朱棣，但此人可恶之处在于，他只顾自己逃跑，却忘记通知还在围攻北平的士兵！

那些攻打北平的仁兄也真是可怜，遇到这么个破天气，又摊上这么个破主帅，岂有不败之理。在城内城外的围攻下，攻城部队全线崩溃。

至此，郑村坝战役以李景隆的彻底失败，朱棣的彻底胜利而告终。此战对很多人都有着重要的意义。

在这场战役中，李景隆用实际行动表明了他的无能名声并非虚传，也算是证明了自己。朱棣获得了大量生力军并初步确立了战场的主动权。朱棣的长子朱高炽借助北平防御战的胜利获得了父亲的重视和喜爱，积累了政治资本。

而那位叫马三保的人也因在此战中的优秀表现为朱棣所重用，并引为心腹，此人出生时父母以世道平和、平安成长之意，曾给他取名为和，又由于他在郑村坝立下大功，被朱棣赐姓“郑”。

此后他便改名为郑和。

◆ 第二次机会

战败的消息很快传到了黄子澄的耳中。他十分惊慌,因为李景隆是自己推荐的，如果李景隆倒霉，自己也会被拖下水。他经过仔细思考，下定决心隐瞒真实情况，保住李景隆的指挥位置。

既然已经把宝押在了李景隆身上，就只能和他一起走到黑了，李景隆，我再信你一次!

惨败后的李景隆终于有点清醒了，他算是明白了打仗到底是怎么一回事，不是风花雪月，不是夜卧谈兵，而是刀剑刺入身体时那令人毛骨悚然的声音，是四处喷溅的鲜红的血，是垂死士兵声嘶力竭的惨叫声。

李景隆对自己产生了怀疑，在这场残酷的战争中，我真的能够战胜朱棣吗？但是无论他怎么想，只要朝廷没有命令撤换指挥官，他还是几十万人的统帅。

箭在弦上，不得不发，没有其他办法了，且把死马当活马医吧。

战败之后，李景隆退到德州，整顿自己的部队，并在这里准备下一次的决战。

他很清楚，虽然他可以以胜败乃兵家常事来开脱自己，但如果他再次失败，那可就不是常事了。手握几十万重兵却不断输给人数少于自己的北军，别说回到京城无法交代，就连部下的脸色也是不会好看的。

他毕竟是名将李文忠的儿子，他还是要面子的。只要击败朱棣，就一定能挽回自己的声誉。

可是击败朱棣又谈何容易。很明显,这位儿时伙伴的军事能力要远远强于自己，手下的士兵虽然不如自己的多，质量却比自己的高，还有那些杀人不眨眼的蒙古骑兵，这实在是一个可怕的对手，要想击败他，必须寻求帮助。

找谁来帮助自己呢？这个世上有人可以与朱棣匹敌吗？答案是肯定的，李景隆找到了可以为他打败朱棣的人。从某种意义上说，他也确实找对了人。

李景隆的心里总算是有了底，他开始认真谋划进攻的准备。

其实在李景隆看来，自己打不过朱棣的主要原因在于自己能力不如朱棣，而且南军的实力也比不上北军。不可否认，这些都是原因之一，但绝对不是主要原因。他和朱棣之间的根本差距在于决心。

此时，胜利的朱棣正面带笑容庆祝自己的胜利，但他的内心仍然是忐忑不安的。他很明白，对他而言，每一次战斗都是决战，从他起兵的那一刻起，自己就已经背上了反贼的罪名。除了那几个唯恐天下不乱的心腹外，天下是没有几个人支持他的。

面前这些兴高采烈的部下真的信得过吗？谁能保证他们不会在某一个夜晚把我的脑袋拿去求一个官位？我有着过人的军事天赋，我的铁蹄曾踏遍蒙古、纵横千里，但我并不是皇帝，我可以击败朱允炆十次，他依然是皇帝，但朱允炆只要击败我一次，我就可能永不翻身，沦为死囚！

这实在是一笔风险极大的生意，每一天都可能是最后一天，每一战都可能是最后一战，日复一日的精神压力和折磨使得他必须不断地以性命相搏！而这绝不是李景隆所能懂得的。李景隆输掉战争还可以回家，实在不行就投降，而朱棣如果失败，等待他的只有死亡和屈辱。

人生最痛苦的事情，莫过于不得不玩一场绝对不能输的游戏。

在死神阴影笼罩下的朱棣必须面对新的挑战了，德州的李景隆已经发出了进攻信号，而他一定要去应战，并击败他。对朱棣而言，获得胜利已不是为了夺取皇位，而是为了活下去。

建文二年（1400），李景隆在做好准备后，带领着他的大军出发了，他的目标是白沟河，他将在那里和自己的帮手会合。

他的帮手有两个人，一个是武定侯郭英，另一个是安陆侯吴杰。这两个人也算是前朝老臣了，具有丰富的战斗经验，在即将开始的这场战役中，他们将发挥极大的作用。

郭英和吴杰固然是不错的，但李景隆找到的最得力的帮手并不是他们，而是另有其人。

就在李景隆准备从德州发动进攻时，朱棣也通过他的情报网络得知了这一军事情报。对于李景隆这样的对手，他并不担心，在他的眼中，李景隆不过是一头羔羊，还肩负着为他运送军需物品的运输大队长职务。

他轻松地给诸将分配军事任务，而经过前两次的战役，朱棣的军事才能和威望都得到了众人的承认，他们相信只要跟着朱棣，就不用惧怕任何敌人。

如以往一样，朱棣还询问了李景隆手下将领的名字，当得知李景隆军的先锋由一个叫平安的人担任时，他的部下惊奇地看到，朱棣那一贯冷静的面容上居然闪过了一丝惊慌的表情。

应该说李景隆在这次战役中还是做了几件正确的事情，挑选都督平安为先锋就是其中之一。

平安，对于朱棣而言，是一个极为可怕的敌人。此人不但作战勇猛，而且他对付朱棣还有一个旁人没有的优势，那就是他曾经是朱棣的部下，并跟随他作战多年，十分了解朱棣的用兵方法。

平安了解朱棣，就如同朱棣了解李景隆一样，要和这样一个知晓自己底细的人作战，实在是一件困难的事情。

但事情已经到了这个地步，无论对手是谁，都必须打下去，打到底。

朱棣率领着他的军队向白沟河挺进，当他们到达预定地点时，李景隆已经和郭英、吴杰会师，正等待着他。

这一次，朱棣看到的是比上次更多的士兵、马匹、营帐，按兵法所布，井井有条。人流来往不息，非常壮观。

不壮观是不可能的，因为这次李景隆也准备拼老本了，他一共带来了六十万人，号称百万，一定要击败朱棣。

但在朱棣的眼中，李景隆这只羊带领的六十万人并不可怕，在他眼中真正的敌

参考消息 **奇异的龙纹**

得知李景隆在德州调集兵马后，朱棣决定声东击西，利用南军不耐寒的弱点，先攻大同，使其疲于奔命，然后伺机歼灭。此时正值正月，滴水成冰。燕军到达紫金关（今河北易县西紫金岭上）时，朱棣穿的素红绒袍上出现了一种很奇异的图案，宛转盘旋，酷似玉龙，甚至可以看出层层龙鳞。将士观之，无不称是吉祥之兆。朱棣虽然心中高兴，却还是告诫将士：天冷成冰，是自然的现象。我们的目标还未达成，大家切不可因此而产生懈怠。

人只有平安。

他特地嘱托诸将：“平安这小子，原来曾经跟随我作战，十分了解我用兵的方法，别人都不要管，一定要先把他打败！”

其实根本不用朱棣嘱托，因为在得知朱棣大军到来的消息后，平安已经开始了他的第一次冲锋。

◆ 大战的序幕

北军到达白沟河后，在苏家桥宿营，可是十分不凑巧的是，他们正好遇到了先锋平安的部队。平安应该算是一个极其勇猛的人,在战斗中从来都不喊“兄弟们上”之类的话，却经常表现出“同志们跟我来”的道德风尚。

这次也不例外，他操起长枪以身作则，带头向北军冲去。在上次战役中有良好表现的瞿能父子看见主将冲了上去，也不甘示弱，紧跟平安发起了冲锋。他们手下的士兵被这一情景惊呆了，愣神后终于反应过来，领导都冲锋了，小兵怎么能待着不动!

于是平安的先锋军就如发疯般冲入北军营中，大肆砍杀，往来纵横，大败北军。北军也没有想到，在他们眼中一向柔弱的南军竟然如此勇猛，毫无思想准备，纷纷溃退。

刚开战就出现这种情况，是北军没有预料到的，无奈之下，他们只得撤退。由此可见，榜样的力量是无穷的。

但是北军的噩梦还没有结束，因为另一位将领郭英已经为他们准备了一份意外的礼物。

郭英从真定出发，比李景隆晚到白沟河，他的军队中虽然没有平安那样的勇将，却携带着大量新式武器——火器。而从史料分析，这些火器可以被埋在土里攻击敌人，那么我们就可以给这种火器起一个现代的名字——地雷。

在平安与北军交锋时，郭英并没有闲着，他预计到了北军的行动路线，在他们的必经之路上埋下了大量地雷。当北军被击败并撤退时，他们及时收到了郭英的这份大礼。

可怜的北军并没有探雷器，也没有所谓的工兵，要想过去，只能拿人来排雷了，于是大家一拥而上，踩上地雷的只能算你运气不好，下辈子再投胎，运气好的算是捡了一条命。史载，此战中燕王朱棣“从三骑殿后”，我曾一直为朱棣同志这种舍己为人的精神所感动，但综合起来看，似乎并不尽然，此举甚有引人为己排雷的嫌疑。

殿后的朱棣没有被地雷炸，却也有了不小的麻烦。由于北军大败，情况混乱，等到休战时已是深夜，伸手不见五指，朱棣竟然迷了路。当然，在那个地方，是不可能找民警叔叔问路的。

朱棣只好下马趴在地上辨别河流的方向（这个动作似乎并不雅观），找了半天，才弄清楚东南西北，这才灰头土脸地回到自己营中。

回到营里的朱棣越想越气，自出兵以来，如此狼狈不堪还是第一次，愤怒驱使他做出了一个大胆的决定，不再像以往一样整顿部队。命令各位将领立刻整兵准备出战，天明之时，即是决战之日！

李景隆十分兴奋，他终于看到了一次胜利，这说明朱棣也是普通人，他也是可以战胜的，自从战败以来，将领们的指责、士兵们的抱怨每时每刻都缠绕着他，无形的压力使得他抬不起头来，现在洗刷耻辱的时候终于到了。

朱棣，我的光荣在你身上失去，就从你的身上拿回来！

双方在同一个夜晚，准备着同样的事情，擦亮盔甲，磨砺兵器，等待着天明的一刻。对于他们中的很多人来说，这将是最后一个夜晚，他们不会去思考自己人生的意义，对于他们而言，唯一要做的就是等待那个时刻的到来，然后拿起刀剑去杀戮那些自己并不认识的人。

这个夜晚无比漫长，却又极其短暂。

决战的时刻终于还是到来了。

朱棣率领着他的全部人马列队走向了战场，在对岸等待他的是李景隆的六十万大军。

◆ 可怕的平安

战役仍然是由南军发起的，在昨天有着良好表现的平安和瞿能更是不讲客套，卷袖子操家伙就上，但你若认为此二人有勇无谋，你就错了。他们冲击的不是北军的正面，而是后翼！

平安和瞿能带着自己的军队绕了很大的一个圈子，跑到了北军的后面，他们选择的攻击对象是房宽率领的后军。平安一马当先，杀入敌阵，用长枪横扫北军，先后击伤多名北军大将，竟无人可挡！在这两个狂人的指挥下，房宽军很快崩溃。

朱棣的作战计划就这样被打乱，在纷乱的局势中，他做出了冷静的判断，要想取胜，唯一的方法就是全力攻击李景隆中军，只要中军被击退，战局就一定会大为改观。

为达到这一目的，他命令大将邱福率军进攻对方中军，邱福领命后奋力攻击李景隆中军，却没有丝毫效果，李景隆的中军岿然不动。在这次战役中，邱福辜负了朱棣的期望，而后来的历史事实证明，这并不是他最后一次让朱棣失望。

邱福的失败虽然让朱棣有些失望，但并未影响他的计划，因为从某种程度上来说，邱福只是他引开对方注意的一个棋子，那致命的一着将由他自己去下。

与朱棣交过手的人会发现，此人虽有善战之名，却喜欢用阴招。他很少从正面冲击对手，而是常常从对方的侧翼发动突然攻击。此正是兵法中所谓“以正合，以奇胜”，也是朱棣指挥艺术中最大的特点。

这次也不例外，就在他对邱福发出进攻中军的命令之后不久，他便亲率大军绕到李景隆军左翼，他将在那里彻底击溃李景隆。在以往的无数次战役中他都是用类似的手段取得了胜利，他相信，这次也不例外。

可是当他到达敌军左翼准备发动进攻时，却听见了自己后军的嘈杂声，让他万万没有想到的事情发生了。李景隆军居然以其人之道还治其人之身，在朱棣转向的同时抄了他的侧翼，并发动了进攻。现在北军已陷入苦战。

这下朱棣傻眼了，他万没有想到战局会发展到这个程度，这其中有很大一部分原因在于他把李景隆当成了真的白痴。要知道李景隆虽然会出现间歇性弱智的病状，大部分时间却还是个正常人，他已经在朱棣的这一招上吃了很多亏，无论如何都会长记性的。

此时的朱棣已经陷入极其危险的境况，他深入敌境，已成为众矢之的。南军已经将他团团围住，只等着拿他邀功请赏。

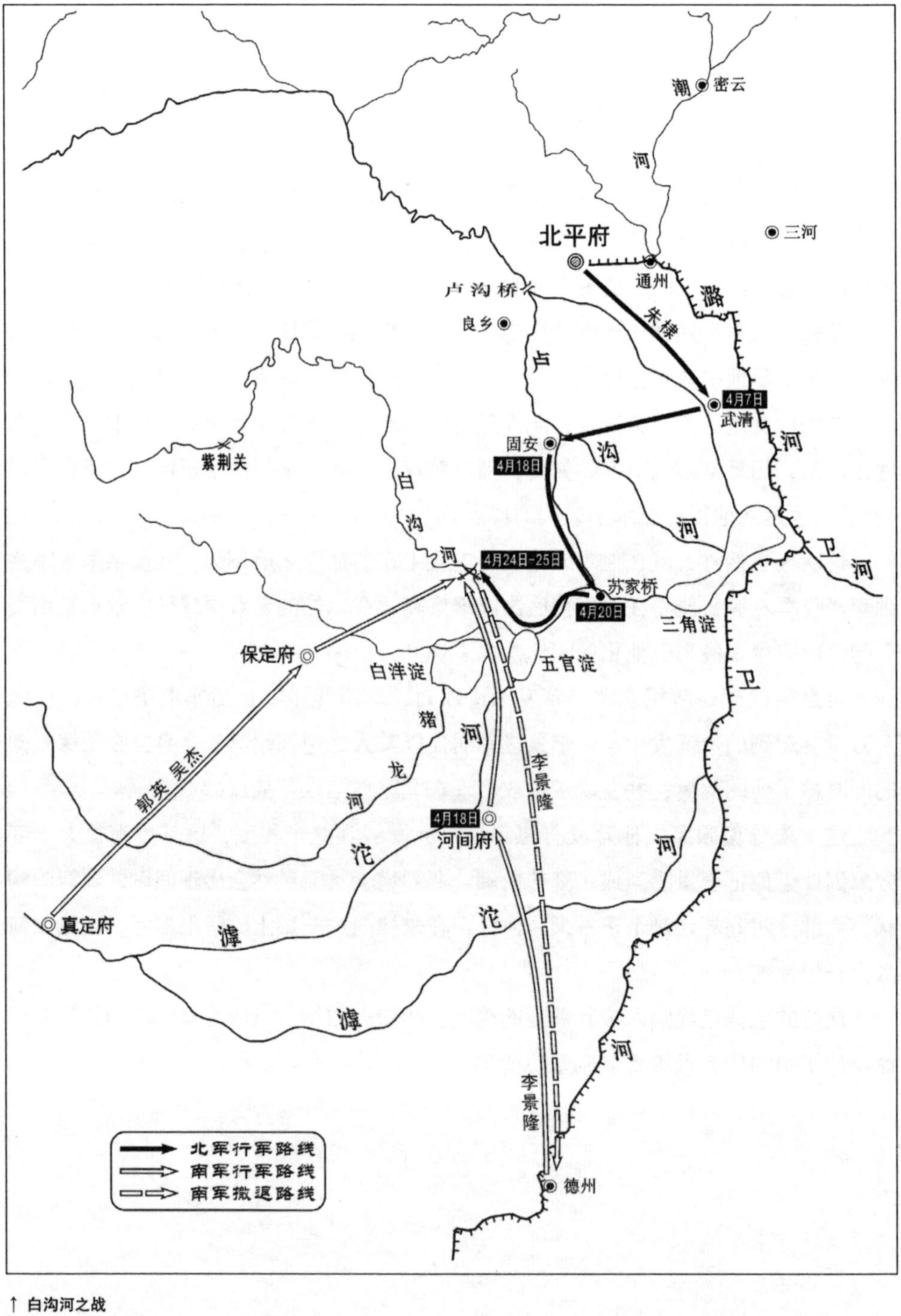
潮
密云
河
三河
北平府
通州
潞
卢沟桥
良乡
朱棣
4月7日
武清
卢
固安
4月18日
沟
河
紫荆关
白
沟
河
4月24日-25日
苏家桥
4月20日
三角淀
卫
河
保定府
白洋淀
五官淀
猪
龙
河
河
李景隆
郭英 吴杰
4月18日
河间府
沱
真定府
滹
沱
滹
河
河
李景隆
德州
北军行军路线
南军行军路线
南军撤退路线

↑ 白沟河之战

◆ 朱棣的危局

在这种情况下，朱棣展现了他的勇将风范，等别人来救是不现实的，只有自己救自己。往年征战练就的真功夫此时派上了用场，朱棣如同困兽一般，奋死拼杀，他先用弓箭射击敌军，随身携带的箭支射完后，他又抽出随身宝剑，乱砍乱杀，结果连剑也被砍断，座下战马已经换了三匹，鲜血染红了他的盔甲，他也实在无法支撑下去了。

朱棣明白，继续在这个地方待下去定会死无全尸，这么多人围着，即使每人只砍一刀，把自己剁成肉馅包饺子也是绰绰有余的，他决定退回河堤。

可是仗打到这个地步，不是他想退就能退的，等他千辛万苦到达河堤时，南军大将平安和瞿能也如约赶到，如果不是部下拼死相救，只怕战役就到此结束了。

眼见战局大好，李景隆发布了命令：全军总攻！

北军只能苦苦支撑，此时的朱棣已经没有任何预备队和后着，而李景隆的大军正向河堤逼近,这是朱棣有生以来最为危急的时刻。眼看九五之尊的梦想就要破灭，万念俱灰的朱棣似乎已能够感受到冰冷的长枪刺入自己身体时的感觉。

就在最后的时刻，朱棣居然想出了一个不是办法的办法，他决定再玩一次花招。

他不顾危险，骑马跑到河堤的最高处，不断地挥舞马鞭做出召唤人的动作，这似乎有剽窃《三国演义》中张飞守长坂桥的手法的嫌疑。朱棣这样做并不是想成为箭靶子，他的行为类似今天街上的流氓打架时那一声吆喝：“你小子别走，等我叫人来收拾你！”

但这一招是否有用并不取决于朱棣本人，而是取决于另一个人的愚蠢程度，他之所以要跑到高处，也正是希望自己的这个举动被此人看见。

这个人就是李景隆，这一次他又没有辜负朱棣的期望，看见朱棣的这一行动后，他做出了错误的判断，即认为北军有埋伏，随即号令南军退后。就趁着这个时机，朱棣终于逃离了河堤，北军也获得了暂时的喘息之机。

李景隆虽然判断错误，但他毕竟仍然占据优势，而此时的朱棣却是真正的叫苦不迭。自从起兵到现在，还未经历过如此惨烈的战役，自己的全部军队已经投入战场，再也拿不出一兵一卒，而自己本人也已经身被数创、极度疲惫，难道自己长达十余年的准备和隐忍就要到此结束吗？

不会，绝对不会！坚持下去，只要能够坚持下去，事情一定会有转机的！

就在这样的信念支持下，朱棣率领他的军队继续与南军血战。

坚持固然是可贵的，但是坚持就一定能够换来胜利吗？从此时的战局来看，朱棣翻盘的机会微乎其微，看来除了指望老天爷帮他外，其他的可能性都不存在了。

而且如果朱棣真的相信有老天爷的话，他恐怕也不会造反了。

朱棣的厄运还远没有到头，此时的北军虽然处于劣势，但由于其素质较高，一时之间倒也能够形成僵持的局面，然而就在此刻，南军的一名将领又发动了新的攻势，打破了这个僵局。

大将瞿能是南军中最为勇猛的将领之一，仅次于平安，而在这场战役中，他更是极其活跃，状态上佳，如同打了兴奋剂一般。他左冲右突，砍杀了无数北军士兵，勇猛过人。但此人绝非只有匹夫之勇。

在僵持的战局中，他以自己敏锐的直觉察觉到了战机，朱棣已经抵挡不住了，只要再来一次冲击，他就会被完全歼灭！成此大功，舍我其谁！

此时战场上的士兵们已经杀红了眼，自天明打到中午，双方队形已经完全混乱，夹杂在一起，仅凭衣着展开激战，完全谈不上什么战术了。

瞿能以其冷静的头脑组织了大群士兵，并将他们重新整队编排，他要发动最后的攻势，彻底打败朱棣！在准备妥当后，他大呼“灭燕！灭燕”的口号率先向北军发动冲锋，士兵见主帅如此拼命，大受鼓舞，纷纷冒死向敌阵冲去。

瞿能的冲锋彻底打乱了朱棣的防守体系，原本已经十分薄弱的防线又被南军骑兵分割成几段，看来朱棣的天子之路就要到此为止了。

但接下来却发生了一件匪夷所思的事情，这件事出乎所有人的意料，而其诡异之程度实在不能用历史规律来解释。

此事发生在瞿能发动冲锋、朱棣军队即将崩溃时，要形容这件事情，必须换用《封神榜》或是《西游记》中的语言：“本是晴空万里之天，突然天地变色，飞沙走石，妖风四起，但见那妖风缠绕营中帅旗，只听得咔嚓一声，旗杆折断，大旗落地！”

这件事实在令人匪夷所思，这风早不刮晚不刮，单单就在这个时候刮起来，这么大的战场，刮点什么不好，偏偏就把帅旗刮断了。若非此事载于正史，实在让人难以相信。

南军蒙了，这个变故是谁也没有想到的。当时的士兵们十个里面有九个都是封建迷信的受害者，朱棣起兵时房上掉两片瓦，都要费尽口舌解释半天。如今连打仗的旗帜也被吹断了，就如同做生意的被人砸了招牌，惶恐不安之际哪里还有心思去打仗？

而朱棣却是大喜过望，他的运气真是太好了，毫无出路之时竟然出现如此转机，其发生概率大概相当于我们今天买两块钱彩票中五百万巨款。当然更让他想不到的是，在他后来的军事生涯中，他还会再中两次五百万。

朱棣是一个能够抓住战机的人，他趁着南军惊恐不安之时，绕到南军后侧，发动了猛攻，南军惊慌失措之余无力抵挡，全军溃败。朱棣好人做到底，送佛送上天，借着风势顺便放了一把火，火借风势，风助火威！在漫天大火之中，北军发动了总攻击。

突然发生的变化，让瞿能大为意外，回眼望去，大本营已经陷入一片火海，士兵们四散奔逃，北军骑兵到处出击追杀逃跑的南军。败局已定，大势已去，而自己突入敌阵已被重重包围，想要突围也是不可能的事了，他回望一直跟随自己拼杀的儿子，苦笑道：

“今日即在此地为国尽忠吧。”

随即率军奋死拼杀，父子俩最终死于阵中。

南军大败，最能作战的平安也撑不住了，抵挡不住北军的攻势，率军败走，而素来有逃跑传统的李景隆更是二话不说，率大军向南方逃窜。老前辈郭英也不甘人后，估计他对李景隆失望已极，逃命都不愿意和他一起走，独自向西逃去。

此战南军损失十余万人，其余全部逃散，所谓兵败如山倒。朱棣自然不会放过

参考消息 **小马王**

在白沟河大战中，瞿能军中有一个姓王的临淮人，名字不详，所以只好称呼他为“王指挥”。这王指挥有个特点，就是外出打仗的时候，经常骑一匹小马，军中于是都亲切地称他为“小马王”。在战斗中，小马王身受重伤，自知必死，便脱去铠甲，交给他的随从，说道：“我为国捐躯，以此报家人。”随后他以枪插地，倚靠着心爱的小马死去。

追击的机会，他下令北军全线发动反攻，誓要将南军六十万人全部一网打尽。按照战场的形势，他本来是很容易达成这个愿望的，但一支军队的出现打破了他的美梦。

当朱棣追击时，意外地发现一支士气高昂、未受损失的精锐部队挡住了他前进的路线。率领这支军队的正是徐辉祖。

此战开始之前，朱允炆曾单独召见徐辉祖，并交给他为大军殿后的任务。因为朱允炆虽将大军交给李景隆，却也对此人的指挥能力有所怀疑，为以防万一，他特地让徐辉祖断后。没有想到这一招竟然真的起了作用。

徐辉祖的掩护为军队的撤退赢得了时间，也为下一次的反攻保留了力量。

白沟河战役结束了。在此战中，朱棣战胜了强大的南军，虽然胜得有些侥幸，但毕竟还是胜了，他从此初步掌握了战场的主动权，而此战的胜利也使他的声望达到了顶点，即使是他的敌人也不得不承认，朱棣确实是这个时代最为优秀的将领。

而京城的朱允炆应该也从此战中获得了不少教训和经验。在我看来，至少有三条：一、李景隆确实是军事蠢材，应该像扔垃圾一样扔掉；二、环境保护是个大问题，应该多搞点绿化，防止大风扬沙天气的蔓延；三、旗杆应该换成铁制，不可偷工减料。

获得胜利的朱棣带着满身的伤痛和疲惫回到了自己的大营。这实在是他经历过的最为艰苦的战役，若不是那场大风，胜负谁属还很难说，但不管怎样，他还是赢了。

自从起兵以来，他终于能够睡个安稳觉了，李景隆的六十万大军被打败了，是被仅有十余万军队的自己打败的！

这是一个了不起的成就，自信一点点在他的胸中蔓延开来，他甚至开始认为，这个时代就是为自己而设置的舞台，在这个舞台上，没有人可以做他的对手。他将继续独自表演，直至走向这条天子之路的终点。

放眼天下，何人是我敌手！

就在朱棣为他自己的战绩得意时，李景隆的拙劣表演还没有结束。他抵达德州没多久，北军就追了过来，李景隆二话不说就弃城逃跑，他忠诚地完成了为朱棣运送军用物资的使命，给北军留下了上百万石粮食。而得到粮食的北军似乎从这位运输大队长身上尝到了甜头，继续追着他不放，一直追到了济南。

朱棣原先的军事行动都是在自己属地附近进行的，所以南军即使被击败，也可以再次组织进攻，但是这次不同了，如果北军占据了济南，他们就将占据这个水陆要冲，退可保北平，进可攻京城。这就好比在朱允炆家门口修了个炮楼，什么时候心血来潮就打两炮过去，到那个时候，南军就真的回天无力了。

可是局势已经到了这个地步，南军的最强主力也已经被击败，谁还能挽救危局呢？

其实朱棣也是这样想的，朱允炆手下那几条枪他闭着眼睛都能数出来，还有什么人能抵挡自己呢？他已经收拾好行李，准备去城内的大明湖钓鱼了。

到此为止吧，朱棣，上天毕竟还是公平的，你所期待的对手已经到来了，他就在你眼前的这座城市里等待着你！

参考消息 **天灵碗**

白沟河一役，死伤甚重，尸横百余里。战罢，朱棣命部下埋葬好死亡将士的尸体，将他们的头骨带回北平，按照番僧的教义，吩咐僧人进行超度。个别颅骨深大的，则盛上净水，供在佛像之前，名曰“天灵碗”。

第六章

朱棣的对手

○此时的济南城里 挤满了人心惶惶的逃难百姓和打了败仗的残兵败将 治安情况也不好 有战斗力的士兵极度缺乏 铁铉面对的就是这样一个烂摊子

◆ 一个管粮饷的人

在李景隆进行白沟河之战时，一位山东的官员承担了为李景隆大军押运粮饷的任务，他很尽责，粮饷从来不缺。但他的辛勤工作并不能挽救战役失败的结局。李景隆溃败的时候，他跟随李景隆撤退，但他撤退的速度要远远慢于这位长腿主帅。

一路上，他不断地收拢那些被击溃的士兵，并将他们组织起来。在当时人们的眼中，这实在是一种让人很难理解的行为，所谓大厦将倾，独木难支，而且随着李景隆的溃败，沿路的各府县都闻风而降。江山随时可能易主，大家都已经开始为自己将来的前途打算了。可是这个人却仍旧干着这样的工作，其实不止官员和将领们不理解，连他收容的那些士兵们也不理解，他们不知道这个人为什么要收容他们，准备把他们带到哪里去。

“济南。”他说道，“我们要去守卫济南。”

“主帅都跑了，大人您能守得住吗？”

“我是山东参政，是朝廷委派的官员，这是我的职责。”

这个按时运送粮饷、尽职尽责、在危急时刻挺身而出的人叫做铁铉。

铁铉，河南邓州人（今河南邓州市），他的履历

并没有什么引人注目之处，但让人吃惊的是，他是一个不懂军事的知识分子，洪武年间他由国子监生直接授官为礼部给事中，建文帝登基后被任命为山东参政。

然而就是这么一个不懂军事的知识分子挑起了那副谁也不愿承担的重担——挽救国家危亡。

铁铉并不是那种幼年熟读兵法、闻鸡起舞的游侠之人，在此之前，他的人生就是读好书和做好官。第一次看到战场上血腥屠杀的场面，他也曾经犹豫和胆怯过，以他的官职，如果愿意投奔朱棣，是能够捞个好前途的。但他最终选择了坚持自己的原则和信念。

因为在他的眼中，朱棣并不是什么遭受奸臣迫害、被逼靖难的英雄，而只是一个搅乱太平盛世、图谋不轨的乱臣贼子。他的道德观念使得他无法去接受这样一个人成为国家新的主宰。

不接受是容易的，但要挺身而出反抗就难了。铁铉虽然是个书生，却也明白战争绝非儿戏，如果选择对抗，他就将面对这个时代最为优秀的统帅——朱棣。

在他组织士兵赶往济南的路上，他遇到了一个叫高巍的人，正是此人坚定了他的意志。

高巍，辽州（今山西左权县）人，他与铁铉很早就相识，且情谊深重。就在官员们纷纷跑去投靠朱棣时，高巍却从朱棣的属地里逃了出来，他的目的和铁铉是一致的——以身许国。

铁铉在临邑遇到了这位老相识，两人抱头痛哭，表明心迹，立誓尽责守护济南，至死方休。

即使你的敌人无比强大，即使你没有好的应对方法，但只要你有敢于面对强敌的决心和勇气，你就会发现，奇迹是可以创造的。

铁铉和高巍两个人以必死的决心带领一群残兵奔赴济南，可当他们到达济南后，却意外地发现李景隆又吃了一次败仗。原来李景隆一口气逃到济南后，整顿了部队，此时他的手下还有十几万人。他本打算抵抗一下，没有想到朱棣没有留给他这个机会。

朱棣率领大军向李景隆发动了猛烈的进攻，而李景隆已经被打出了恐朱症，一触即溃，这次他逃得更为彻底，单人匹马跑了回去，把十几万将士都送给了朱棣。

铁铉就是在这种情况下进入济南的，他不会想到，作为一介书生的他将在这里立下不朽功绩，并为这个城市的人世代传颂。

就在济南城中，铁铉遇到了另一个影响他一生的人，此人叫盛庸，是李景隆手下的都指挥使。这位盛庸名中虽有一个庸字，但他本人却绝不昏庸。相反，他是一个极具军事才能的将领，不过在李景隆的手下，再有才能的人也是没有用的。

李景隆的逃走对他们而言也算是一件好事，铁铉和盛庸终于可以摆脱这个蹩脚的家伙，去创造属于他们自己的奇迹。

◆ 济南的坚守

此时的济南城里，挤满了人心惶惶的逃难百姓和打了败仗的残兵败将，治安情况也不好，有战斗力的士兵极度缺乏，铁铉面对的就是这样一个烂摊子。而且上天也没有给他更多的时间，朱棣已经带领着他的十几万军队准备攻城了。

这又是一场看似胜负悬殊的较量，很多人如果处在书生铁铉的角色上，早就开门投降了。事实摆在那里，李景隆最强大的六十万军队已经被打垮了，现在城内的不过是些漏网之鱼，而论军事素养，铁铉等人更是无法和朱棣相比。

朱棣似乎也是这样认为的，他一反常态，不再畏首畏尾，而是第一次主动采取攻势，他把自己的所有军队列队扎营于城下。他已经打败了所有强大的敌人，拥有了更强的实力，无数的州府都投降了他，但出乎他意料的是，眼前的这座柔弱不堪的城池居然不投降，而且挡住了自己的去路！

他决定改变自己的战术，硬拼一下，他要让这座城市彻底屈服于他。

朱棣过于得意忘形了，他似乎忘记了他当年是怎样战胜比自己强大的敌人的。决定战争胜负的并不一定是先进的武器和士兵的数量，而是人的决心和智慧。

◆ 善守者，潜于九地之下

铁铉虽然不是科班出身，不懂得军事，但他是一个极有悟性的人，他在严酷的战争中锻炼了自己，了解了战争的规律，并最终被推举为济南城的镇守者。而具有丰富军事经验的盛庸更是成为了他的得力助手，这两个人的组合将在今后数年内让朱棣寝食难安。

朱棣在准备妥当后，派遣士兵向济南发动了进攻。北军日夜攻打，铁铉亲自在城楼上指挥战斗，身先士卒，他的这种行为感动了原本垂头丧气的士兵们，在这些战败者的眼中，铁铉是一个可以信任和依靠的人。在铁铉的鼓舞下，防守官兵士气大振，连续打退朱棣多次进攻，北军在城下徘徊数日，始终不得门道，每天除了抬回无数具尸体，再无任何进展。

朱棣向来不是一个蛮干的人，他观察了济南的地形后，想出了一条很是毒辣的计策。他决堤放水，希望用洪水淹没济南城，并摧毁城内守军的意志。这一招确实厉害，守军是不可能一边游泳一边打水仗的，而这种人为的灌水法用编织袋是堵不住的。眼看城池就要失守，但铁铉并不慌乱，他想出了一个绝妙的方法，不但可以缓解眼前的危机，还有希望毕其功于一役。

铁铉的计划是这样的，他预备了一千人前去诈降，并希望朱棣单骑入城接受投降，以表明他的诚意。他相信，在危急时刻的投降，朱棣是不会怀疑的。

果然，朱棣上当了，他真的是一个人来的，济南城城门大开，似乎在等待着它的新主人的到来，而实际上，这座不设防的城市是铁铉张开的一口麻袋，正等待着猎物的到来。

就在朱棣骑马即将进入城内时，城内忽然有人叫了一声："千岁！"

这是行动的暗号，叫声未绝，麻袋已经收口，从城门上突然降下类似武侠片中机关的铁板，意图将朱棣困在城内。

这算得上是一个极为精妙的设计，可惜，那位操作的仁兄手稍微急了点，铁板没有隔住朱棣，却正好打在他的马头上。朱棣被这道天降铁板搞蒙了，他慌不择路，立刻换了一匹马逃命去了。

这件事情使得朱棣十分气恼。他难得信一回别人，却被欺骗了，他那并不纯洁的心灵受到了铁铉无情的伤害，于是他再次命令士兵猛攻济南城，但济南仍旧防守严密，朱棣一连打了三个月，都没有任何进展。

为了打破僵局，朱棣决定使用他最后的秘密武器——大炮。明代的大炮已经广泛应用于战场。在靖难之战中，南北两军都使用这种武器，但总体而言，北军使用的频率要少得多。究其原因，可能是由于北军以骑兵为主，而朱棣的战术是突袭，这样的战术特点决定了他们不愿意也不可能随时带着这些动辄几百公斤重的大家伙。但现在既然是攻城战，大炮就派得上用场了。

这下铁铉终于要面对他镇守济南以来最大的危机了。当时铁铉的手中没有火箭炮，凭着火铳和弓箭也是不可能摧毁对方的炮兵阵地的，他只能眼睁睁地看着北军士兵一边唱着小曲，一边装填弹药，然后点燃引线，把特制的礼物——各种大铁球，以空降的形式送给自己。

当然了，能人总是能够从没有办法的地方想出办法来的。如果铁铉真的无计可施，让北军就此攻破城池，相信济南城内就不会到今天还有纪念他的铁公祠了。顺便说一句，我也曾经去拜过，因为即使单凭他处理这次炮轰济南的危机时表现出来的智慧，他也有资格被后人崇拜了。

正当朱棣准备好大炮和弹药准备炮轰济南城时，城头上出现的一幕让他目瞪口呆。

他立刻下令不许开炮。因为当他看到城头上铁铉挂出来的那些东西时，他知道，打不打得下济南只是小事情，要是开炮把这些玩意儿打坏，那才真是大麻烦。

到底是什么东西让朱棣如此投鼠忌器呢？铁铉手中似乎也没有什么值钱的东西了，而且即使有什么值钱的玩意儿，只要开炮打进城去，所有的一切都将归自己所有了，还忌讳什么呢？

事情滑稽就滑稽在这里，铁铉挂出的这些玩意儿一点不值钱，但却是真要命，就算你打死朱棣他也是不敢开炮的。

因为铁铉同志找人连夜做了十几个大牌子，上面工工整整地写了“大明太祖高皇帝神牌”几个大字，挂在城墙的四周。

这些木牌子真是比防弹衣还顶用，朱棣在城下气急败坏，破口大骂，但就是不敢动真格的，而这一切都早在铁铉的预料之中。

这个世界上的事情没有朱棣不敢干的，他敢对皇帝无礼，敢瞧不起皇帝，还敢公开造反，而这些木牌不过是用普通的木头写上几个字而已，为什么铁铉断定朱棣绝对不敢损坏这些木牌呢？

如果说当时有心理战的话，那么铁铉应该就是其中高手，他准确地抓住了朱棣的弱点。朱棣弱点并不多，但确实是有的。他的弱点就是出兵的理由。

虽然天下所有的人都知道朱棣是反贼，但是朱棣毕竟还是有一定的理论支持的，这个支持就是他老子朱元璋的遗训，所谓藩王靖难、扫除奸臣是也。其实也就

是用爷爷来压孙子。可是现在铁铉挂出这些自己父亲的神牌，如果用大炮攻城的话，岂不是连老爹的神位也敢毁？

这是万万使不得的，朱棣何尝不知道这些所谓神牌可能是铁铉派人上山砍了木头下来，找几个测字先生写的，有何神圣性可言？但奇怪就奇怪在这里，大家都知道这玩意儿是假的，可就是没人敢动手去砸了它。而朱棣这种既当婊子又想立牌坊的心理也被铁铉充分利用，弄出了这么一幕滑稽戏。

城下的朱棣大炮齐备，兵马强壮，只要命令开始攻击，济南唾手可得，可他暴跳如雷，有怒难发，就是不敢开炮。城上的铁铉得意洋洋，敲打着那些昨天可能还是山中林木的所谓神牌，以挑衅的眼光看着下面的朱棣，就差喊出“向我开炮”这样的豪言壮语，那意思似乎是说：有种你就开炮啊！

朱棣没种开炮，只好收兵回营。这应该是朱棣军事生涯中最为窝囊和郁闷的一天。

这一幕后来被很多电视剧引用，皆未注明转载。特此申明，版权所有。

朱棣终于感觉到了自己对手的强大，一群残兵败将，一个没有打过仗的书生，一座似乎踢一脚就会落下几块砖头的城池，居然挡住了自己。而这也是他开战的第一次失败。

上天是不会让一个人来主宰这个时代的，只能班师。

可是他想走就能走得了吗？

城中的铁铉敏锐地发觉了朱棣撤退的迹象，他和盛庸率军追击，狠狠地打了一次落水狗，朱棣慌不择路，一退几百里。铁铉趁势进攻，收复德州。

此战的胜利给长期以来郁闷无比的建文帝带来了一丝曙光，他晋升铁铉为山东布政使，之后又让他担任了兵部尚书。这位并非军旅出身的书生能够担任最高军事长官，实在要感谢朱元璋的清除功臣活动和李景隆的愚蠢无知。

而建文帝终于也做出了一个十分英明的决定，他撤换了李景隆总司令的职务，

铁铉的计谋使济南成了朱棣的拦路虎

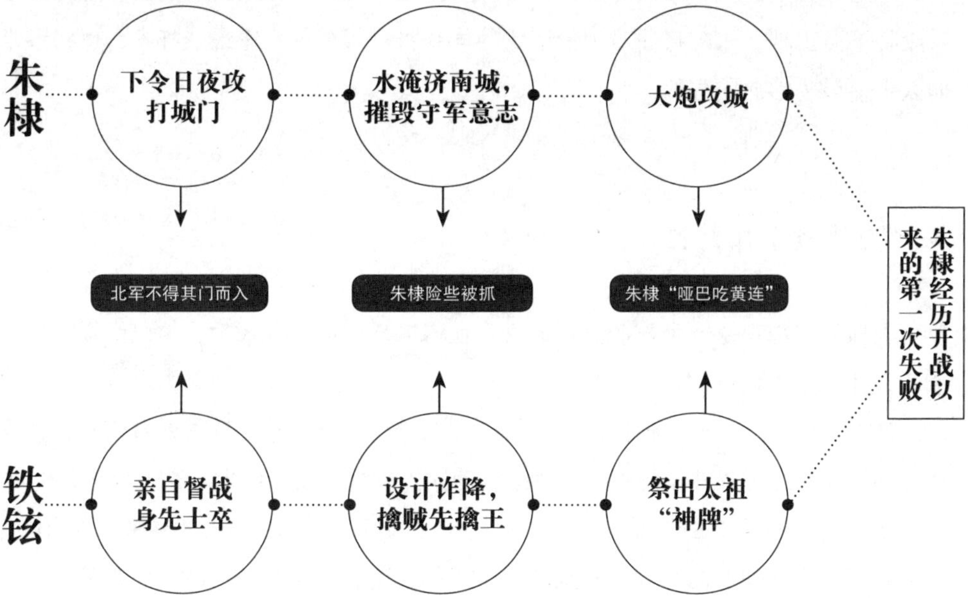

并将此职授予盛庸。事实证明，在当时，盛庸确实是这个职务最适合的人选。

同时，逃跑比赛冠军李景隆一溜烟回到了京城，这位仁兄实在是让人无话可说，出师时候的六十万大军输得一干二净，只剩下了他本人光着屁股跑回来。连当初保举他的黄子澄都想拿把刀砍死他，黄子澄觉得自己罪孽深重，恨透了李景隆，便联同御史大夫练子宁和御史叶希贤向建文帝慷慨陈词：立斩李景隆！

但是建文帝拒绝了他们的要求，他拒绝的理由似乎也很充分，李景隆是他的亲戚。

建文帝一向以慈悲为怀，具有博爱精神，对造自己反的叔叔都关爱有加，更何况是一个打了败仗的表亲。而且在他看来，李景隆打败仗已经是既成事实，杀掉他没有多大用处，养着他也不过每年多费点粮食，何必一定要取人性命呢？

但是建文帝错了，他不会想到这个打了败仗的李景隆其实还有着第二个身份，在不久的将来他会对局势产生重要影响。

不管怎样，南军方面终于从开战后的一头雾水、稀里糊涂的状态中恢复过来，他们确实找到了能够对付朱棣的将领，并开始积聚反攻的力量。

经过休整后，重新布置的南军准备向朱棣发动反攻，保守的耿炳文和愚蠢的李景隆将不再出现，朱棣将面对由新一代的优秀将领组成的南军最强阵容，也将迎来他人生中最为惨痛的失败。

◆ 善攻者动于九天之上

朱棣从来都不是一个被动挨打的人，在得知盛庸准备北伐后，他已经提前做好准备，开始了进攻。

建文二年十一月，朱棣向南军重兵驻守的沧州发动进攻，歼灭数万南军，并俘获大将徐凯。之后朱棣马不停蹄，继续发动猛烈进攻，攻克德州、济宁、临清等地。

此时的统帅盛庸在得知朱棣先发制人后，准确地判断了形势，并准备转攻为守，吸引北军前进，他明白小打小闹是解决不了问题的，与朱棣的决战在所难免。

他在仔细勘查地形后，选定了决战的战场——东昌，这里即将成为北军的集体公墓。

为了吸引朱棣前来决战，盛庸放弃了很多城市，避其锋芒，他有步骤地安排自己的军队节节后退，以引诱朱棣继续前进。他相信，济南的失败必然会使得朱棣更具有进攻性，也更容易掉进自己布下的陷阱。

盛庸的估计是正确的，此时的朱棣确实有着比以往更强的进攻欲望，济南的失败让他寝食难安，特别是铁铉使用挂神牌这样的手段逼退自己更是让他有被人耍弄的感觉。但他还是有充分的自信的，即使铁铉再聪明，那也只是防守的本事而已，真正决定战场胜负的还是进攻。

若论进攻，放眼天下，有何人可与自己匹敌!

他并非没有察觉到盛庸的企图，但他有着充分的自信，在他年少时，已经投身军伍，得到过无数名将的指点，经历过战场的血腥厮杀，他战胜了无数可怕的敌人，有着充足的战斗经验,南军的那些将领,不是太老,就是太嫩,不可能成为自己的对手。

在南军中堪称自己敌手的只有一个平安，此人确实是一个劲敌，如果他成为南军统帅，倒真是难以对付，但可喜的是朱允炆似乎又犯了一个错误，他任命李景隆手下的都督盛庸接替了指挥位置，让平安做了盛庸的副手。

他也曾事先探查过敌军主帅盛庸的情况，果然不出他所料，盛庸并没有什么耀人的功绩，原先只不过是李景隆的部下，而且此人有一个弱点，那就是不善于指挥骑兵。

在冷兵器时代，骑兵是战争中的主力兵种，以往在对付外来游牧民族入侵时，骑兵是最主要的军事依靠。而在朱棣的那个时代，南北军中公认最为优秀的骑兵将领恰恰是朱棣本人。他曾亲率大军深入大漠，清剿北元，累积了丰富的军事经验。他还有着足以自傲的指挥能力和强壮的士兵，而对手却只是自己手下败将的部下，与自己相比，盛庸不过是一个无名小卒。

在朱棣看来，这场战役是没有悬念的，他坚信在面对面的交锋中，精锐的北军骑兵将摧枯拉朽般把敌人打得粉碎，而自己将注定是战役最后的胜利者。

不过事实证明，每个人固然有自己的短处，但也必然有着自己的长处。盛庸虽然没有朱棣那样优秀的骑兵指挥能力，但他也有自己擅长指挥的兵种。

朱棣的大军仍在前进，同年十二月，北军先后攻占了东阿、东平等地，不断向盛庸预先设计的战场——东昌前进。

在离东昌不远的滑口，朱棣遭遇了盛庸手下大将孙霖带领的前锋部队。似乎与他所预想的一样，盛庸的军队不堪一击，他没有费多大工夫就击溃了对手。这使他更加相信，盛庸将和李景隆一样，败在他的手下，然后灰溜溜地逃回去。意气风发的朱棣终于摆脱了济南作战的阴影，他率领着十余万大军抵达了最终的决战地点——东昌。

盛庸正在这里等待着他。

说起盛庸这个人，还真是有几分传奇色彩，《明史 · 盛庸传》第一句话就是："盛庸，不知何许人。"看似滑稽的语言说明这是一个生平不明的人，用今天的话来说就是黑户，出生地、出生日期、父母皆未注明。但有一点是清楚的，那就是他打过很多败仗。

他先在耿炳文手下当参将，经历了真定之败，然后随着李景隆代替了耿炳文的位置，他就转而跟随李景隆。应该说在李景隆的手下，盛庸还是学会了很多东西，比如打败仗后如何逃跑、如何选择逃跑路线、如何收拾残兵败将等等。

在那一次又一次的失败战役里，他已经习惯了战败者的角色，他似乎是在被人追逐中度过自己前两年的军事生涯的，人家跑，他也跑，从真定跑到北平，再跑到德州、济南，一直以来他都被像赶鸭子一样赶来赶去。

对于盛庸来说，所谓军人的尊严在他那里不过是一句笑话而已，失败、逃亡、再失败、再逃亡，如同丧家之犬一样的生活还有什么尊严可言？

当然，如果盛庸就这样混下去，那么在历史上也就不会有盛庸传了，他在历史中最多会留下一句诸如某将名盛庸被斩于某役中的记载。后来的事实证明，他是一个有着卓越军事才能的人。

盛庸曾多次在阵中看到过朱棣的身影，朱棣那快速的进攻和突破，选择时机的突然性和准确的战场判断力都给他留下了深刻的印象，每次当他看到朱棣身先士卒，率领他的精锐骑兵来往纵横、无人可挡的雄姿时，他都会产生无尽的感慨和疑问：这个人是可以战胜的吗？

在一次次的失败中，盛庸不断地学习着，他渐渐地摸清了朱棣的进攻套路和方法，即以骑兵突击侧翼、正合奇胜的军事策略。

在白沟河之败后，他逃到了济南，见到了并非军伍出身的铁铉，在那危急的时刻，他与铁铉齐心协力，终于第一次击败了朱棣的军队。这件事情让他认识到，朱棣并不是所谓的战神，他也是可以被击败的。

在经过仔细谋划后，他根据朱棣的攻击方式专门设定了一套独特的战法，并在东昌设下战场，准备迎击朱棣。

其实盛庸的心里也很清楚，济南之战的胜利多少有点侥幸，而要想在野战中战胜朱棣就十分困难了。朱棣统率的北军长期以来都依靠骑兵为其主力，多次征伐蒙古，极善野外作战，而盛庸也确实如朱棣所料，他并不是一位卓越的骑兵指挥官，但他敢于迎战朱棣，是因为他有着自己擅长使用的秘密武器和应战方略。

前哨已经向盛庸报告了朱棣到达东昌的消息。盛庸知道，他终于要面对这个可怕的敌人了，这一次战役中，自己不再需要向任何人去报告军情了，但这未必是一件好事，因为所有的责任和重担都压到了自己的身上，再没有任何人可以依靠。

出乎盛庸手下将领的意料，盛庸并没有选择坚守城池。这些将领们都和盛庸一样，在数次败仗中吃够了朱棣的苦，深知其厉害，对于正面与朱棣作战都存在着或多或少的恐惧心理。所以当盛庸宣布他将列队背城迎战时，手下将领一片哗然，争论之声四起。

盛庸并没有说话，他坚持了自己的部署。

背城而战，有进无退，有生无死！再也不能逃跑了，即便是为了军人的尊严，也要决一死战！

朱棣，就让你看看我这个无名小卒的厉害！

◆ 东昌决战

朱棣带领着他的精锐部队来到了东昌，开始了与盛庸的决战。正如他所料，盛庸的军队中骑兵既不多也不精，但这些士兵却装备了另一种武器——火器和弓弩。

盛庸深知，要在骑兵对冲中战胜朱棣，无异于痴人说梦，于是他发挥了自己的特长，大量装备了火器和弓弩。为了增加杀伤力，他还命人在弓弩的箭支上涂抹了毒药，不给北军负伤后等救护车的时间，务必做到一击必杀。

朱棣看见这个阵势，终于明白了来者不善，但箭在弦上，不得不发。

一声号令之下，朱棣亲自率领骑兵攻击，如以往一样，他选择的攻击方向还是盛庸军的左翼，但在他全力攻击之下，左军竟然岿然不动。朱棣反复冲击，却毫无效果。

朱棣的这一招实在是老掉牙了，盛庸对此早有准备。他不但派重兵保护自己的左翼，还设计了一个朱棣做梦也想不到的圈套。

进攻失败的朱棣及时调整了军队部署，他决定改变突破口，以中央突破战术攻击盛庸中军，以求获得全线击溃之效。他重整了部队，转移到了中军方向，准备发起一次致命的攻击。但他预料不到的是，当他威风凛凛地整肃队伍准备进攻时，他和他的部队已经站在了盛庸的麻袋口上。

很快，朱棣率领他的骑兵发动了最大规模的进攻。如他所料，盛庸的中军一触即溃，纷纷向后逃散。朱棣大喜，发动全军追击敌人。可是他的追击没有持续多久，朱棣就惊奇地发现，越往里突进，南军的人数越多，而且他们并不像是逃散的士兵，手中都拿着火器和弓弩，正瞄准着自己的军队。

一个念头瞬间闪过朱棣的脑袋：“上当了！”

这正是盛庸的计划，他料定朱棣左翼攻击失败后会转而攻击中军，便设下陷阱，遇朱棣攻击时安排中军后撤，待其进入包围圈后再进行合围发动进攻。

朱棣又一次陷入了危机之中，这一次他不可能如白沟河之战那样去欺骗敌军主帅了。盛庸不是李景隆，而且朱棣已经成为囊中之物，他这次就是把马鞭挥断，也不会再有任何效果了。

◆ 救兵

此时在包围圈外，还聚集着朱棣的大批士兵，但由于主帅被围，大家都不知所措。经验告诉我们，关键时刻总是会有英雄人物出现的，这次充当英雄的是朱能。

他紧跟朱棣攻击南军，但在一片眼花缭乱的阵法变换之后，他发现自己把主帅给丢了，这还了得！再不把人找到，全军就有崩溃的危险！

当他得知朱棣已被包围时，立刻率领自己的亲兵向南军包围圈猛冲。此人实在是少有的勇猛忠义之人，也出了名的不要命，之前他曾有过带领三十余人追击数万大军的光辉纪录。这一次他也没有让朱棣失望，左冲右突之后，他居然在乱军中找了朱棣，并和他一同冲出重围。

此时远处指挥的盛庸怒不可遏，他没有想到自己花心思设计的圈套居然还是被朱棣跳了出去；既然朱棣已经逃走了，那就去攻击北军士兵，一个也不要让他们溜走！

所谓有失必有得，盛庸设置的圈套虽然没有能够套住朱棣，却套住了另一个人。

朱棣被包围之后，最为着急的并不只是朱能一人，张玉也是其中之一。他是公认的朱棣手下第一大将，在以往的战役中，曾身先士卒，居功至伟。朱棣也与他交谊深厚，眼见自己敬爱的领导被陷了进去，张玉也效法朱能，拼命冲进包围圈。

经过奋死拼杀，张玉终于冲了进去，但他看到的不是朱棣，而是死神的笑容。

此时朱棣已经被朱能救走，而杀红了眼的南军士兵眼看着到手的鸭子飞了，正想找个人发泄一下，张玉的出现正好满足了他们的愿望。于是众人一拥而上，人手一刀，把张玉砍成肉酱。此时，以往被朱棣追着跑的将领们都意识到，有怨报怨、有仇报仇的时候到了。不用动员，拼命追杀，北军随即一溃不可收拾。

所谓屋漏偏逢连夜雨，破鼓总有万人捶，在这全军败退之时，偏偏朱棣的另一个克星平安又率部赶到，与盛庸合兵一处，追着朱棣跑。一生几乎从未打过败仗的朱棣就这样败在了一个无名小卒的手上。

东昌之战成就了盛庸的名声，朱棣不可战胜的神话就此打破。

所谓战场之上刀剑无眼，没有人是绝对安全的，即使是胜利的南军统帅盛庸也有被北军箭弩击中的危险。说来十分滑稽，虽然此战中盛庸大量使用了火器和弓弩，并几乎全歼了朱棣的北军。但是在这场战役中，最安全的人却是败军主帅朱棣。无论南军士兵多么勇猛，那些火器弓弩都不敢朝朱棣身上招呼，这也是为什么朱棣在乱军之中得以幸免的主要原因。

这一罕见现象的缔造者正是朱棣的死对头朱允炆，正是他的那道不能伤害朱棣性命的旨意使得朱棣数次死里逃生。而那些打仗的士兵们并不是傻瓜，他们十分了解其中的利害关系。

朱棣和朱允炆是叔侄俩，虽然现在刀兵相见，属于敌我矛盾，但万一哪天两人决定不打了，来一场认亲大会，再来个和解，转化为人民内部矛盾，那可就大大地不妙了。朱棣没准还能当个王爷，闲来无事的时候写本回忆录，记忆起某年某月某日，某某人在某场战役中砍我一刀或者射我一箭，虽然那时朱棣可能仕途上并不得意，但要整个把小兵还是很容易的。

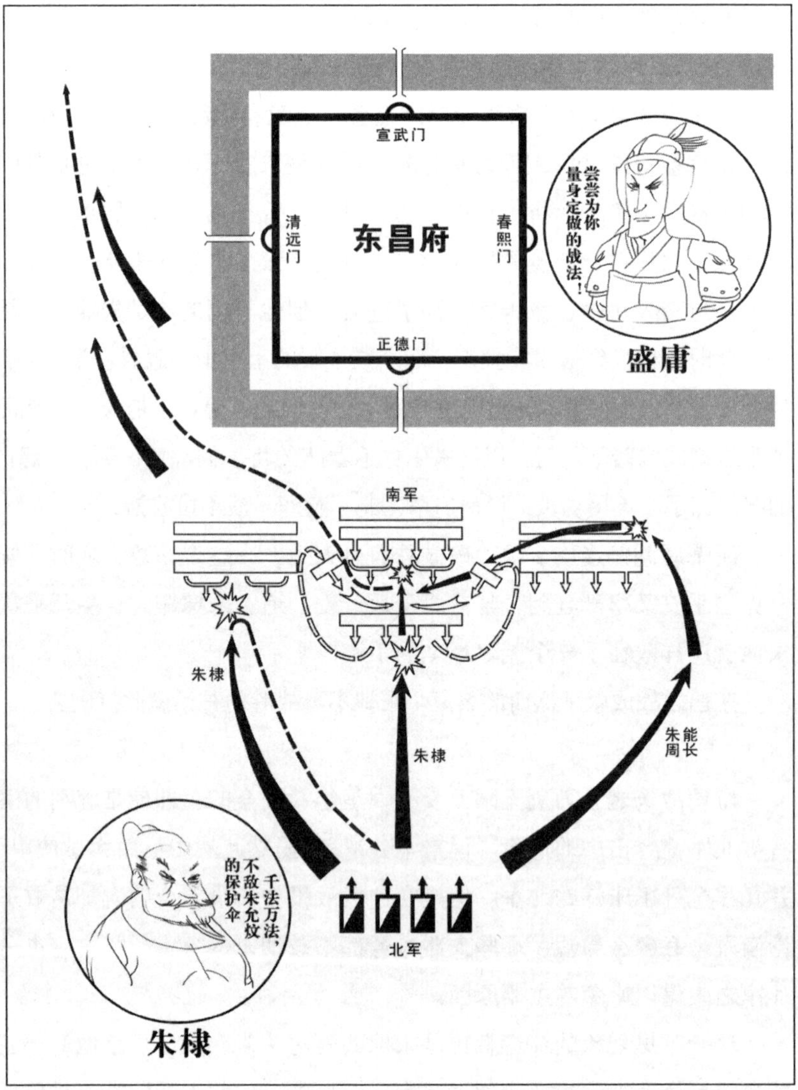

→ 东昌之战

士兵们正是出于这种考虑，朱棣才在乱军之中得以幸免。朱允炆的这道指令最厉害的地方并不在于所谓不得伤害朱棣的命令本身，而是在于无数的南军将领和士兵们从此命令中看到了两人和解的可能性，面前的这个敌人将来有一天甚至可能会成为自己的主人，所以动手杀朱棣这种费力不讨好的事情实在是没有多少人会去做的。

天与不取，反受其咎。

穿着防弹衣的朱棣回到了北平。虽然他本人在战役中并没有吃多大亏，但他苦心经营的北军精锐部队几乎被全歼,这才是他最大的损失。此时的北军也终于明白，他们并不是百战百胜、纵横天下的，自己的对手南军也有着很强的实力，而东昌决战的失利使得他们的士气降到了最低点。

情绪低落的朱棣照常去找自己的谋士道衍商量应对之策，但这一次他不再是和和气气、礼遇有加了。

他看着自己眼前的这个和尚，气不打一处来。如果不是这个和尚，自己也不会毅然决然地走上这条不归之路。现在说什么也晚了,只好问问这个和尚下一步该怎么办?

道衍却没有朱棣那样焦急的心态，对他而言，游戏才刚刚开始。

他不紧不慢地告诉朱棣，现在已经不能回头了，最紧要的事情应该是立刻整顿士气，为下一次的战役做好准备。

北军刚遇大败，要恢复士气又谈何容易？但道衍似乎总是有办法的，他为朱棣提供了一个可以用来做感情文章的人——张玉。

张玉被称为朱棣手下第一大将，有着很高的威信，朱棣本也对他的死去痛惜不已，便顺水推舟，为张玉举行了隆重的葬礼，并命令所有部下都要参加。由于张玉是死于乱军之中，估计是没有尸首的，所以遗体告别仪式也没法搞，但朱棣还是下足了工夫，他亲自为张玉写悼文，并当着众人的面脱下了衣服烧掉以示哀悼。虽然根据其财富估计，他的衣服很多，但这一举动却打动了在场的很多人，他们纷纷流下眼泪，表示愿意继续作战，为张玉复仇。

朱棣用他精彩的表演告诉了我们一个真理：死人往往比活人更好利用。

◆ 毫无退路

完成表演任务的朱棣疲惫地坐在椅子上，看着对面打坐的道衍。即使这个怪异的和尚已经跟了他十余年，但他依然认为这是一个奇特的人。这个和尚从不安心过日子，一心一意想造反，更让朱棣惊叹的是，此人无论碰到什么紧急情况，总是不慌不忙，悠然自得。

这是个难以捉摸的人。

朱棣深深地吸了一口气，从出兵到如今，他才真正体会到天子之路的艰难，要想获得那无上的荣光，就必须付出极大的代价。即使自己有着无与伦比的军事政治天赋，但仍然走得无比艰难，而这次失败也又一次重重地提醒了他，前路凶险无比。

朱棣似乎有点厌倦了这种生活，每一天都在担惊受怕中度过，何时是个头呢？

他又看了一眼坐在对面的道衍，这个始作俑者此刻似乎变成了一个与此事毫无关系的人。他摇摇头，苦笑着对道衍说道："此次靖难如此艰难，实出意料，若与大师一同出家为僧，倒也不失为一件乐事。"

听到朱棣的这番话，一直闭眼打坐的道衍突然间站了起来，走向了对面的朱棣，他没有如以往一样向朱棣行礼，而是做出了一个出人意料的动作。

他一把抓住朱棣的衣袖，用近乎咆哮的语气对朱棣喊道："殿下，已经无法回头了！我们犯了谋逆之罪，已是乱臣贼子，若然失败，只有死路一条！"

朱棣被惊呆了，这些话的意思他不是不知道，他也明白自己失败后的结局只有一个死，但他仍然不愿意面对这残酷的现实。不做天子，就不能再做人了。

在道衍那可怕的逼视下，朱棣带着一丝无奈的表情垂下了头。半晌，他又抬起了头，脸上已经恢复了以往那冷酷的表情。

"是的，你是对的，我们没有退路了。"

◆ 再战盛庸

东昌之战成全了盛庸的威名，这位在失败中成长起来的将领终于获得了一次真正的成功。朱允炆大喜过望，决定去祭祀太庙，想来祭祀内容无非是告诉他的爷爷朱元璋，你的孙子朱允炆战胜了你的儿子朱棣。真不知如朱元璋在天有灵，会作何感想。

而盛庸则借此战确立了他的统帅地位，朱允炆终于将军队交给了正确的指挥官，但很可惜，此刻已经不是正确的时机了。消灭朱棣的最好时机已经被李景隆错过了。朱棣虽然主力受损，但实力尚存，他终究还会与盛庸在战场上相遇的，但他不会再轻敌了。

建文三年（1401）三月，盛庸率领二十万大军在夹河再次遭遇朱棣的军队，他将在这里第二次挑战朱棣。

朱棣已经不敢再小看这位对手了。很明显，盛庸充分研究了自己的攻击特点，并找到了一套行之有效的方法来对付自己。相对而言，自己却不了解盛庸，朱棣明白只有知己知彼，才能百战百胜，这就需要详细地侦察敌军阵形和列队情况，并找出对方的弱点。

但问题在于，盛庸所擅长使用的正是火器和弓弩。如果派骑兵去侦察，只怕还没有靠近就被打成了筛子。但如果不了解敌情，此战取胜机会更是渺茫。朱棣灵机一动，他决定利用战场规则上的一个漏洞，派出自己的敢死队去侦察敌情。

应该说执行这样任务的人确实是敢死的，因为死亡的几率是相当的高，可是朱棣派出的这支敢死队却不用担心这个问题，因为率领这支队伍的正是他自己，而他身上穿着朱允炆为他贴身准备的防弹衣。

第二天一早，盛庸军全副武装列队出营，他的阵势和上次没有什么区别，以盾牌列于队伍前方及左右翼，防止北军的突袭，并装备大量的火器和弓弩，随时可以打击北军骑兵。

盛庸在中军观察着敌人的动向，不久如他所料，敌人的先头骑兵就冲了过来，但让他没有想到的是，冲过来的这个人竟然就是朱棣！

他曾经很多次梦想过要亲手抓住朱棣，洗雪以前失败的耻辱，现在这个人竟然孤军冲到了自己的面前，大功就要告成！

然而朱棣并未接近自己所布的阵形，而是从旁掠过，很明显他的目的是侦察。此时盛庸也终于发现，自己并不能把朱棣怎么样！对付这种侦察骑兵，最好的方法就是给他一枪，把他打下马来，可是皇帝陛下的教导始终萦绕在耳边，无论如何是不能开枪或者射箭的，因为那会让仁慈的皇帝陛下担负杀害叔叔的罪名。

虽然盛庸不止一次地怀疑过皇帝这种近乎弱智的仁爱之心的适当性和可行性，虽然他很难忍受这种看得见却吃不着的极度痛苦和失落，但他还是不敢违抗命令。他只能派出自己的骑兵去追击对方，结果当然是不了了之。

穿着防弹衣的朱棣大大方方地检阅了盛庸的军队，虽然队列中的每个人都对他报以愤怒的眼神和大声的责骂，他却依然从容不迫地完成了这次检阅任务。在这个作战系统中，朱棣是一个利用规则的作弊者，而他首先要感谢的，就是这个愚蠢系统规则的制定者朱允炆。

朱棣完成了侦察任务，但却没有更好的攻击方法，因为他发现这个阵势似乎并没有破绽，无论从哪个侧面进攻都捞不到好处，盛庸实在不是浪得虚名，此人深得兵法之奥妙。朱棣看似神气地转了一圈，其实也不过是精神胜利法而已。盛庸依然在那里等待着他。

经过仔细的考虑后，朱棣仍然选择了攻击对方阵形的左翼。其实朱棣的这一行动无非是要探个虚实而已，并没有全军进攻的意思，但他的部下却不这样想，于是一件出乎朱棣意料之外的事情发生了。

就在朱棣发动试探性进攻的同时，朱棣大将谭渊看见左翼大战，估计由于视力不好加上过于兴奋，误认为是正式进攻的开始，二话不说就率领自己所部投入了战斗，但当他到达敌军阵前时，才发现自己从一个凑热闹的龙套变成了主角。

盛庸在中军清楚地辨明了形势，他立刻命令后军大将庄得带领大军前去合攻谭渊，庄得在南军中素来以勇猛闻名，他在盛庸的指挥下对谭渊发动夹击，谭渊没有提防，被庄得一刀砍死。

谭渊是北军中仅次于张玉和朱能的战将，他的死对北军是一个很大的打击。但朱棣又一次发挥了他利用死人的特长，他迅速地化悲愤为力量，利用谭渊引起的南军短时间混乱发动了总攻！

盛庸是一个很小心谨慎的将领，他的战术以防守反击为主，正好克制朱棣的闪击侧翼战术，在没有判断出朱棣准确的行动方针前，他是不会发动进攻的。然而粗人谭渊的鲁莽行动使得他不得不调动中军进行围剿并打败了北军，却也露出了破绽。虽然破绽出现的时间很短。

如果他面对的是一般的将领也就罢了，可惜，他的敌人是朱棣。

朱棣是一个天生的战争动物，他对时机的把握就如同鲨鱼对血液一样敏感。

谭渊用生命换来的这短短一刻战机被朱棣牢牢地抓在了手里。

此时天色已经见黑。黑灯瞎火里搞偷袭正是朱棣的强项，他立刻率领朱能、张武等人向出现空当的南军后侧发动猛攻。在骑兵的突然冲击下，南军阵势被冲垮，军中大将、刚刚斩杀谭渊的庄得也死于乱军之中，他大概不会想到，光荣和死亡原来靠得这么近。

但盛庸实在厉害，他及时稳住了阵脚，抵挡住了朱棣的骑兵攻击，朱棣敏锐地发现了南军阵形的恢复，他立刻意识到此仗不能再打下去了，便决定撤走部队。

在撤走时，社会青年朱棣又玩了一次作弊的把戏，他仗着自己有防弹衣，便亲率少数骑兵殿后，扬长而去。这种把戏他在今后还会不断使用，并将之作为胜利的重要资本之一。

愚蠢的朱允炆并不真正了解他的这位朱棣叔叔。从某种意义上来说，朱棣是一个无赖，他可以使用任何他想用的方法，只要能够达到目的就行。而朱允炆最大的错误就在于他不知道，对付无赖，只能无赖。

回到营中的朱棣召集他的将领们召开了军事会议，然而会议上的气氛实在让人压抑。这些将领们个个身经百战，他们都能看出，要想胜过对手很难，而盛庸这个原来的手下败将、无名小卒确实十分厉害。想到前路茫茫，说不定明天就要掉脑袋，这些原先张口就是打到京城、横扫南军的武将都变成了哑巴。

没有人说话，因为所有人都知道，在这种关键时刻，该说话的是带他们上这条贼船的人——朱棣。

面对着这让人难以忍受的沉默，朱棣终于发言了，他面带笑容，用轻松的口气说道：

“谭渊之所以会攻击失败，是因为他的时机把握不准，现在两军对垒，我军机动性强，只要找到敌军的空隙，奋勇作战，一定能够击败敌人！”

然后，他趁热打铁，拔出手中宝剑，大声喝道：“昔日光武帝刘秀敢以千人冲破王寻数十万大军，我等又有何惧，两军交阵，勇者必胜！”

他结束了自己的演讲，用自信的眼光看着每一个人，他相信自己一定能够鼓舞这些将领的勇气。

他确实做到了，原本对胜利失去希望的人们又重新聚拢在他的周围，他们就像三年前一样相信眼前的这个人，相信这个人是真正的真命天子，能够带领他们取得最后的胜利。

可是问题在于，朱棣自己相信吗？

◆ 恐惧

将领们回营了，他们要准备明天的大战，然后享受可能是此生最后的一次美梦。但朱棣却很难睡着，因为他比谁都清楚，自己并没有必胜的把握。要鼓动别人是很容易的，激动人心的话语、封建迷信，必要的时候还可以挤出一点眼泪，就可以驱动这些棋子们为自己去拼命。

但他鼓动不了自己，绝对不能。他比谁都清楚自己到底是个什么货色，什么天子天命都是狗屁胡说，只要盛庸那锋利的大刀在自己的脖子上轻轻地做一个旋转动作，他也会像其他人一样多一个大疤且可以保证绝对不会长出第二个头来。

盛庸实在太可怕了，他太了解自己了。他的阵势是如此的完美，那令人生惧的火器和箭弩足可以把任何攻击他们的人射成刺猬。除了拼死作战、冲锋陷阵，似乎也没有什么更好的制敌方法。自己固然是刘秀，可是盛庸却绝不是愚蠢的王寻。

三年了，这实在是一条过于艰辛的道路，没有一天能够安枕无忧，没有一天可以心无牵挂，整日盼不到头的是方孝孺那言辞尖利的讨伐文书、一批又一批的讨逆军和天下人那鄙夷的目光以及每日挂在口中的“反贼”的光荣称号。

而这些并不是朱棣最恐惧的，他真正害怕的是失败。即使天下人都反对自己，但只要造反成功，自然会有人来对他顶礼膜拜。但问题是他真的能够成功吗？打败了无数的敌人，却又出来更多更厉害的对手，胜利遥不可及，遥不可及！难道这就是自己想要的生活吗？在恐惧中度过每一天，然后去面对明天那不可知的命运？

坐在黑暗中的朱棣静静地沉思着，但思考解决不了任何问题，事情已经到了这个地步，恐惧也没有任何用处，该来的始终会来，去勇敢地迎接即将到来的命运吧。他站起身，走到营外，注视着那无尽的黑夜。

“天快亮了。”

◆ 第二次中奖

这又是一个晴朗的天气，清澈的河水伴着水声不断奔涌，初春的绿草已经开始发芽，人们身着盔甲，手持刀剑，即将开始第二次拼杀。

在战役开始前，双方布置了自己的阵形方位，北军东北向布阵，南军西南向布阵。按说这种布阵方向应该只是无意为之，并没有什么特别之处，但估计朱棣本人也不会想到，正是布阵的方向决定了这场战役的结局。

此战仍是朱棣首先发起进攻，他一改之前策略，率领骑兵从盛庸军两翼同时发动进攻，其目的无非是想使盛庸顾此失彼，然后找出他的破绽发动攻击。朱棣打了一个不错的算盘，但盛庸这个精明的商人让朱棣失算了。

盛庸早已料到朱棣的这一招，他的军队左右翼都十分强悍，完全没有留给北军任何机会。虽然北军奋力冲击,仍然无法攻破盛庸的军阵。双方鏖战甚久,不分胜负。但两军的主帅心情却是完全不同。

盛庸并不着急，他本来就是要通过固阵之法耗尽北军锐气再发动进攻，时间僵持越久对他就越有利。而朱棣则不同，他所率领的是机动化骑兵部队，但并不是机械化坦克部队。骑兵部队的机动性是取决于人和马的，而这二者都是需要吃饭、啃草和充足休息的，喝汽油不能解决问题。如若陷入苦战，必不能持久。

朱棣虽然明白这一点，但他却无法改变状况。盛庸活像缩在龟壳里的乌龟，任朱棣攻打就是不露头，时不时还反咬一口。遇到这种敌人，朱棣也无可奈何。

双方就在一攻一守中消磨着时间和人的生命，战斗完全陷入了僵局。朱棣和盛庸都在尽全力支撑着，因为他们都知道，无论什么样的僵局，总有打破的那一刻，就看谁能坚持下去了。

他们都没有料错,打破僵局的时刻终于来到了,但却是以他们都想不到的一种方式。

接下来，诡异的事情又一次发生了，情节是这样的：“本是晴空万里之天，突然天地变色，飞沙走石，妖风四起！”

这段话，我曾经用过，在白沟河之战中，也只能再用了。因为以我之能力，实在无法解释这股妖风为何总是在关键时刻、关键地点刮起来，想来当时的作战双方都没有天气预报的能力，大型鼓风机没有发明，战场也并非任何一方所能挑选的，所以应该可以排除人为因素的作用。对这一现象的反复出现，只能感叹：这个世界，非常神奇。

风不但刮了起来，偏偏还是东北风，真是活见鬼，南军的士兵们顶着大风沙，眼睛都睁不开，更别谈什么作战，北军士兵就像赶鸭子一样将他们击溃，盛庸本人见势不妙，立刻收拾人马逃走。他似乎意识到了上天并不站在自己这边。

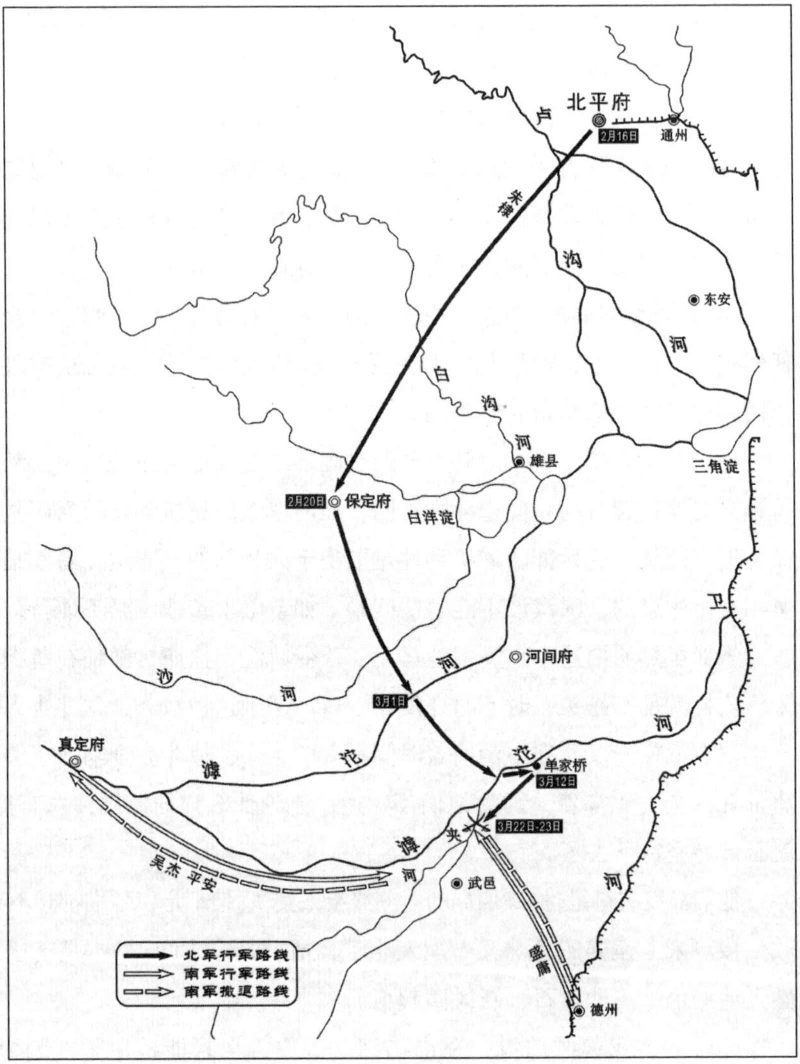

→ 夹河之战

朱棣及时抓住了机会，对南军发动了总攻，并最终打败了盛庸。这是他第二次中奖了，两次都有大风助阵，说是天命在身，我也相信。

失败的盛庸并不需要为战败感到羞耻，他已经尽到了自己的最大努力，而他也应该从这次战役中间领悟颇多，他完全可以向天喊出“天要亡我，非战之罪”之类的话，因为事实本就如此。而沙尘暴的频繁出现及其影响也告诉我们，环境保护实在是个大问题，某些时候还会演变成严肃的政治军事问题。

夹河之战的胜利大大提升了朱棣军队的士气，而原本接应盛庸军的吴杰、平安部队听到己军战败消息后都闻风而逃，转而驻守真定。战争形势又一次向有利于朱棣的方向发展。

朱棣发扬连续作战的精神，并贯彻了他一直以来不用阳谋、只玩阴招的战术思想，诱使真定守军出战。吴杰果然上当，在滹沱河和朱棣又打了一仗。在此战中，朱棣仍然充分发挥了防弹衣的作用，并在战役最关键时刻又得到了大风的帮助，顺风破敌，打败了吴杰军。

这仗就不说了，因为此战与之前的战役雷同之处太多，同样的战局，同样的大风。

作为明朝重要战役的靖难之战，有着两个让人难以理解的要素。

第一个是永远打不死的朱棣。说来实在让人难以相信，这位仁兄似乎成为了美国大片中永远打不死的超级英雄，他身经百战，冲锋陷阵，却从未负过重伤。要知道刀剑无眼，在战场上带头冲锋的大将和士兵被打死的几率是没有多大差别的，而朱棣之所以如此厉害并非是因为他有什么超能力，而是因为他的敌人朱允炆愚蠢地命令部下不得伤害他的性命。这种不公平的比赛实在让人觉得兴趣索然。

第二个，是永远刮不停的大风。北方多风沙是正常的事情，问题在于刮风的时间和地点，每次都是早不刮，晚不刮，偏偏在两军交战正激烈时就开始刮风。北方地盘那么大，可风沙就是喜欢光顾那么一小片战场，更让人不可思议的是每次刮风都是有利于朱棣的，不是把敌军帅旗刮断就是对着南军猛吹，让士兵们睁不开眼。我曾经怀疑过朱棣当时是否已经发明了鼓风机之类的玩意儿，否则这风怎么会如同朱棣家养的一样，想吹就吹，想怎么吹就怎么吹。

如果没有以上这两个让人莫名其妙的要素，朱棣的坟头只怕已经可以收庄稼了。

靖难之战，一场奇特的战争。

参考消息 **父辈的旗帜**

滹沱河大战吴杰时，朱棣身先士卒，率部杀入敌阵。南军矢下如雨，很多箭射到燕军的旗帜上，密密麻麻，形如刺猬。战后，朱棣觉得这面战旗很有纪念意义，第二天就派专人将它送回北平，交给世子朱高炽。都督顾成正协助朱高炽守北平，见到这面身经百战的旗帜，忍不住感慨道：“老臣我自幼从军，身经百战，还没有见过这样的旗啊！”说这话时，老将军已经七十二了。

第七章

离胜利只差一步！

○朱棣不会想到 自己在无意中已经陷入了一个思维的陷阱 去京城就一定要打山东吗

◆ **创造性思维**

胜利的朱棣并不轻松，因为他的地盘还是很小，他的军队仍然不多。在战胜吴杰之后他又多次出兵，取得了一些胜利，并在徐州沛县烧掉了南军大批粮草，断了敌军的后勤补给。朱棣本想乘胜追击，但南军却早有准备，河北、山西一带将领也纷纷出击朱棣老巢北平。朱棣为保大本营，只好收兵回城。

此时的朱棣终于感受到了前所未有的压力。这种压力并不是因为某次战役的失败造成的，而是因为他已经隐约感觉到自己的这次冒险行动似乎不可能成功了。朱允炆占据了全国大部分地区，而自己所有的地盘不过是北平、保定、永平三个郡而已。论人力资源、物资储备自己都远远比不上朱允炆。虽然屡战屡胜，但毕竟无法彻底击败对手。

朱棣已经开始相信，战争如果这样继续下去，总有一天，他会率领着越打越少的部下被对方的几个小兵抓住送去领赏，然后屈辱地活着或者是屈辱地死去。

失败算不了什么，希望的丧失才是最大的痛苦。

一直支撑着朱棣的希望之火看来也已快要熄灭了，还有什么指望呢？那年头搞房地产的不多，也没有那么多工地，总不能企盼朱允炆被天上掉下来的砖头砸死吧。况且就算朱允炆死了，皇位依然轮不到自己。奈何，奈何！

就在此时，一个消息改变了朱棣的命运。这个消息是朱棣潜伏在宫中的宦官提供的，他们派人给朱棣送信，表示京师兵力十分空虚，如乘虚而入，一定可以一战而定。

这是一个十分重要的情报，但朱棣看后却是气不打一处来，为什么呢？因为朱棣并非身在苏杭，从北平打到京城，谈何容易？！自己打了三年仗就是为了达到这个目的，可问题在于朱允炆是绝不可能让开一条路让他打到京城的。

而在通往京城的路上，最大的障碍就是山东。此地民风彪悍，士兵作战勇猛，而且还有名将镇守，无论如何也是很难打过去的。在朱棣看来这是一个很难克服的障碍。但这个障碍真的存在吗？

朱棣不会想到，自己在无意中已经陷入了一个思维的陷阱：去京城就一定要打山东吗？

在我们的思维中，经常会出现一些盲点，而创造性思维就是专门来消灭这些盲点的。所谓创造性思维并不一定是提出多么高明的主意，很多时候，这种思维提出的解决方法是很多人都知道和了解的，但问题在于他们并不知道他们知道。

比如美国国家航天局曾发现，航天飞机上的一个零件总是出故障，不是这里坏就是那里坏，花费很多人力物力始终无法解决，最后一个工程师提出，是否可以不要这个零件。事实证明，这个零件确实是多余的。

这个让人啼笑皆非的事件告诉我们，在我们的思维中，是存在着某些盲点的，而我们自己往往会陷入钻牛角尖的困境中。对于朱棣而言，山东就是他的盲点，由于在济南遭受的失败给了他太深的印象，他似乎认为如果不攻下济南就无法打下京城。

如果朱棣就这样钻下去，他将不可避免地走向失败，但关键时刻一个具备这种思维的人点醒了他，这个人就是道衍。

道衍之所以被认为是那个时代最出色的谋士，是有道理的。他不读死书，不认死理，善于变通，他敏锐地发现了朱棣思维中的这个盲点。

朱棣就如同一个高明的小偷，想要入室盗窃，精通撬锁技术，但济南这把锁他却怎么也打不开，无论用什么万能钥匙费多少时间也无济于事。此时老偷道衍来到他的身边，告诉他，其实你的目的并不是打开那把锁，而是进入门内，现在在你眼前的只是一扇木门。

于是朱棣放弃了撬锁的企图，抬起他的脚踢开了那扇门。

门被打开了，通往京城的道路被打开了，朱棣终于看到了天子之路的终点——那闪闪发光的宝座。

在地图上，那扇门的名字叫徐州。

建文三年十二月，朱棣在他的行宫内又一次披上了盔甲，召集他的将领们，准备出发。但这次的进攻与以往并不相同，因为朱棣已经下定了决心，这将是他的最后一次进攻，他看着自己的将领们，长年的出兵征战，这些身边的人一个接一个地死去，张玉、谭渊，还有很多的人。而自己却总是回到同一个起点。与其这样磨下去等死，不如奋力一搏！

“打了这么多年仗，什么时候才到头！此次出兵作战，当作最后之决断，有去无回，有生无死！”

不成功，便成仁！

◆ 最后的冲击

建文四年（1402）元月，朱棣开始了他的最后一次冲击。他的老冤家盛庸、平安、铁铉等人已经得到了消息，修好城墙等待着朱棣来攻坚，然而事情发展让他们

参考消息　出奇制胜

其时铁铉在山东、盛庸在河北，此一线守得很好，使燕师南下不敢经山东，但后防空虚，所以朱棣派降将李远率轻骑南下，换成南军服饰，以背插柳枝为号，竟无人识破，直达徐州沛县，纵火烧毁粮船上万艘。这一下京师震动，亏得河北、山西纷纷出兵，朱棣怕北平根本之地不保，引师北还。三次南下的经验，尤其是李远轻骑奇袭的启示，使朱棣得到一个新的战略观念，不如绕道山东，逼近徐、淮，直扑京师。

大出意料：朱棣并没有去找他们的麻烦，而是取道馆陶渡河，连克东阿、东平、单县，兵锋直指徐州！

盛庸和铁铉慌乱了，他们明白朱棣的企图，他的目标不再是德州、济南，而是那最终的目的地——京城。如果让朱棣达到目的，一切就全完了，于是他们一反防守的常态，开始了对朱棣的追击。

第一个追上来的是平安。他率领四万军队尾随而来，速度极快。在平安看来，朱棣虽然出其不意发动进攻，但徐州城防坚固，足以抵挡北军，至少可以延缓一段时间，到那时可以内外夹攻，彻底击破北军。然而他想不到的是，朱棣竟然没有攻击徐州！

原来朱棣在击败城中守军之后，守军便龟缩不出，企图固守。但朱棣玩了一招更绝的，他绕开了徐州，转而攻击宿州。平安得到消息后大吃一惊，朱棣竟然置徐州于不顾，很明显他的目标只是京城！

朱棣就如同一头火牛，什么都不顾，只向着自己的目标挺进。这种豁出一切的敌人是最为可怕的。

◆ 追上他，一定要追上他！

三月，平安得到消息，朱棣已经离开徐州，趋进宿州。眼见北军行动如此迅速，平安命令士兵急行军，终于赶到了宿州附近的淝河，在他看来，朱棣急于打到京城，必然不会多做停留，只要能够追上北军，就是胜利。

参考消息 **用人不疑**

淝河激战时，平安麾下裨将火耳灰一马当先，手持长矛，直奔朱棣而来，冲到距离朱棣仅十几步远的地方。火耳灰原是朱棣的部下，朱棣起兵后才归于平安麾下。朱棣爱其骁勇，不忍伤他，只命侍卫射杀了他的坐骑，然后将其生擒。火耳灰的部下哈三帖木儿也是条汉子，见火耳灰被俘，也挺枪突入阵中，结果以同样的方式被生擒。战后，朱棣当天就释放了他们，并授火耳灰为指挥，哈三帖木儿为百户，让他们充当近侍，带刀宿卫。诸将以为人心难测，纷纷劝阻。朱棣却不以为然，后来此二人果然忠心不二。

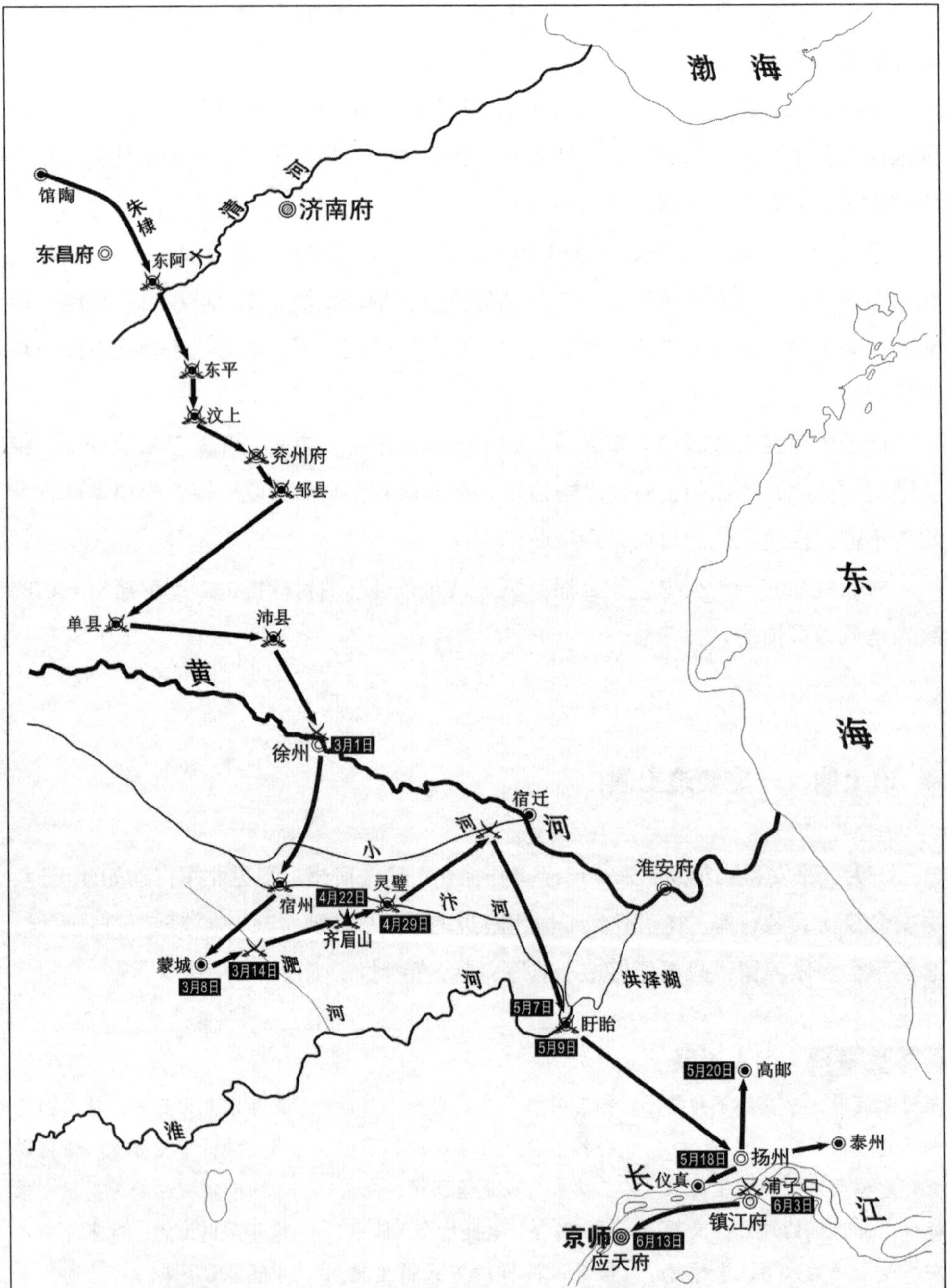
渤 海
馆陶
朱棣
清 河
济南府
东昌府
东阿
东平
汶上
兖州府
邹县
东
单县
沛县
黄
海
徐州
3月1日
宿迁
河
小
河
淮安府
灵璧
4月22日
宿州
4月29日
汴 河
齐眉山
蒙城
3月8日
3月14日
涡
河
河
洪泽湖
5月7日
盱眙
5月9日
5月20日
高邮
淮
5月18日
扬州
泰州
长
仪真
浦子口
6月3日
江
镇江府
京师
6月13日
应天府

↑ 朱棣的最后冲击

然而平安万没料到的是，跑步前进的朱棣并没有忘了自己，朱棣已经在淝河预备了礼物相送，权当是感谢平安率军为他送行。

当平安上气不接下气地跑到淝河时，立刻遭到了朱棣的伏击。原来朱棣为了切掉这根讨厌的尾巴，已经在这里埋伏了两天，等平安军一到，立刻发动了进攻。平安没有想到，追了一个多月的朱棣竟然在这里等待着自己，全军毫无防备，被轻易击溃。平安反应很快，立刻扯着自己的战马继续狂奔，只是奔跑的方向与刚才的完全不同而已。而他的残余部队也纷纷效仿，平安这一个月时间的主要工作，就是不断地跑来，跑去。

朱棣的攻击虽然打垮了平安，但也减慢了自己军队的前进速度，而南军也利用这段时间完成了追击的部署，重新集结人马追了上来。朱棣也终于明白，盛庸等人是不会让他安心上路的，只有解决掉这些后顾之忧，才能获得最终的胜利。

五月，南军和北军终于正式相遇在睢水附近的小河，南军的统帅依然是平安。事实证明，如果光明正大地开打，北军是没有多少优势的。双方经过激战，北军虽然略占优势，但一时之间也无法打败这只拦路虎，而此时正值南军粮草不足，朱棣判断，现在正是南军最为虚弱的时候，如果发动总攻是可以解决问题的。但朱棣从来都不是一个光明正大出牌的人，他还是用了自己拿手的方法——偷袭。

他如往常一样在河对岸排布士兵，却把主力连夜撤到三十里外，趁着三更半夜渡河对南军发动了进攻。朱棣晚上不睡觉，摸黑出来亲自指挥了偷袭，他本以为这次夜渡对岸一定能够全歼南军，但他也没有料到，在对岸，他会遇到一个曾给他带来很多麻烦的老熟人。

朱棣整队上岸之后便对平安军发动了进攻，平安军果然没有防备，阵脚大乱。

参考消息 **神仙的指示**

建文四年五月七日，朱棣兵锋逼近泗州。当地守将周景态度很坚决——燕军还没到，他就在城外张罗投降仪式了。朱棣问他为何如此积极，周景回答说当地寺中有个僧伽神，有问必答，很是灵验。大军还未到时，他就跑去寺中拜神，求问守与降哪个吉利。当天晚上神就在梦里显灵："兵临城下，速降则吉，不降则凶。"于是他便马不停蹄地降了。朱棣正需要这样的表率，自然大喜，夸他先知先觉，心诚则灵，并立刻为他加官晋爵。

就在全军即将崩溃之际，一支军队出现了，这支军队正是南军的援军，带队的就是朱棣的大舅子徐辉祖，他带领部队日夜兼程，所谓来得早不如来得巧，他立刻命令军队投入进攻。

朱棣万没料到，螳螂捕蝉，黄雀在后，深夜里又多出一支军队来，在糊里糊涂地挨了徐辉祖几闷棍后，他意识到大事不好，随即率领全军撤回。徐辉祖趁势大败北军，并斩杀了北军大将李斌。

朱棣的这次夜袭可以用偷鸡不着蚀把米来形容，不但没有完成战略任务，反而丢了不少士兵的性命。而更大的麻烦还在等待着他。

回到大营后，将领们长久以来积累的愤怒终于爆发了，他们一直背负着反贼的罪名，拿着自己的脑袋去拼命，虽然朱棣带给过他们很多胜利，但随着战局的发展，他们也已看出，胜利似乎还很遥远。此次出征可以说是孤注一掷，直扑京城，但现在遭遇大败，却连京城的郊区都还没有看到。

掉脑袋的事情，是决计不能马虎的，至少要讨个说法。于是他们纷纷向朱棣进言，要求渡河另找地方扎营（其实就是变相撤退）。

其实朱棣的心中也是七上八下，所谓直捣京城不过是个许诺而已，怎么可能当真？何况路上有这么多车匪路霸，要想唱着歌进城只怕是难上加难，但事情已经到了这个地步，如果后撤军心必然大乱，无论如何都要坚持下去！

他一如既往地用坚决的语气说道：

"此战有进无退！"

然后，他下令愿意留在此地的站到右边，愿意渡河的站在左边。朱棣又打起了如意算盘，一般这种类似记名投票之类的群体活动都是做做样子，他相信谁也不敢公开和他作对，但这一次，他错了。

将领们呼啦啦地大都站到了左边。这下子朱棣就真没办法了，他十分生气地说道：

"你们自己看着办吧！"

在这个困难的时候，朱能站了出来，他支持了朱棣，并大声对那些将领们说道：

"请诸位坚持下去吧，当年汉高祖刘邦十战九不胜，最终不也占据天下了吗？现在敌军已经疲弊，坐困于此地，我军胜利在望，怎么能够有退却的念头呢？"

将领们都不说话了，这倒未必是他们相信了朱能的话，而是由于张玉死后，朱能已经成为第一大将，素有威信，且军中亲信众多，得罪了他未必有好果子吃。经过这一闹，该出的气也出了，该说的话也说了，反正已经上了贼船，就这么着吧。

朱棣以一种近似感恩的眼神看着朱能，看着在这艰难时刻挺身而出支持他的人。他也曾经动摇过，但严酷的现实告诉他，必须坚持下去，就如同以往一样，不管多么困难，只要坚持下去，就一定会有希望的。

战争的胜负往往就取决于那“再坚持一下”的努力中。

◆ 灵璧，最后的胜利

似乎是要配合朱棣的决心，朝廷方面不知是谁出的馊主意，说北军即将失败，应该把徐辉祖调回来保卫京城，于是刚刚取胜的徐辉祖又被调了回去。留在小河与朱棣对峙的只剩下了平安和何福。由于感觉此地不易防守，两人经过商议，决定合兵到灵璧坚守。

可是屋漏偏逢连夜雨，两人属下士兵本来就已经疲累交加，护送粮饷的队伍却又被朱棣击败，粮饷全部被夺走，这下子可算是要了南军的老命，饭都吃不饱，还打什么仗。于是两人一碰头，决定明天突围逃跑，为保证行动一致，他们还制定了暗号：三声炮响。

第二天，南军士兵正在打包袱，准备溜号，突然之间三声炮响，士兵们听到暗号，二话不说，撒腿就跑。可他们万万没有想到，这三声炮并不是自己人放的逃跑暗号，正好相反，这是北军的进攻信号！

参考消息　调虎离山

建文四年五月十七日，朱棣派都指挥吴玉到扬州招降。扬州城内分为主战、主和两派，主战的监察御史王彬和指挥崇刚逮捕了主和派的王礼等人，誓死守城。吴玉射书城中，声称谁能逮捕王彬来降，立刻授官三品。但王彬身边有个寸步不离的大力士，能力举千斤，一般人根本不敢近身。王礼之弟王宗重金贿赂了力士的母亲，让她将儿子骗出，趁着这个空子，将王彬擒住。燕军遂兵不血刃地接管了扬州，王彬和崇刚二人皆不屈而死。

原来北军也在同一天制定了进攻暗号，而这个暗号正好也是三声炮响！

命苦不能怨政府啊。

这是一个极为滑稽的场面，准备进攻的北军正好遇到了仓皇出逃的南军，哪里还讲什么客气？北军顺势追杀，不但全歼南军，还俘获了平安等三十七员大将，只有何福跑得快，单人匹马逃了回去。

朱棣的坚持终于换来了胜利，他踢开了前进路上的最后一颗绊脚石，开始向最后的目标挺进。

灵璧之战彻底击溃了南军的主力，至此之后，南军再也没有能够组织起像样的反攻，在历经千辛万苦、战胜无数敌人后，朱棣终于看到了胜利的曙光。

盛庸、铁铉、平安已成为过去，没有人能够阻挡我前进的步伐！

朱棣的下一个目标是扬州。此时城内的守护者是监察御史王彬，此人本想抵抗，却被属下出卖，扬州不战而降。

扬州的失陷沉重地打击了南军的士气，压根不用看地图，只要稍微有点地理常识，也知道扬州和南京有多远，朱棣的靖难之战终于到了最后阶段，他只要再迈出一脚，就能够踏入朝思暮想的京城。

坐在皇城里的朱允炆已经慌乱到了极点，他万万想不到，削藩竟然会搞到自己皇位不保。他六神无主，而齐泰和黄子澄此时并不在京城之中，他的智囊团只剩下了方孝孺。既然如此，也只能向这个书呆子讨计策了。

方孝孺倒是胸有成竹，他不慌不忙地拿出做学问的态度，列出了几条对策：首先派出大臣外出募兵，然后号召天下勤王，为争取时间，要派人去找朱棣谈判，表示愿意割让土地，麻痹朱棣。

朱允炆看他如此有把握，便按照他的计划行事，希望这位书呆子能够在最后时刻拉他一把。

后来的事实证明，方孝孺确实是一等忠臣，但却绝对不是一等功臣。他所提出的外出募兵、号召勤王都是无法从根本上解决问题的。朱棣已经打到了门口，怎么来得及？

而所谓找朱棣谈判割让土地换取时间就更是痴人说梦了。玩弄诡计争取时间正是朱棣的强项，哪里会上方孝孺的当？朱棣辛辛苦苦、勤勤恳恳地造了四年反，并不是为了拿一块土地当地主，他要的是天下所有的一切。

话虽如此，当时的大臣们还是按照方孝孺的部署去安排一切，其中最重要的与朱棣谈判的任务被交给了庆成郡主。请诸位千万不要误从这位郡主的封号来判断她的辈分，事实上，她是朱元璋的侄女、朱允炆的长辈，按照身份和年龄计算，她是朱棣的堂姐。

庆成郡主亲自过江去和朱棣谈判。朱棣热情地接待了她，这也使得这位郡主认为朱棣是一个可以商量的人，她晓之以理，动之以情，说了一大堆兄弟骨肉不要相残之类的话，朱棣听得很认真，并不断点头称是。

庆成郡主顿觉形势一片大好，便停下来等待朱棣的答复。朱棣看她已经讲完，才终于开口说话。

而他所说的话却着实让庆成郡主吓了一跳。

朱棣用平静的口气说道：

“我这次起兵，只是要为父皇报仇（不知仇从何来），诛灭奸臣，仿效当年的周公辅政足矣，希望皇上答应我的要求。”

然后他意味深长地看了这位堂姐一眼，接着说道：

“如果不答应我的要求，我攻破城池之日，希望诸位兄弟姐妹马上搬家，去父亲的陵墓暂住，我怕到时候惊吓了各位。”

说完后，朱棣即沉吟不语。

这是恐吓，是赤裸裸的恐吓！庆成郡主以难以置信的眼神看着自己的这个弟弟，原来自己刚才所说的全都是废话，而这位好弟弟不但一意孤行，竟然还敢威胁自己。

她这才明白，在这个人眼中根本没有兄弟姐妹，在他看来，世界上只有两种人，不是支持他的，就是反对他的。

庆成郡主不了解朱棣，也不可能了解朱棣。她根本无法想象朱棣是经历了多少痛苦的抉择和苦难的煎熬才走到了今天。眼看胜利就在眼前，竟然想用几句话打发走人，简直是白日做梦！

朱棣把他与庆成郡主的谈话写成了一封信，并交给她带回去，表明自己的态度。

朱允炆知道了谈判的结果，他终于意识到，自己所有的幻想都破灭了。他的对手没有也不会下一道“勿伤我侄”的命令，他审视着皇宫中的一切，那些宦官、宫女和大臣们仍旧对他毕恭毕敬，但他心里明白，即使不久之后这里换了新的主人，他们依然会这样做的。

因为他们只是仆人，只要保证他们的利益，主人之间的更替对于他们而言实在不是一个很重要的问题。

朱允炆终于发现，所谓拥有天下的自己不过是一个孤独的人、一个无助的人，他的一生并不是用来享受富贵和尊荣的，从他坐上皇位的那一天起，痛苦已经开始，他要防备大臣、防备藩王、防备宦官和身边的所有人。他和他的宝座是一个公开的目标，要随时应付外来和内在的压力与打击。

他要用自己的一生去守护自己的权力，一旦权力宝座被人夺走，也就同时意味着他生命的终结。因为皇帝这种稀缺产品在一个统一的时代有且仅能有一个。这既是自然法则，也是社会法则。

朱允炆最大的错误在于他不知道，朱棣起兵靖难的那一刻其实已经决定了两个人的命运，一个是朱棣自己，另一个就是他。造反的朱棣固然没有回头路，其实他也没有，因为自古以来权力斗争只能有一个获胜者，非此即彼。

事情已经到了这步田地，听天由命吧！

◆ 一张空头支票

朱棣在回绝了朱允炆的求和后，发动了最后的进攻。他陈兵于浦子口，准备从这里渡江攻击京城，而他没有料到的是，在这最后的时刻竟然遇到了顽强的抵抗。

抵抗者是盛庸，他率领着南军士兵做了殊死的反击，并打败了北军，暂时挡住

参考消息　驸马之死

燕军起事后，宁国公主数次写信给朱棣，要他以大义为重。此时，驸马梅殷正在江淮领兵抗燕，朱棣很快控制了京城，并以宁国公主相要挟，要梅殷放弃抵抗。梅殷返京之时，朱棣城外亲迎，问候他："驸马劳苦"，梅殷听了这话冷冷一哼："劳而无功耳"，让朱棣碰了一鼻子灰。永乐三年十月，朱棣以家宴为名请梅殷进宫饮酒，喝得醉醺醺的梅殷被锦衣卫带到花园小桥上，推落池塘淹死。

了朱棣。盛庸确实无愧于名将之称号，他在最后关头也没有放弃希望，而是选择了顽强地坚持下去。他用行动证明了自己的忠诚，虽然他并没有把这种忠诚保持到底。

盛庸的抵抗达到了意想不到的效果，朱棣的军队长期征战也已经到了强弩之末，士兵们十分疲劳，都不愿意再打，希望回去休整。这一次朱棣也动摇了，因为他也看出部队确实已经到了极限，如果再打下去可能会全军崩溃。

如果朱棣就此退走，可能历史就要改写了，所谓天助有心人，当年被黄子澄的英明决策放走的无赖朱高煦带领援军前来助战，这可是帮了朱棣的大忙。他十分兴奋，拍着自己儿子的背深情地说道："努力，世子身体不好！"

这个所谓世子就是他的长子朱高炽，这句话在朱高煦听来无疑是一个传位于他的指令。于是便使出吃奶的力气拼命攻打盛庸，在生力军朱高煦的全力支持下，北军大破盛庸，之后一举渡过长江，到达了最终的目的地京城。

朱高煦是肯定会拼命的，因为打下的江山将来全部都是自己的，自己不拼命谁拼命？不过他似乎并没有仔细分析朱棣的话，朱棣其实只是说世子身体不好，也没有说要传位给他。这句话绝就绝在看你怎么理解，而后来的历史事实证明，这句隐含了太多自由信息的话对于朱高煦来说只是一张空头支票。

朱高煦是大家公认的精明人，但要论机灵程度，他还是不如他的父亲，他似乎忘记了支票只有兑现才有效，而他的父亲很明显并不开银行，却是以抢银行起家的，这样的一个人开出的支票如果能够兑现，那才是怪事。

无论后来如何，至少此时的朱棣达到了他的目的，顺利地过了江。下一步就是进城了，可这最后的一步并不那么容易，我们前面说过，当时的京城是由富商沈万三赞助与明朝政府一同修建的，城墙都是用花岗石混合糯米石灰砌成，十分坚固。而城内还有十余万军队，要想攻下谈何容易！

城内的朱允炆也认识到了这一点，所以他拒绝了逃往南方的决定，听从了方孝孺的建议，坚守城池。这位方孝孺实在是个硬汉，当朱允炆怕守不住，向他询问如果城池失守该当如何时，他竟然说道：

"即使守不住城池，皇帝陛下为江山社稷而死，也是理所应当的事！"

方孝孺虽是书生，一生未经刀兵，但大难临头却有铮铮傲骨，可佩！可叹！

话虽如此，但方孝孺敢说硬话，也是因为京城比较坚固，朱棣连济南都攻不下，何况京城？

可是方孝孺并不懂得，这个世界上最坚固的堡垒往往都是从内部被攻破的。朱棣也不是傻瓜，他敢于率军围城，自然有破城的方法，而且这个方法十分有效。

朱棣的攻城法就是他的间谍，现在是时候介绍他的两位高级间谍了，这两个人负责镇守京城的金川门，一个是谷王朱橞，另一个是李景隆。

李景隆与朱棣自幼相识，后虽交战，但李景隆颇有点公私分明的精神，不管打得多厉害，并不影响他和朱棣的感情。而且从他那糟糕的指挥来看，他也算是朱棣夺得天下的功臣。

虽然李景隆打过很多败仗，被人骂作草包饭桶，但毕竟在气节上没有什么问题。而其后来私通朱棣的行为却给他戴上了一顶新的帽子——"内奸"。如果把靖难比作一场足球赛，李景隆原先的行为可以被认为是一个蹩脚的后卫踢进了乌龙球，而在他决定出卖自己的主人后，他就变成了一个打假球的人。

至此，李景隆终于卸下了自己的所有伪装，他不但不要脸，连面具也不要了。此后他在朱棣的统治下继续苟延残喘地活着，综合看来，他的一生是草包的一生、无耻的一生，如果李文忠知道自己生出了这样的儿子，可能会再气死一次。

无耻的李景隆无耻地活了下去，并不奇怪，因为这正是他的生活方式。

在这两个内奸的帮助下，朱棣的军队攻入了京城，江山易主。

参考消息 **短命的徐增寿**

燕军进京的时候，建文帝因为江山陷落而陷入了空前的绝望当中。一直不停为朱棣辩解的徐增寿，此时面对建文帝的质问哑口无言。建文帝怒火中烧下，拔剑将徐增寿斩杀。燕军随后攻入，朱棣见到大舅子的尸体不由失声痛哭。永乐二年，朱棣封其为定国公，世袭罔替。而原定国公徐辉祖，则因一直反对朱棣而被削爵，并于永乐五年病死，年仅四十岁。

第八章

殉国、疑团、残暴、软弱

〇越过那历史的迷雾 我们看到的并不是一个强大自信的朱棣 相反在那光辉的宝座上 坐着的是一个面色苍白的中年人

◆ 气节

所谓气节这样东西，平日被很多人挂在嘴边，也经常被当做大棒来打别人，但真正的气节总是在危急关头表现出来的。而在这种时候，坚持气节的下场往往不会是鲜花和掌声。

只有那些真正的英雄，才能在面对屠刀时体现出自己的气节。

气节就是真正的勇气。

朱允炆呆坐在宫中，他并非对这一天的到来毫无预料，但当它终于来临的时候，还是显得那么残酷，皇帝做不成了，老百姓也做不成了。走上了这条路，真的不能回头了。

而此时他身边的谋臣已然不见踪影，那些平日高谈阔论的书呆子终于明白理论和实际是有差距的。在这最后的时刻，连齐泰和黄子澄也不见踪影。朱允炆彻底懂得了什么叫做众叛亲离，他愤怒地对着空旷的大殿喊道:

“是你们这些人给我出的主意，事到临头却各自逃命！”

但此时他的怒喝不会再有群臣的响应了，回应他的只有深邃大殿的回声。

到这个时候，无论斥责谁都已经没有意义了。他回望着这座宫殿，在这里他度过了自己的童年，这是一个人人向往尊崇的地方，生在帝王之家，何等显耀、何等荣光！

这里的一草一木他都非常熟悉，但身为皇子，他却对此地并无好感，作为皇位的继承人，他一直以来都承担着太多太大的压力。在他看来，这里的每一个人都是怪物，他们不顾一切，使用各种阴谋手段，坑害、诬蔑、残害他人，只是为了一个目标——权力。

难道顶峰的风景就真的那么好吗？似乎每个人都知道这句话的含义，但每个人都不理会它，他们仍然不断地向着顶峰爬去。

烧掉这座宫殿吧，把它彻底毁掉！

朱允炆的抱怨和愤怒是有道理的，但他却低估了他的那些谋臣们的气节，齐泰和黄子澄以及许许多多的人没有逃跑，他们正在以一己之力挽救朝廷的危亡。

齐泰在广德募兵，黄子澄在苏州募兵，练子宁、黄观在杭州募兵。这些书呆子们的行动虽然并不能真正挽救国家，但他们毕竟尽到了自己的努力，兑现了自己的诺言，虽然无济于事。

齐泰和黄子澄先后被抓，并被处死，宁死不屈。

黄观，明朝另一个连中三元者，当时他的职务是右侍中。

他的募兵没有多大效果，但在听到京城即将不保的消息后，他仍然坚持要到京城去，虽然他也明白这一去必无生理。但对于他而言，履行诺言、尽到职责的意义要远远大于苟且偷生。

当他走到安庆时，消息传来：京城沦陷了，新皇帝已经登基。黄观明白大势已去，但他却没有人们想象中的慌张，只是哀叹痛哭道：“我的妻子是有气节的人，她一定已经死了。”

之后他为妻子招魂，办理完必要的仪式，便坐船沿江而下。到罗刹矶时，他穿戴整齐，向东而拜，投江自尽。

黄观没有说错，他的妻子在他之前已经带着两个女儿和十个亲属在淮清桥上投江而死。无论如何，终究团圆了。

黄观作为朱允炆的亲信和殉节者，遭到了朱棣的妒恨，他把黄观的名字从登科榜上划去，于是明朝的历史上只留下了一位连中三元者的记载：

黄观，洪武年间连中三元，其登科名为篡权者朱棣划去，尽忠而死。

我相信，真相是永远无法掩盖的。

有气节的人并不只有以上的这几个人，与齐泰一同在广德募兵的翰林修撰黄岩、王叔英在听到齐泰被抓的消息后，知道大势已去，便沐浴更衣，写下了他们人生最后的遗言：

生既已矣，未有补于当时；

死亦徒然，庶无惭于后世！

然后他们双双自尽而死。

诚如遗言所述，一生光明磊落，无惭于后世。

◆ 疑团

朱允炆当然并不知道臣下的这些义举，他烧毁了自己的宫殿，然后不知所终，于是历史上最大的疑团之一诞生了。但其实这个疑团并不是由朱允炆的失踪开始的，早在朱棣攻入京城时，北军就接到了一个奇怪的命令，即不入皇城，而是退守龙江驿。很明显，朱棣并不想背上杀掉自己侄子的罪名，他围困皇城，给朱允炆自绝或是让位的时间。

但朱允炆的选择却出乎他的意料，烧毁宫殿说明朱允炆并不想让位，但这位有几分骨气的侄子却也没有自杀，因为在入宫后，朱棣并没有找到朱允炆的尸体。既不退位，也不自杀，那就只剩下逃跑了。

朱允炆的下落从此成了千古之谜，当然，是有答案的。

参考消息 **三元及第才千顷**

中国兴科举近一千三百年，却仅出了六百三十八位状元，这其中有幸连中三元者更是凤毛麟角，平均一百年才出上一个，他们分别是：唐朝的崔元翰（河北定州人）、张又新（河北深县人）；宋朝的孙何（河南汝南人）、王曾（山东益都人）、宋庠（湖北安陆人）、杨寘（安徽合肥人）、冯京（广西宜州人）；辽国的王棠（河北涿县人）；金国的孟宗献（河南开封人）；元朝的王宗哲（河北无极人）；明朝的黄观（安徽贵池人）、商辂（浙江杭州人）；清朝的钱棨（江苏苏州人）、陈继昌（广西临桂人）。

◆ 暴行

朱棣终于坐上了他的宝座，他认为这是自己当之无愧的，因为他为之已经付出了太多太多。多少次命悬一线，多少次功败垂成，才换来了今天的胜利和成功。

而在短时间的兴奋后，朱棣立刻意识到，他有更重要的事情要做，那就是清除那些反对他坐上皇帝宝座的人。于是历史上一幕罕见的暴行开演了。

朱棣首先找到的是方孝孺。他知道方孝孺名满天下，而且道衍早在他攻下京城之前就对他说过："殿下攻下京城后，方孝孺一定不会投降，但你一定不能杀他！如果杀了他，天下的读书种子就会绝了！"

有这位军师的警告，朱棣自然不敢怠慢，他预料到方孝孺一定不会轻易投降，但他也不会想到事情居然会演变成一次破历史纪录的惨剧。

朱棣在大殿接见了方孝孺，他希望方孝孺能够为他起草诏书。其实所谓起草诏书找其他人也可以，但如果是方孝孺亲自写的，能够起到安抚天下人心等更好的作用。所以这份诏书非要方孝孺写不可。

但朱棣绝不会想到，方孝孺应召而来，并不是给他写诏书的，而是拿出了言官的本领，要和朱棣来一场继位权的法律辩论。

方孝孺哭着进了大殿，不理朱棣，也不行礼。朱棣十分尴尬，劝说道："先生不要这样了，我不过是仿照周公辅政而已啊。"

这句话激起了方孝孺的愤怒，他应声问道："成王在哪里？！"

"自焚死了。"

参考消息　明版荆轲

永乐二年的一天，朱棣接到一位天文官的报告，称发现一颗偏红色的彗星正犯帝星，乃大凶之兆，让他做好防范。临朝时，朱棣时刻保持警惕，发现御史大夫景清的步伐有些反常，就命护卫将其拿下，搜身后发现他外披朝服，内着绯衣，腰藏短剑。朱棣质问："携剑上朝，你要干什么？"景清大喝："叔夺侄位，如父奸子妻。你背叛了太祖的遗命，是地道的奸臣贼子，我要为故主报仇，可恨没能成功！"朱棣勃然大怒，对他实行了剥皮添草的残忍虐杀，并悬于长安门示众。即便这样，朱棣还不解恨，又实行惨无人道的"瓜蔓抄"，景氏一族，几乎被杀绝。

“成王的儿子呢？”

“国家要年长的君主。”

“那成王的弟弟呢？”

“这是我的家事。”

社会青年朱棣终于领教了最佳辩论手兼继承法专家方孝孺的厉害，他没有那么多的耐心，让人拿出了纸和笔给方孝孺，逼他写。

方孝孺不写。

继续强逼。

方孝孺写下“燕贼篡位”四字。

朱棣已经愤怒得丧失了理智。

“你不写，不怕我灭你九族吗？！”

“诛我十族又如何！”

实事求是地看，方孝孺说这句话并不一定真想让朱棣去诛灭自己的九族，然而他却不了解朱棣，朱棣不是那种口口声声威胁说不让你看到明天的太阳之类的话的人，但他却可以保证明天的太阳一定会照在你的坟头。

而且他十分精通暴力法则，并且会在适当的时候使用它，至少他的使用技巧已经超过了当年的陈友谅，因为他懂得一条重要准则：

暴力不能解决一切，却可以解决你。

他让人把方孝孺拉了出去。

方孝孺的最终结局是：凌迟，灭十族。

历史上从来只有九族，但人类又一次展现了他惊人的创造力。那多出来的一族要感谢朱棣的发明创造，他为了凑数，在屠杀的目录中加入了方孝孺的朋友和学生。

方孝孺是一个敢于反抗强暴的人，他虽然死得很惨，却很有价值，他的行为应该成为读书人的楷模，为我们所怀念。

从犯罪心理学的角度来分析，杀人犯在残杀第一个人时是最困难的，但只要开了先例，杀下去是很容易的。

于是，朱棣开始了他的屠杀。

由于下面的内容过于血腥残暴，我将尽量用简短文言表达，心理承受能力差者可以免观。

铁铉，割耳鼻后煮熟，塞入其本人口中。朱棣问："甘否？"铁铉答："忠臣孝子之肉，有何不甘！"凌迟，杀其子。

黄子澄，凌迟，灭三族。

齐泰，凌迟，灭三族。

练子宁，凌迟，灭族。

卓敬，凌迟，灭族。

陈迪，凌迟，杀其子。

此外，铁铉妻、女，方孝孺女，齐泰妻，黄子澄妹没入教坊司为妓女。

无言以对，无言可评。

◆ 软弱

很多人在读到这里时，经常会发出朱棣是变态杀人狂之类的感叹，但事实并非如此。

如我们前面所说，朱棣是一个有两张面孔的人，他的残暴只是对准那些反对他的人，而这些屠杀反对者的暴行并不能说明他的强大，恰恰相反，却说明了他的心虚。

古罗马的恺撒在得知自己的妻子与一个政治家通奸后，并未发作，虽然以他的权势地位完全可以惩处那个人。他与自己的妻子离了婚，并在后来重用了那个与他妻子通奸的人。

恺撒并不是傻瓜，也不是武大郎，他是一个有着很强的权力欲望的人，他之所以能够不理会自己妻子的背叛行为，是因为他对自己的地位和威望有着极强的自信，他胸怀天下，相信属于他的东西始终是他的。

是的，从历史中我们可以知道，宽容从来都不是软弱。

朱棣是一个软弱的人。由于他的皇位来源不正，他日夜都担心有另一个人会仿效他夺走自己的位置，他也畏惧那些街头巷尾的议论，所以他不断地屠杀那些反对者，修改了历史。但事实证明反对者是始终存在着的，而历史也留下了他残暴的印记。

越过那历史的迷雾，我们看到的并不是一个强大自信的朱棣，相反，在那光辉

方孝孺绝命诗←

天将乱离兮孰知其由，奸臣得计兮谋国用猷，忠臣发贲兮血泪交流，以此殉君兮抑又何求，呜呼哀哉兮庶不我尤。

参考消息　**齐泰被抓**

朱棣兵临南京之时，在外募兵的齐泰刚好接到朱允炆的诏书，召他回京议事。还没有等齐泰人到南京，南京已经为燕军攻下。无奈之下，齐泰准备出外避难，又怕自己的白马太显眼，于是异想天开地用墨将其涂黑，急急逃命。不料马跑累了出汗，墨汁顺着汗水脱落，反而更引人注意，很快就被人识破行藏。堂堂的兵部尚书，打仗不行，连逃跑都这么失败，悲哀！

的宝座上，坐着的是一个面色苍白的中年人，用警惕的眼光看着周围的人，并不断地对他们说：

“这是我的宝座，你们不要过来。”

我相信这就是历史的真相。

事情终于告一段落了，朱棣一如既往地陷入了沉思之中，经历了如此的风雨波折，没有人知道他此刻在想什么。一般在这个时候，没有人敢打扰他，但朱能例外，他战功显赫，是朱棣的头号亲信。为了报告搜捕建文余党的消息，他如往常一样走到朱棣的身边，开口打破了沉默：

“殿下……”

朱棣的头猛地抬了起来，用一种极其阴冷的眼光注视着朱能。

朱能畏惧了，那可怕的目光让他不寒而栗，即使战场上的拼杀也从未让他如此胆寒，他知道自己犯了一个严重的错误，于是他改正了这个错误。

“皇上。”

朱棣终于走入了代表最高权力的大殿，这个大殿他并不陌生，以前他经常来磕头朝拜，或是上贡祈怜。但这次不同了，他已经成为了这里的主人。他正坐在皇帝的宝座上，俯视着群臣。虽然这个位置不久之前还属于他的侄子朱允炆，虽然他的即位无论从法律的实体性和程序性上来说都不正常，但有一条规则却可以保证他合理但不合法地占据这个地位。

这条规则的名字叫做成王败寇。

朱棣终于胜利了，他接受着群臣的朝拜，这是他应得的，他付出了努力，现在是得到回报的时候了。父亲的身影似乎又在眼前浮现。

你虽然没有把皇位交给我，但我还是争取到了，凭借我自己的努力。我会用我的行动证明我才是这个帝国最适合的继任者。我不会让你失望的，这个庞大的帝国将在我的手中变得更加强大！我将把你的光辉传扬下去，让所有的人都仰视我们，仰视我们这个伟大的国家！

大明！

第九章 帝王的烦恼

〇 历史证明 朱棣失败了 他没有能够欺骗自己 也没有骗到后来的人 因为真正的史笔并不是史官手下的毛笔 而是人心

新的一天又开始了，朱棣坐在皇帝宝座上，俯视着这个帝国的一切，之前那场你死我活的斗争似乎还历历在目，但已经不重要了。因为对于那场斗争中的失败者朱允炆来说，政治地位的完结意味着他的人生已经结束了，无论他本人是生还是死。但对于朱棣而言，今天的阳光是明媚的，他得到了自己想要的一切，在今后的很长时间内，他将用手中的权力去实现自己的梦想，一个富国强兵的梦想。

这个梦想不但是他的，也是他父亲的。

◆ 证明

当然在这之前，他必须先做几件事情，这些事情不完成，他的位子是坐不稳的。

参考消息　史上最受欢迎年号

新朝伊始，万象更新。翰林院提议拟年号为“永清”，可能朱棣这人害怕寂寞，不太喜欢“清”字，最后把年号改成了“永乐”。一般帝王起年号时，都会尽量避免与以前重复。“永乐”这个年号，十六国时前凉的张重华用过，五代时的张遇贤用过，北宋时的方腊也用过，到了朱棣这里，已经是第四次使用了，堪称史上最抢手的年号。

最重要的事情是，他要证明自己是合法的皇帝。

虽然江山已经在手，但舆论的力量也是不能无视的，自己的身上反正已经被打上了反贼的烙印，没办法了，但至少要让自己的子孙堂堂正正地做皇帝。为了达到这个目的，他使用了两个方法:

其一、他颁布了一道命令，下令凡是建文帝时代执行的各项规章制度与朱元璋的成例有不同的，全部废除，以老祖宗成法为准，这倒不是因为朱元璋的成法好用。只是朱棣要想获得众人的承认，必须再借用一下死去的老爹的威名，表明自己才是真正领悟太祖治国精神的人。

其二、他命令属下重新修订《太祖实录》，此书已经由建文帝修过一次，但很明显，第一版并不符合朱棣的要求，他需要一个更为显赫的出身，因为类似朱元璋那样白手起家打天下，开口就是“我本淮右布衣”，摆出一副天不怕、地不怕的那一套已经行不通了。这个世界上本来就没有人愿意做叫花子的，于是，亲生母亲被他扔到了脑后，马皇后成为了他的嫡母，关于这个问题，我们在后面还会详细叙说。

此外，他还指示手下人在实录中加入了大量小说笔法的描写，如朱元璋生前曾反复训斥朱标和朱允炆，总是一副恨铁不成钢的样子，而对朱棣却总是赞赏有加，一看到朱棣就满面笑容，十分高兴。甚至在他死前，还反复询问朱棣的下落，并有意把皇位传给朱棣。但是由于奸诈的朱允炆等人的阴谋行为，合法的继承人朱棣并没有接到朱元璋的这一指示。于是，本该属于朱棣的皇位被无耻地剥夺了。这些内

参考消息 **越长越好**

谥号，指的是古代帝王、诸侯、卿大夫、高官大臣等死后，朝廷根据他们的生平行为，给予的一种称号，以褒贬善恶。一般来讲，谥字越多，越表示尊崇。建文帝给朱元璋上的谥号是“钦明启运俊德成功统天大孝高皇帝”，马皇后原有的谥号为“孝慈高皇后”。朱棣为了表示自己是朱元璋的正统继承人，就以极其隆重的礼仪对自己的父母重新上了谥：朱元璋的谥号由十三字增至十七字，改为“圣神文武钦明启运俊德成功统天大孝高皇帝”；马皇后则更夸张，由三字增至十三字，为“孝慈昭宪至仁文德成天顺圣高皇后”。自此以后，明代皇帝的谥号都是十七字。

容读来不禁让人在极度痛恨朱允炆等奸邪小人之余，对朱棣终于能够夺得本就属于自己的皇位感到欣慰，并感叹正义终究取得了胜利，好人是有好报的。

当朱棣最终完成这两项工作时，他着实松了口气，不利于自己的言论终于被删除了，无数年后，这场靖难战争将被冠以正义的名号广为流传。但作为这段历史的见证人之一，朱棣心里很明白，在那些篡改过的地方原本写着历史的真实。他把自己的父亲从坟墓里拖了出来，重新装扮一番，以证明自己的当之无愧。

历史证明，朱棣失败了，他没有能够欺骗自己，也没有骗到后来的人，因为真正的史笔并不是史官手下的毛笔，而是人心。

◆ 功臣

自欺欺人也好，自我安慰也好，毕竟皇位才是最现实的。在处理好继位的合法性问题后，下一步就是封赏功臣，这可是极为重要的一步。虽然历来皇帝最不愿意看到的就是大业已成后的功臣，但这些人毕竟在皇帝的大业中投入了大量资本，持有了股份，到了分红的时候把他们踢到一边，是不好收场的。毕竟任何董事局都不可能是董事长一个人说了算。

这里也介绍一下明朝的封赏制度，大家在电视中经常看到皇帝赏赐大臣的镜头，动不动就是“赏银一千两”，然后一个太监拿着一个放满银两的盘子走到大臣面前，大臣谢恩后拿钱回家。大致过程也是如此，但很多时候，导演可能没有考虑过一千两银子到底有多重，在他们的剧情中，这些大臣们似乎都应该是在武校练过铁砂掌的，因为无论怎么换算，一千两银子都不是轻易用两只手捧得起来的。今后处理该类情节时，可以换个台词，比如“某某，我赏银一千两给你，用马车来拉”。

赏银在封赏中只是小意思，我们的先人很早就明白细水长流的道理。横财来得快去得快，真正靠得住的是长期饭票。在明朝，这张长期饭票就是封爵。

在那个年代，如果你不姓朱，要想得到这张长期饭票是很困难的，老朱家开的食堂是有名额限制的，若非立有大功，是断然不可能到这个食堂里开饭的。

具体说来,封爵这张饭票有三个等级,分别是公爵(小灶)、侯爵(中灶)、伯爵(大灶)。此外还有流和世的区别：所谓流，就是说这张饭票只能你自己用，你的儿子就不能用了，富不过三代，饿死算他活该。而世就不同了，你死后，你的儿子、儿子的儿子还可以到食堂来吃饭。

但凡拿到这张饭票的人，都会由皇帝发给铁券（证书），以表彰被封者的英勇行为。这张铁券也不简单，分为普通和特殊两种版本。特殊版本分别颁发于朱元璋时代和朱棣时代，因为在这两个时代要想拿到铁券是要拼老命的。

朱元璋时代的铁券上书“开国辅运”四字，代表了你开国功臣的身份。朱棣时代的铁券上书“奉天靖难”四字，代表你奉上天之意帮助我朱棣篡权。这两个版本极为少见，在此之后的明朝二百多年历史中都从未再版。自此之后，所有的铁券统一为文臣铁券上书“守正文臣”，武将铁券上书“宣力功臣”。

当然了，如果你有幸拿到前两张铁券，倒也不一定是好事。特别是第一版“开国辅运”，因为据有关部门统计，拿到这张铁券的人百分之八十以上都会由朱元璋同志额外附送一张阴曹地府的观光游览券。

此外还附有特别说明：单程票，适用于全家老小，可反复使用多次，不限人数。

朱棣分封了跟随他靖难的功臣，如张玉（其爵位由其子张辅继承）、朱能等，都被封为世袭公侯，此时所有的将领们都十分高兴，收获的季节到了。

但出人意料的是，有一个人对封赏却完全不感兴趣，在他看来，这些人人羡慕的赏赐似乎毫无价值。

这个人就是道衍。

虽然他并没有上阵打过仗，但毫无疑问的是，他才是朱棣靖难成功的第一功臣，从策划造反到出谋划策，他都是最主要的负责人之一。可以说，正是他把朱棣扶上了皇位。但当他劳心劳力地做成了这件天下第一大事之后，他却谢绝了所有的赏赐。永乐二年（1404），朱棣授官给道衍，任命他为资善大夫，太子少师（正二品），并且正式恢复他原先的名字——姚广孝。

此后姚广孝的行为开始变得怪异起来，朱棣让他留头发还俗，他不干，分给他房子，还送给他两个女人做老婆，他不要。这位天下第一谋士每天住在和尚庙里，

靖难第一功臣

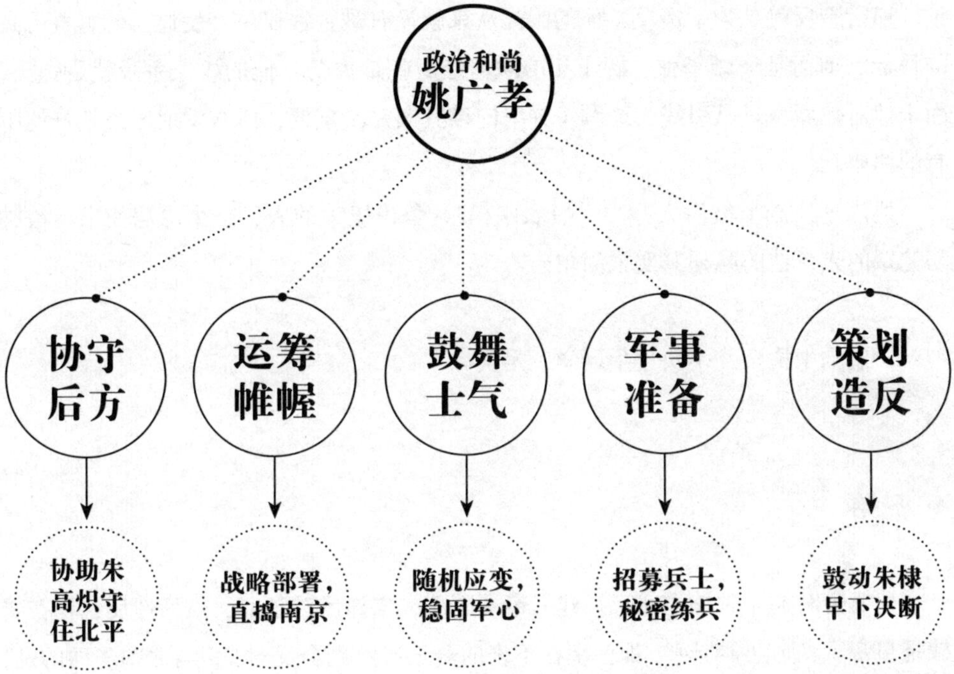

白天换上制服（官服）上朝，晚上回庙里就换上休闲服（僧服）。

他不但不要官，也不要钱，在回家探亲时，他把朱棣赏赐给他的金银财宝都送给自己的同族。我们不禁要问，他到底为什么要这样做？

在我看来，姚广孝这样做的原因有两个：其一，他是个聪明人，像他这样的智谋之人，如果过于放肆，朱棣是一定容不下他的。功高震主这句话始终被他牢牢地记在心里。

其二，他与其他人不同，他造反的目的就是造反。

你为什么要读书？一般而言这个问题的答案是建设祖国、为国争光之类，当然真正的目的大多是升官、发财、满足欲望，等等。但事实告诉我们，为了名利去做一件事情也许可以获得动力和成功，但要成就大的事业，需要的是另一种决心和回答——为了读书而读书。

朱棣造反是为了皇位，他手下的大将们造反是为了开国功臣的身份和荣誉地位。道衍造反就是为了造反。他的眼光从来就没有被金钱权位牵制过，他有着更高的目标。道衍是一颗子弹，四十年的坎坷经历就是火药，他的权谋手段就是弹头，而朱棣对他而言只是引线，这颗子弹射向谁其实并不重要，能被发射出去就是他所有的愿望。

姚广孝，一个被后人称为“黑衣宰相”、争论极大的人，一个深居简出、被神秘笼罩的人，他的愿望其实很简单：

一展胸中抱负，不负平生所学，足矣。

◆ 兄弟

建文帝时期，朱棣是藩王，建文帝要削藩，朱棣反对削藩，最后造反，现在朱棣是皇帝了，他也要削藩，那些幸存下来的藩王自然也会反对，但与之前不同的是，他们已经无力造反了。

在反对削藩的斗争终于获得胜利后，与他的兄弟们本是同一战线的朱棣突然抽出了宝剑，指向了这些不久之前的战友们，这倒也是理所应当的事情，兄弟情分本来也算不上什么，自古以来父子兄弟相残都是家常便饭。而我们似乎也不能只从人性的冷酷上找原因，他们做出这种行为只是因为受到了不可抗拒的诱惑，这个诱惑就是无上的权力。

参考消息　黑衣宰相

南北朝时，僧人一般都穿黑色的僧袍，而俗家子弟则多身着白衣，因此多以黑衣（或缁衣）代称僧人，以白衣（或素衣）指代俗家子弟。所谓的“黑衣宰相”，就是指参与政事并且影响较大的僧人，但并不一定真的官居宰相。实际上，这一称呼并非姚广孝一人的专利，南朝刘宋时期的慧琳和尚就曾获此殊荣。在一衣带水的日本，也有太原雪斋、南光坊天海等和尚有“黑衣宰相”之称。

最先被“安置”的是宁王，他被迫跟随朱棣“靖难”，为了换得他的全心支持，朱棣照例也开给了他一张空白支票“事成中分天下”。当然，朱棣这位从来不兑现支票的银行家此次也没有例外，靖难成功之后，他就把这句话抛在了脑后。

宁王朱权也是个明白人，他知道所谓中分天下的诺言纯属虚构，中分他的脑袋倒是很有可能的，于是他很务实地向朱棣提出，北方我不想去了，也不想掌握兵权，希望你能够把我封到苏州，过两天舒服日子。

朱棣的回答是不行。

“那就去钱塘一带吧，那里也不错。”

还是不行，朱棣再次向他承诺：除了这两个地方，全国任你挑！

宁王朱权无语：“还敢再挑吗，你看着办吧。”

于是，朱权被封到了南昌，这是朱棣为他精心挑选的地方。而被强行发配的朱权的心情想来是不会愉快的，一向争强好胜的他居然被人狠狠地鱼肉了一番，他是绝不会心服的，这种情绪就如同一颗毒芽，在他的心中不断生长，并传给了他的子孙。

报复的机会终究是会到来的。

永乐四年（1406）五月，削去齐王爵位和官属，八月，废其为庶人。

永乐六年（1408），削去岷王官属及护卫。

永乐十年（1412），削去辽王官属及护卫。

永乐十九年（1421），削去周王护卫。

参考消息 **有才的宁王**

宁王被朱棣打发到南昌之后，深感前途无望，遂寄情文娱，并显露出了惊人的才气。他是著名的音乐家，著有《神奇秘谱》和《太和正音谱》，所制作的“飞瀑连珠”琴，位列明代四大名琴之首；他又是著名的茶道专家，著有《茶谱》，为品茶的经典之作；在戏曲方面，有《大罗天》《私奔相如》等十多部作品；在宗教方面，他拜道门第四十三代天师张宇初为师，著有《天皇至道太清玉册》八卷；在历史方面，也有《汉唐秘史》等著作传世。另外值得一提的是，著名书画家八大山人，就是他的第九世孙。

于是，建文帝没有解决的问题终于由他的叔叔朱棣代为解决了。削藩这件建文帝时期的第一大事居然是由藩王朱棣最终办成的，这真是一个极大的讽刺。

完成这些善后事宜之后，朱棣终于可以把精力放在处理国家大事上了，事实证明，他确实具备一个优秀皇帝的素质，而我们也将把历史上明君继位后干的那些恢复生产，勤于政事之类的套话放到他的身上。又是一片歌舞升平、太平盛世。

这样看来，下面的叙述应该是极其乏味的。

可惜朱棣并不是一个普通的英明皇帝，他的故事远比那些太平天子要曲折、神秘得多，因为在他的身上，始终环绕着两个疑团，两个困扰了后人数百年之久的疑团。

◆ 母子不相认

《永乐实录》记载：高皇后（马皇后）生五子，长懿文太子标……次上（朱棣），次周王橚。这就是正史的记载，从中可以看出，朱棣是朱元璋和马皇后的第四个儿子。

然而事实真是如此吗？

元至正二十年（1360），朱棣在战火中出生，他是朱元璋的第四个儿子，这并没有错，但那个经历痛苦的分娩，给予他生命、并抚育他长大的母亲却并不是马皇后，那个带着幸福的笑容看着他出生的女人早已经被历史湮没。

事实上，到如今，我们也并不知道这位母亲的真实姓名，甚至她的真实身份也存在着争议。这些谜是人为造成的。因为有人不希望这位母亲暴露身份，不承认她有一个叫朱棣的儿子。

这个人正是朱棣自己。

因为朱棣是皇帝，而且是抢夺侄子皇位的皇帝，所以他必须是马皇后的儿子，因为只有这样，他才是嫡出，才有足够的资本去继承皇位。

所以，这位母亲被剥夺了拥有儿子的权利，她永远也不能如同其他母亲一样，

朱棣"生母门"

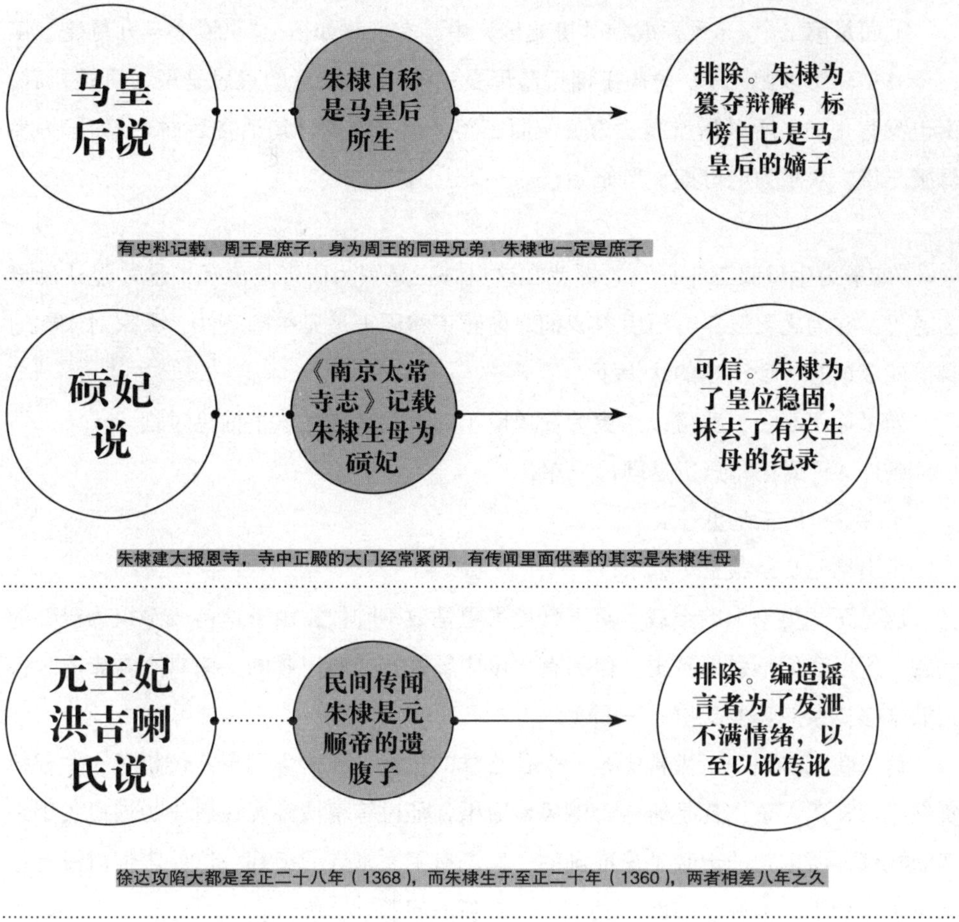

看着自己的子女成长，她也永远无法开口告诉所有人："看，那是我的儿子！"

在官方史书中，她只不过是一个普通的妃子，没有显赫的家世，没有值得骄傲的子女，平凡地活着，然后平凡地死去。

虽然证据已被磨灭，但破绽是存在的，而更让人难以置信的是，它就存在于官方史书中。

第一个破绽在《明史 · 黄子澄传》中，其中记载："子澄曰：周王，燕王之母弟。"从这句话，我们可以很清楚地了解到一个事实，那就是燕王朱棣和周王是同父同母的兄弟。可能有人会认为这是句废话，因为《永乐实录》中也记载了他们两个是同母兄弟，但问题在于，他们的母亲是谁？

下面是第二个。《太祖成穆孙贵妃传》中，有记载如下："洪武七年九月薨，年三十有二。帝以妃无子，命周王橚行慈母服三年。"这句话的意思是说，贵妃死后，由于没有儿子，所以指派周王为贵妃服三年，但关键的一句话在后面："庶子为生母服三年，众子为庶母期，自妃始。"

"庶子为生母服三年！"关键就在这里。正是因为周王是庶子，他才能认庶母为慈母，并为之服三年。再引入我们之前燕王和周王是兄弟的条件，大家对朱棣的身份就应该有一个清楚的认识了。

如果你不明白，我可以用更为简单明了的方式来描述这个推论过程。

条件A：周王和燕王是同母兄弟。

条件B：周王是庶子。

得出结论C：燕王是庶子。

这是正式史书上的记载，至于野史那更是数不胜数，由于这是一个极为重要的问题，所以我们不引用野史，但另有一本应属官方史料记载的《南京太常寺志》曾记载朱棣母亲的真实身份——碽妃。

这里我们先说一下太常寺是一个什么样的机构，太常寺属于礼仪机关，主要负责祭祀、礼乐之事，凡是册立、测风、冠婚、征讨等事情都要在事先由该机关组织实施礼仪，所以它的记载是最准确的，按说有了太常寺的记载，这件事情就没有什么可争论的了，但好事多磨，又出了一个新的问题。

此书已经失传了。

即使你找遍所有的图书馆，也是找不到这本书的，虽然本人没有看过这本书，

参考消息 **铁裙之刑**

所谓"铁裙之刑"，就是用铁片做成裙子给人穿上，然后把人放在火上烘烤，受刑者如受炮烙，最后皮肉酥烂而死。据传朱棣的生母碽妃因未足月便产子，使朱元璋怀疑其行为不检，于是赐了她一件铁裙子，致使朱棣很小的时候就成了孤儿，由马皇后抚养长大。

但古人却是看过的，并在自己的书中留下了记录。如《国史异考》《三垣笔记》中都记载过，《南京太常寺志》中确实写明，朱棣的母亲是硕妃，而孝陵神位的摆放为左一位李淑妃，生太子朱标、秦王、晋王，右一位硕妃，生成祖朱棣。

要知道，在古代，神位的排序可不是按照姓氏笔画排列，是严格按照身份来摆列的。

而《三垣笔记》更是指出，钱谦益（明末大学问家，后投降清朝）曾于1645年元旦拜谒明孝陵，发现孝陵神位的摆布正如《南京太常寺志》中的记载，硕妃的灵位在右第一位，足见其身份之高。

虽然以上所说的这些证明力度不能和《明史》相比，但从法律角度来说，也算是证人证言，属于间接证据，当我们把所有证据连接起来时，就会发现朱棣生母的身份应该已经很清楚了。

这里也特别注明，关于成祖生母的身份问题已经由我国两位著名的史学家吴晗先生和傅斯年先生论证过，在此向他们致敬。

但是遗憾的是，那位生下朱棣的母亲的生平我们已经无从知晓了，我们只知道，他的儿子抹杀了她在人间留下的几乎全部痕迹，不承认自己是她的儿子。

◆ 为了权力

朱棣又一次向马皇后的神位行礼，虽然马皇后确实是一位慈祥的长辈，虽然她也曾无微不至地关照过自己，但她毕竟不是自己的母亲。

我也是迫不得已，为了坐上皇位，已经是九死一生，如果再背上一个庶子的名分，怎能服众？怎能安心？

所以我修改了记录，所以我湮灭了证据，我绝不能承认，我没有别的选择。

您是我的母亲，只在我的心中，永远。

◆ 兄弟不相容

建文帝真的死了吗？这曾经是朱棣长时间思考过的一个问题，这个问题他思考了二十二年，从建文四年（1402）靖难成功开始，到永乐二十一年(1423)结束。功夫不负有心人，他最终找到了这个问题的答案，仅仅在他临死的前一年。

让我们回到建文四年的那个夏天，看看谜团的开始。

六月十三日，李景隆打开金川门，做了无耻的叛徒，放北军入城，而朱棣却不马上攻击内城，他的目的是等待建文帝自杀或者投降，他似乎认为建文帝除了这两条路外，没有别的选择。然而建文帝注定是要和他一生作对的。他选择了第三条路。

当扎营于龙江驿的朱棣发现宫城起火时，他十分慌乱，立刻命令士兵进城，救火倒是其次，最重要的是要找一样东西——建文帝，活的死的都行，活要见人！死要见尸！

朱棣十分清楚这件事的利害关系，如果建文帝死了，大不了背一个逼死主君罪名，自己的骂名够多了，不差这一个。活着的话关起来就是了，也不怕他飞上天去。

但最可怕的事情就是失踪，皇帝不见了那可就麻烦了。

朱允炆毕竟是合法的皇帝，而自己不过是占据了京城而已，全国大部分地方还是效忠于他的，万一他要是溜了出去，找一个地方号召大臣勤王，带兵攻打自己，到时候胜负还真是未知之数。

可是怕什么来什么，经过清查，真的没有找到朱允炆的尸体！朱棣急得像热锅上的蚂蚁，命令士兵加紧排查，仍然一无所获。可能有人会奇怪，朱棣已经控制了政权，要找个人还不容易么？

不瞒你说，还真是不容易，因为这个人是不能公开寻找的。

首先不能登寻人启事，什么你叔叔病重，甚为想念，望你见启事后速回之类的话肯定是不会有效果的；其次也不能贴上通缉令，写上什么抓到后有重赏之类的言语，因为朱棣的行动按他自己的说法是靖难，即所谓扫除奸臣，皇帝是并没有错误的，怎么能够被通缉呢，所以这条也不行。最后，他也不能公开派人大规模寻找，因为这样无异于告诉所有的人，建文帝还活着，心中别有企图的人必然会蠢蠢欲动，这个皇位注定是坐不稳了。

建文帝“下落门”

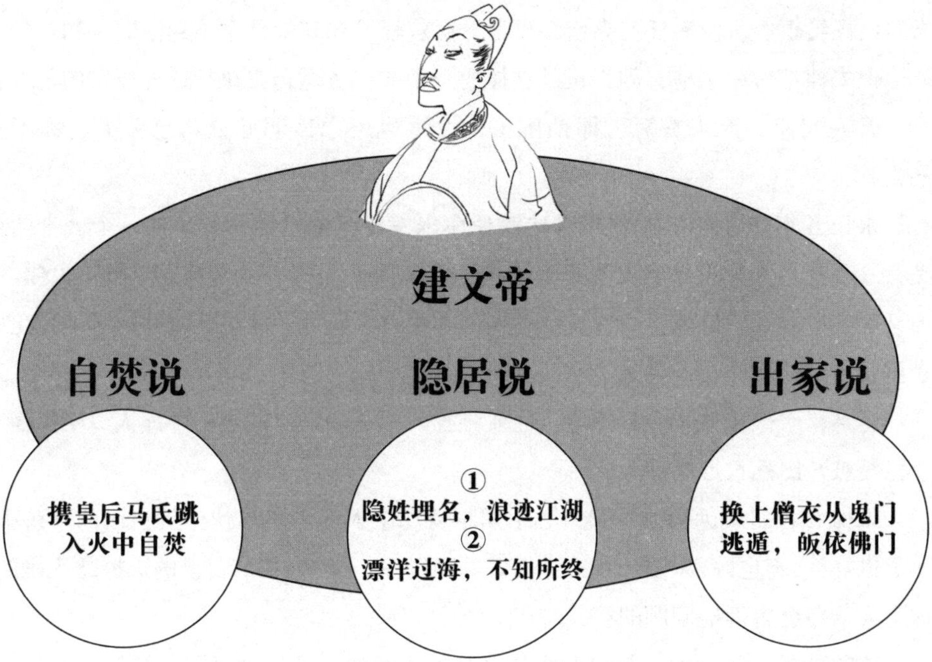

但是又不能不找，万一哪天蹦出来一个建文帝，真假且不论，号召力是肯定有的，即使平定下来，明天后天可能会出来两个三个，还让不让人安心过日子了？君不见一个所谓的“朱三太子”闹得清朝一百多年不得安宁，所以这实在是一件要命的事情啊。

为解决这个问题，朱棣想出了一个绝佳的计划，这个计划分两个部分：

首先，向外界宣布，建文帝已经于宫内自焚，并找到了尸体，那意思就是所有建文帝的忠臣们，你们就死了这条心吧。

其次，派人暗中查访建文帝的下落，具体的查访工作由两个人去做，这两个人寻访的路线也不同，分别是本土和海外。这两个人的名字，一个叫胡濙，另一个叫郑和。

郑和的故事大家都熟悉，我们在后面的章节也会详细介绍这次偶然事件引出的伟大壮举，在此，我们主要讲一下胡濙这一路的问题。

胡濙,江苏常州人,既不是靖难嫡系,也不是重臣之后,其为人“喜怒不形于色”,当时仅任给事中，没有任何靠山，可谓人微言轻，在朝中是个不起眼的人物。

但朱棣却挑中了他，因为正是这样的一个人，才适合去执行这样秘密的任务。

无人问津，无人在意，即使出了什么事也可以声明此人与己无关，你不去谁去？

永乐五年（1407)，胡濙带着绝密使命出发了，朱棣照例给了他一个公干的名义——寻找仙人。这个名义真是太恰当了，因为仙人本来就是神龙见首不见尾的，但又确实有寻找的价值，一百年找不到也不会有人怀疑。胡濙就此开始了他人生中最重要的一项工作——寻人。

当然，朱棣和他本人都知道，他要寻找的不是仙人，而是一个死人，至少是一个已经被开出死亡证明的人。

朱棣看着胡濙远去的身影，心中期盼着那个人的消息尽快传到自己的耳朵里，死了也好,活着也好,只要让我知道就好。和以往一样,他相信自己的选择是正确的,这个人一定会告诉他问题的答案。

他的判断是正确的，胡濙确实是会给他答案的。他也做好了长期等待的准备，但他没有想到，等待的时间真的很长。

胡濙开始忠实地履行他的职责，他“遍行天下州郡乡邑，隐查建文帝安在”，这期间连自己的母亲死去，他也没有回家探望，而是继续着自己的工作，探寻这个秘密已经成为了他人生的一个重要组成部分。他的努力并没有白费，最终，他找到

参考消息 **寻找仙人**

洪武二十四年，朱元璋下令寻访真人张三丰未果。永乐初，朱棣也曾尝试亲往拜见张真人，张三丰那时却隐遁民间游历去了。朱棣于是借此良机，派胡濙出外寻仙。当然，胡濙是带着自己“真正的任务”离开朝廷的，对寻找仙人一事不太在意，而朱棣为了求得仙药，命胡濙务必请到真人。除了胡濙外，朱棣也派遣过淮安人王宗道、医官苏钦等几路人马共同寻找，还在武当山为张三丰修建道场，用了丁夫三十余万人，花费百万计，诚意可见一斑。

了答案，在十六年之后。

既然答案揭晓要到十六年之后了，我们就先来看看为什么建文帝的死亡与否会有如此大的争议，其实明代史料大部分都认为建文帝没有死，而且还有一些野史详细记载了建文帝出逃时候的各种情况，虽不可信，但也可一观。

根据明代万历年间出版的《致身录》一书所记载，建文帝在城破之日万念俱灰，想要自杀，此时，一个太监突然站出来说道："高祖驾崩时，留下了一个箱子，说遇到大难之时才可打开，现在是时候了，请皇上打开箱子吧。"

然后，他们把箱子取出并打开，发现里面东西一应俱全，包括和尚的度牒、袈裟、僧帽、剃刀，甚至还有十两白金。更让人称奇的是，里面还有朱元璋同志的亲笔批示，指示了逃跑路线。于是，建文帝等一干人就此逃出生天。

看过以上这些记载，相信大家可能都有似曾相识的感觉，没错，这些记载似乎带有武侠小说的写法和情节，朱元璋确实神机妙算，但还不至于到这个程度，就算他预料到自己的孙子将来要跑路，可他还能预先准备服装道具和路费，甚至连逃跑的路线都能指示得一清二楚，就明显是在胡扯了。就如同武侠小说中，某位大侠跌下山崖，然后遇到某位几十年不出山的活老前辈或是挖到死老前辈留下的遗物，而这样的传奇情节在历史上是并不多见的。

虽然存在着这些近乎荒诞的记载，但明朝史料大都认为建文帝没有死，那么为什么这个问题还能引起那么大的争议呢？这是因为在后来，一件事情的发生使得建文帝的生死变得不再是单纯的历史问题，而是极为复杂的政治问题。

这件事情就是"朱三太子"事件，即所谓明朝灭亡之时，朱三太子并没有死，而是活下来继续组织反清的事件。要说这位朱三太子也实在算是个神仙，从顺治到康熙、雍正，历经三个皇朝，如同幽灵般缠绕着清朝统治者，一直挨到三个皇帝都死了他却始终战斗在反清第一线。清朝政府对这个幽灵极其头疼。很明显，建文帝的故事与朱三太子有很多相似之处，故而在修《明史》时，清朝政府即授意史官更改这段历史，一口咬定建文帝自杀而死。

值得肯定的是，很多史官坚持了原则，顶住了压力，坚持建文帝未死之说，但无耻的人无论哪个朝代总是不会缺的，大学者王鸿绪就是这样的一个人。他的人品明显比不上他的学问，为了逢迎清朝政府，他私自修改了《明史稿》(《明史》底稿)，认定建文帝已死。由于《明史》毕竟是官方史书，故而影响了很多人对建文帝之死的看法，直到近代，史学界对建文帝未死的问题才有了一个比较肯定的意见。

历史的真相始终是被笼罩在迷雾中的，无数人为了各种目的去修饰和歪曲它，以适应自己的需要。

但我始终相信，真相只有一个，而它必定有被揭开的一天。

参考消息 **杨应祥诈骗案**

正统五年，有个老和尚带着十几名从者在云南至广西一带活动，自称“建文皇帝”。朝廷派出一队人前往查探。老和尚自称已九十多岁，只因思念故土，想归葬祖父陵旁，才自曝身世。御史当即哭笑不得，驳斥道：“建文皇帝生于洪武十年，就算活着也只有六十四岁，怎么可能有九十多岁！”一番刑讯之后，事实真相浮出水面：原来，老和尚本名杨应祥，均州白沙里人，洪武十七年为僧，受到别人的煽动，假冒建文帝四处诈骗。英宗于是将其押入大牢，过了四个月就死在狱中了，同谋的十二名僧人全部被发配到辽东戍边。

第十章

帝王的荣耀

大典之外　再无他书

这不仅仅是文化　这是包括经济在内的综合实力的体现　是一个国家自信和强大的象征

无论我们从哪个角度来看，朱棣都绝对算不上一个好人，这个人冷酷、残忍、权欲熏心，在日常生活中，我们绝对不想和这样的一个人做朋友。但他却是一个实实在在的好皇帝。

一个皇帝从不需要用个人的良好品格来证明自己的英明，恰恰相反，在历史上，干皇帝这行的人基本都不是什么好人，因为好人干不了皇帝，朱允炆就是铁证。

一个人从登上皇位成为皇帝的那一天起，他所得到的就绝不仅仅是权位而已，还有许许多多的敌人，他不但要和天斗、和地斗，还要和自己身边的几乎每一个人斗，大臣、太监、老婆（很多）、老婆的亲戚（也很多）、兄弟姐妹，甚至还有父母（如果都还活着的话），他成为了所有人的目标。如果不拿出点手段，显示一下自己的能力，很容易被人找到空子踢下皇位，而历史证明，被踢下皇位的皇帝生存率是很低的。

为了皇位，为了性命，必须学会权谋诡计，必须六亲不认，他要比最强横的恶霸更强横，比最无赖的流氓更无赖，他不能相信任何人。所以我认为，孤家寡人实在是对皇帝最好的称呼。

朱棣就是这样的一个恶霸无赖，也是一个好皇帝。

他精力充沛，以劳模朱元璋同志为榜样，每天干到很晚，不停地处理政务。他爱护百姓，关心民间疾苦，施行休养生息政策，在他的统治下，明朝变得越来越强大。荒地被开垦，人们生活水平提高，仓库堆满了粮食和钱币。经济科技文化都有很大的发展，他凭借自己的努力打造出了一个真正的太平盛世。

他制定了很多利国利民的政策，也很好地执行了这些政策，使得明朝更为强大，如果要具体说明，还可以列出一大堆经济数字，这些都是套话，具体内容可参考历代历史教科书。我不愿意多写，相信大家也不愿意多看，但值得思考的是，这些举措历史上有很多皇帝都做过，也取得过不错的效果，为什么朱棣却可以超越他们中的绝大多数人，成为中国历史上为数不多的公认的伟大皇帝呢？

这是因为他做到了别的皇帝没有能够做到的事情。

下面，我们将介绍这位伟大皇帝的功绩，就如同我们之前说过的那样，他绝对不是一个好人，却绝对是一个好皇帝。他用惊人的天赋和能力成就了巨大的功业，给我们留下了不朽的遗产，并在六百多年后依然影响着我们的国家和民族，所以从这个角度来说，他确实是中国历史上一位伟大的皇帝，当之无愧。

◆ 修书

朱棣文化修养有限，他自己应该是写不出什么传世名著的，所以他只能指示手下的人修书，其目的当然也是为了自己的名声。其实这并没有什么可指责的，哪个皇帝不想青史留名呢？以往的很多皇帝修了很多书，修书其实是一件并不稀罕的事情，但朱棣确实是个雄才大略的人。他要修的是一部前无古人的书，他要做的是一件前人没有做过的事。

他要修一部古往今来最齐备、最完美、最优秀的书，一部千年之后，依旧无比光辉的书。

他做到了，他修成了一部光耀史册、流芳千古的伟大书籍——《永乐大典》。

按照朱棣的构想，他要修一部包含有史以来所有科目、所有类别的大典。毫无疑问，这是一项艰巨的任务，需要一个合适的人担任总编官，这个人必须有广博的学问、清晰的辨别能力、无比的耐心、兼容并包的思想。

符合以上条件的人实在是很难找的，但值得庆幸的是，朱棣也确实找到了一个这样的人。

而这个人的一生也和《永乐大典》紧紧地联系在了一起，他的命运如同《永乐大典》这部书一样，跌宕起伏，却又充满传奇。

所以，在我们介绍《永乐大典》之前，必须先介绍这位伟大的总编官。

◆ 命运

永乐十三年（1415），锦衣卫指挥纪纲下达了一道奇怪的命令，他要请自己牢里的一个犯人吃饭。这可是一条大新闻，纪纲是朱棣的红人，锦衣卫的最高统帅，居然会屈尊请一个囚犯吃饭，大家对此议论纷纷。

这位囚犯欣然接受了邀请，但饭局开张的时候，纪纲并没有来，只是让人拿了很多酒给这位囚犯饮用，这位心事重重的囚犯一饮便停不住，他回想起了那梦幻般的往事，不一会儿便酩酊大醉。

看他已经喝醉，早已接到指示的锦衣卫打开了大门，把他拖了出去。

外面下着很大的雪，此时正是正月。

这位囚犯被丢在了雪地里，在漫天大雪之时，在这纯洁的银白色世界里，在对往事的追忆和酒精的麻醉作用中，他迎来了死亡。

这个囚犯就是被称为明代第一才子的解缙，《永乐大典》的主编者。这一年，他四十七岁。

◆ 起点

解缙，洪武二年（1369）出生，江西吉安府人，自幼聪明好学，被同乡之人称为才子，大家都认为他将来一定能出人头地。他没有辜负大家的期望，洪武二十一年（1388），他一举考中了进士，由于在家乡时他的名声已经很大，甚至传到了京城，所以朱元璋对他也十分重视，百忙之中还抽空接见了他。朱元璋的这一举动让所有的人都认为，一颗政治新星即将升起。

当时正是政治形势错综复杂之时，胡惟庸已经案发，法司各级官员不断逮捕大臣，很多今天同朝为臣的人第二天就不见了踪影，真可谓腥风血雨，变化莫测，在这样的环境下，很多大臣成了逍遥派，遇事睁只眼闭只眼，只求能活到退休。

但解缙注定是个出人意料的人，在这种朝不保夕的恶劣政治环境中，他没有退却、畏缩，而是表现出了一个知识分子的骨气和勇敢。

他勇敢地向朱元璋本人上书，针砭时弊，斥责不必要的杀戮，并呈上了一篇很有名的文章《太平十策》，在此文中，他详细概述了自己的政治思想和治国理念，为朱元璋勾画了一幅太平天下的图画，并对目前的一些政治制度提出了意见和批评。

朱元璋的性格我们之前已经介绍过，你不去惹他，他都会来找你麻烦，可是这位解大胆居然敢摸老虎屁股，这实在是需要极大的勇气的。当时很多人都认为解缙疯了，因为只有疯子才敢去惹疯子。

解缙疯没疯不好考证，但至少他没死。朱元璋一反常态，居然接受了他的批评，也没有找他的麻烦，当时的人们被惊呆了，他们想不通为什么解缙还能活下来，于是这位敢说真话的解缙开始名满天下。

出了名后，烦恼也就来了。固然有人赞赏他的这种勇敢行为，但也有人说他在搞政治投机，是看准机会才上书的。但解缙用他的行为粉碎了所谓投机的说法。他又干出了一件惊天动地的事情。

洪武二十三年（1390），朱元璋杀掉了李善长，这件事情有着很深的政治背景，

参考消息 **一门三进士**

洪武二十年，十八岁的解缙第一次参加江西省乡试，就一举夺得第一名，人称“解解元”。第二年他又赴京参加会试，列为第七名，经殿试，被录为二甲进士。他的哥哥解纶和妹夫黄金华也同榜登进士。人称“一门三进士”，一时传为美谈。

当时的大臣们都很清楚,断然不敢多说一句话。可是永不畏惧的解缙又开始行动了，他代自己的好友上书朱元璋，为李善长申辩。

这是一起非常严重的政治事件，朱元璋十分恼火，他知道文章是解缙写的，但出人意料的是，他仍然没有对解缙怎么样，这件事情给了解缙一个错误的信号，他认为，朱元璋是不会把自己怎么样的。

解缙继续他的这种极为危险的游戏，他胸怀壮志，不畏权威，敢于说真话，然而他根本不明白，这种举动注定是要付出沉重代价的。不久，他就得到了处罚。

洪武二十四年（1391），朱元璋把解缙赶回了家，并丢给他一句话“十年之后再用”。

于是，解缙沿着三年前他进京赶考的路回到了自己的家，荣华富贵只是美梦一场，沿路的景色并没有什么变化，然而解缙的心却变了。

他始终不明白，自己只不过是说了几句实话，就受到了这样的处罚，读书人做官不就是为了天下苍生吗，不就是为国家效力吗？这是什么道理！

那些整天不干正事，遇到难题就让，遇到障碍就躲的无耻之徒牢牢地把握着权位，自己这样全心为国效力的人却得到这样的待遇，这不公平。

罢官的日子是苦闷的，人类的最大痛苦并不在于一无所有，而是拥有一切后再失去。京城的繁华，众人的仰慕，皇帝的器重，这些以往的场景时刻缠绕在解缙的心头。

在故乡的日子，他一直思索着一个问题，那就是，自己为什么会失败？才学？度量？

不，不是这些，终于有一天，他开始意识到，自己失败的原因是幼稚，幼稚得一塌糊涂，自己根本就不知道官场是个什么地方。信仰和正直在朝堂之上是没有市场的，要想获得成功，只能迎合皇帝，要使用权谋手段，把握每一个机会，不断地升迁，提高自己的地位！

解缙终于找到了他自认为正确的道路，他的一生就此开始转变。

洪武三十一年（1398），朱元璋去世了，此时距解缙回家已经过去了七年，虽然还没有到十年的约定之期，但解缙还是开始行动了，他很明白，就算到了十年之期，也不会有官做的，要想当官，只能靠自己！

他依靠先前的关系网，不断向高官和皇帝上书，要求获得官职，然而命运又和他开了一个玩笑，建文帝虽然知道他很有才能，却不愿用他，只给了他一个小官。把他远远地打发到遥远的西部。幸好他反应快，马上找人疏通关系，终于留在了京城，在翰林院当了一名小官。

此时的解缙已经完全没有了青年时期的雄心壮志，他终于明白了政治的黑暗和丑恶，要想往上爬，就不能有原则，不能有尊严，要会溜须拍马，要会逢迎奉承，什么都要，就是不能要脸！

黑暗的世界啊，我把灵魂卖给你，我只要荣华富贵！

收下了他的灵魂，黑暗的世界给了他一次机会。

◆ 转折

靖难开始了，建文帝眼看就要失败，朱棣已经胜利在望，在这关键时刻，解缙和他的两位好友进行了一次谈话，这是一次载入史册的谈话，就在这次谈话中，三个年轻人确定了不同的人生方向。

这里，我们要先介绍解缙的两位好友，他们的名字分别是胡广、王艮。所谓物以类聚，人以群分，能和解缙这样的才子交朋友的，自然也不是寻常之辈，实际上，这两个人的来头并不比解缙小。

说来也巧，他们三个人都是江西吉安府人，是老乡关系，也算是个老乡会吧，解缙是出名的才子，我们前面说过，他是洪武二十一年的进士，高考成绩至少是全国前几十名，可和另两个人比起来，他就差得远了。

为什么呢？因为此二人分别是建文二年高考的状元、榜眼。另外还要说一下，第三名叫李贯，也是江西吉安府人，他也是此三人的好友。但由于他没有参加这次的谈话，所以并没有提到他。确实厉害，头三名居然被江西吉安府包揽，让人惊叹此地的教育之发达，足以媲美今日之黄冈中学。

江西——进士大户

明代初期，江西文风极盛，考公务员是许多人的追求，以解缙生活的年代（洪武二年——永乐十三年）期间的进士人数来看，江西不愧为明初的进士大户

	洪武四年	洪武十八年	洪武二十一年	洪武二十四年	洪武二十七年	洪武三十年春榜	洪武三十年夏榜
当年进士总人数	120	472	95	31	100	51	61
江西籍进士人数	27	46	18	5	14	17	0
所占比例	22.5%	9.7%	18.9%	16.1%	14%	33.3%	0%

	建文二年	永乐二年	永乐四年	永乐七年	永乐十年	永乐十三年	小计
当年进士总人数	110	470	219	84	106	351	2270
江西籍进士人数	23	111	54	27	28	94	464
所占比例	20.9%	23.5%	24.6%	32.1%	26.4%	26.7%	20.4%

★洪武三十年因中进士者都是南方籍，朱元璋重新面试了六十一人（以北方人为对象），故这年有春、夏两榜

大家都是同乡，又是饱学之士，自然有很多共同话题，眼下建文帝这个老板就要完蛋了，他们要坐下来商量一下自己的前途，这三个人都是邻居，而他们谈话的地点选在了另一个邻居吴溥的家里。

在他们说出自己的志向前，我们有必要先提一下，解缙、胡广、王艮、李贯都是建文帝的近侍，也就是说他们都是皇帝身边的人，深受皇帝的信任，他们对时局的态度很能反映当时朝臣的看法。但四人中王艮比较特殊，他最有理由对皇帝不满，这是为什么呢？

因为在建文二年的那次科举考试中，他才是真正的状元！

此人经过会试后，参加了殿试，在殿试中，他的策论考了第一名，本来状元应该是他的。但是意想不到的事情发生了，建文帝嫌他长得不好看，把第一名的位置给了胡广（貌寝，易以胡靖，即胡广也）。就这样，到手的状元飞了，按说他应该对建文帝十分不满才对，可这个世界又一次让我们看到了人性的丑恶和真诚。

建文帝就要倒台了，大家的话题自然不会扯到诗词书画上，老板下台自己该怎么办，何去何从？三个人做出了不同的选择。当然这个选择是在心底做出的。

三人表现如下:

解缙陈说大义，胡广也愤激慷慨，表示与朱棣不共戴天，以身殉国。王艮不说话，只是默默流泪。

谈话结束后的表现:

解缙结束谈话后，连夜收拾包袱，跑到城外投降了朱棣，而且他跑得很快，历

参考消息 **丢掉的状元**

状元是天子门生，在某种程度上代表了国家的脸面，长得太丑实在不好拿出手。纵观大明历史，还有不少人跟王艮一样，由于外形不佳而失去了光耀门楣的机会：比如洪武四年辛亥科，原拟状元郭翀因貌不压众，被降为榜眼；正统四年己未科，初拟张和为状元，因其一只眼睛有毛病，降为第四名；弘治十二年己未科，原定丰熙为状元，因其脚不方便，遂降为第二。在中国历代，外形美丑也是评定一个人的成功与失败的标准，甚至还是选择帝王的标准。

史上也留下了相关证据——“缙驰谒”。胡广第二天投降，十分听话——“召至，叩头谢”。看看，多么有效率，召至，召至，一召就至。第三名李贯也不落人后——“贯亦迎附”。

而沉默不语的王艮回家后，对自己的妻子说：“我是领国家俸禄的大臣，到了这个地步，只能以身殉国了。”

然后他从容自杀。

国家以貌取人，他却未以势取国。

那一夜，有两个说话的人，一个不说话的人，说话者说出了自己的诺言，最终变成了谎言。不说话的人沉默，却用行动实现了自己心中的诺言。

其实早在他们以不同的方式表现自己时，已经有一个人看出了他们各自的结局，这个人就是冷眼旁观的吴溥。

就在胡广慷慨激昂地发表完殉国演讲，并一脸正气地告辞归家之后（他家就在吴溥家旁边），吴溥的儿子感叹道：“胡叔（指胡广）有如此气概，能够以身殉国，实在是一件好事啊。”

吴溥却微微一笑，说道：“这个人是不会殉国的，此三个人中唯一会以身殉国的只有王艮。”

吴溥的儿子到底年轻，对此不以为然，准备反驳他的父亲，谁知就在此时，门外传来了胡广的声音：

“现在外面很乱，你们要把家里的东西看好！”

两人相对苦笑。

话说回来，我们似乎也不能过多责怪这几个投降者，特别是解缙，他受了很多苦，历经了很多坎坷，他太想成功了，而这个机会，是他绝对不能放过的。

对于这四个人的行为，人心自有公论。

于是，解缙就此成为了朱棣的宠臣，无论他用了什么手段，他毕竟实现了自己的梦想。从此他开始了自己传奇的一生，但在此之前，我们有必要介绍一下，投降三人组中其余两个成员的下落。

李贯：朱棣在掌握政权后，拿到了很多朝臣给建文帝的奏章，里面也有很多要求讨伐他的文字，他以开玩笑似的口吻对朝堂上的大臣们说："这些奏章你们都有份儿吧。"下面的大臣个个心惊胆战，其实朱棣不过是想开个玩笑而已，他并不会去追究这些人的责任，但一件意想不到的事情发生了。

惹事的正是这个李贯，他从容不迫地说道："我没有，从来也没有。"然后摆出一副怡然自得的样子。他是一个精明人，很早就注意到了这个问题，为了避祸，他从未上过类似的奏章。

现在他的聪明才智终于得到了回报，不过，是以他绝对预料不到的方式。

朱棣走到李贯面前，突然把奏章扔到了他的脸上，厉声说道：

"你还引以为荣吗？！你领国家的俸禄，当国家的官员，危急时刻，你作为近侍竟然一句话都不说，我最厌恶的就是你这种人！"

全身发抖的李贯缩成一团，他没有想到，无耻也是要付出代价的。

在这之后，他因为犯法被关进监狱，最后死于狱中，在他临死时，终于悔悟了自己的行为，失声泣道："王敬止（王艮字敬止），我没脸去见你啊。"

胡广：之后一直官运亨通，因为文章写得好，有一定处理政务的能力，与解缙一起被任命为明朝首任内阁七名成员之一，后被封为文渊阁大学士。此人死后被追封为礼部尚书，他还创造了一个纪录，那就是他是明朝第一个获得谥号的文臣，他的谥号叫做"文穆"。

综观他的一生，此人没有吃过什么亏，似乎还过得很不错，不过一个人的品行终归是会暴露出来的。

当年胡广和解缙投奔朱棣后，朱棣看到他们是同乡，关系还很好，便有意让他们成为亲家，但当时解缙虽然已经有了儿子，胡广的老婆却是刚刚怀孕，不知是男是女。此时妇产科专家朱棣在未经B超探查的情况下，断言："一定是女的。"

结果胡广的老婆确实生了个女孩，所以说领导就是有水平，居然在政务活动之余对妇产科这种副业有如此深的造诣。事后证明，这个女孩也确实不简单，可惜我在史料中没有找到她的名字，只知道她肯定姓胡。

这个女孩如约与解缙之子完婚，两家都财大气粗，是众人羡慕的佳对。然而天有不测风云，解缙后来被关进监狱，他的儿子也被流放到辽东，此时胡广又露出了他两面三刀的本性，亲家一倒霉掉进井里，他就立刻四处找石头，勒令自己的女儿与对方离婚。

在那个时代，父母之命就是一切，然而这位被朱棣赐婚的女孩很有几分朱棣的霸气，她干出了足以让自己父亲羞愧汗颜的行为。胡广几次逼迫劝说，毫无效果，最后他得到了自己女儿的最终态度，不是分离的文书，而是一只耳朵。

她的女儿为表明绝不分离的决心，割下了自己的耳朵以明志，还怒斥父亲："我的亲事虽然不幸，但也是皇上做主，你答应过的，怎么能够这样做呢，宁死不分！"

这位壮烈女子的行为引起了轰动，众人也借此看清了胡广的面目，而解缙的儿子最终也获得了赦免，回到了那位女子的身边。

胡广，羞愧吧，你虽饱读诗书，官运亨通，气节却不如一个普通女子！

还是那句话，人心自有公论。

◆ 飞腾

朱棣之所以器重解缙，很大的原因就在于他准确地判断出，解缙就是那个能胜任大典主编工作的人。于是，在永乐元年（1403），朱棣郑重地将这个可以光耀史册也可以累死人的工作交给了解缙。他的要求是"凡书契以来经史子集百家直言，至于天文地志阴阳医卜僧道技艺之言，备辑成一书，毋厌浩繁"。

当时，书籍即使出版后也是很容易失传的，因为当年也没有出版后送一本给图书馆的习惯，小说之类的书很多人看，但某些经史子集之类的学术书籍就很少有人问津（这点和现在差不多），极易失传。而某些不传世的书籍就更像武侠小说中的秘籍一样，隐藏于深山密林之中，不为人知。要采集这些书籍，必须要大量的金钱和人力物力。所以虽然每个朝代都修书，却大有不同。比较穷的朝代官方修书数量有限，只求修好必须修的那一本——前朝的史书。

而朱棣要修的不是一本，也不是一部书，他要修的是涵盖古今，包容万象，蕴涵一切知识财富的百科全书！

大典之外，再无他书！

当朱棣将这项工作交给解缙时，他把希望和重担一起赋予了这个年仅三十四岁的年轻人，可是让人啼笑皆非的是，在朱棣看来无比重要的事情，在解缙那里却成了一项“一般任务”。

解缙在这件事情上并没有表现出政治敏锐性，他天真地以为，这不过是皇帝一时的兴趣，想编本书玩一玩。于是在永乐二年十一月，他就向皇帝呈送了初稿，名《文献大成》。应该说这套初稿也是花费了解缙很多心血的，但他没有想到，自己的这番心血换来的是朱棣的一顿痛骂。

解缙如此之快地完成任务，倒是让朱棣十分高兴，可当他看到解缙送上来的书时，才明白这位书呆子根本就没有领会领导的意图。于是他狠狠地斥责了解缙一顿，然后摆出了大阵势。

这个阵势实在是大，完全体现了明朝当时的综合国力，首先，朱棣派了五个翰林学士担任总裁（不是今天我们说的总裁），此五人以王景为首，都是饱学之士。并另派二十名翰林院官员为副总裁，这二十个人也都是著名的学者。此外，朱棣还在全国范围内发起总动员令，召集所有学识渊博的人，不管你是老是少，是贫是富，瘸子跛子也没关系，脑袋能转得动，脚能走得动就行了，全部召集来做编撰，大概相当于我们今天的编辑。

这还没完，朱棣拿出了拼命的架势，一定要做到精益求精，他还在全国各个州县寻找有某种特定能力的人，但这种能力并不是学问，那么他到底找的是什么人呢？

答案是：字写得好的人。

由于当时是修一部全书，所以要采集大量的书籍和资料，这些资料找来之后需要找人抄写，这也情有可原，因为当时并没有电脑排版技术，在编撰过程中只有找人用手来写。

既然是大明帝国编的书，自然要体面，书籍的字迹必须要漂亮清晰，一个每天只会在电脑面前打字的人去抄书，是要杀头的。那年头啊，你要是写得一手烂字，你都不好意思和人打招呼。

这是名副其实的文化总动员，朱棣集中了全国的精英知识分子来做这件事情。修书能充分体现国家的经济实力，是因为你要召集这么多的知识分子来为你修书，你就得在招聘广告上写明：包食宿，按月发工资。千万不要以为知识分子读书人就会心甘情愿地干义务劳动，人家也有老婆孩子。

朱棣是一个做事干脆的人，他雷厉风行地解决了问题，他将编撰的总部设在了文渊阁，并给这些编书的人安排了住处，要吃饭时自然有光禄寺的人来送饭，编书的人啥也不用管，编好你的书就行了。

没有钱，没有很多的钱，这书能修成吗？

贫穷的王朝整日只能疲于奔命，一点国库收入拿来吃饭就不错了，哪里还有闲钱去修书？

盛世修书，实非虚言。

除了以上所说的这些人外，朱棣还给解缙派去了一个帮手，和他共同主编此书。这个人说是帮手，实际上应该是监工，因为在此之前，他只做过一次二把手，不巧的是，一把手正是朱棣。

这个监工就是姚广孝。

姚广孝不但精于权谋，还十分有才学，明朝初年第一学者宋濂也十分欣赏他的才华，而那个时候，解缙还在穿开裆裤呢。

把这样的一个重量级人物放在解缙身边，朱棣的决心可想而知。

解缙终于明白，自己将要完成的是一件多么光荣的事情。如果干不好，就真的

参考消息 **朱季友献书**

永乐二年七月，正是《永乐大典》编得热火朝天的时候。江西鄱阳有个叫朱季友的儒生，听闻朝廷在修书，特地前往京城。这天恰逢太子生日，文武百官在文华殿设宴庆祝，朱季友便借机把自己的著作献上去。解缙打开书一看，顿时十分气恼。原来，这本书的核心思想只有一个：批判理学掌门人朱熹！随后，解缙将这件事呈给了朱棣，朱棣知道了大怒：“此儒之贼也。”于是按“诽谤先贤，毁坏正道”的罪名将朱季友抄家焚书，并打了他一百大棍，并禁止他此后为人师表。

《永乐大典》的编修过程

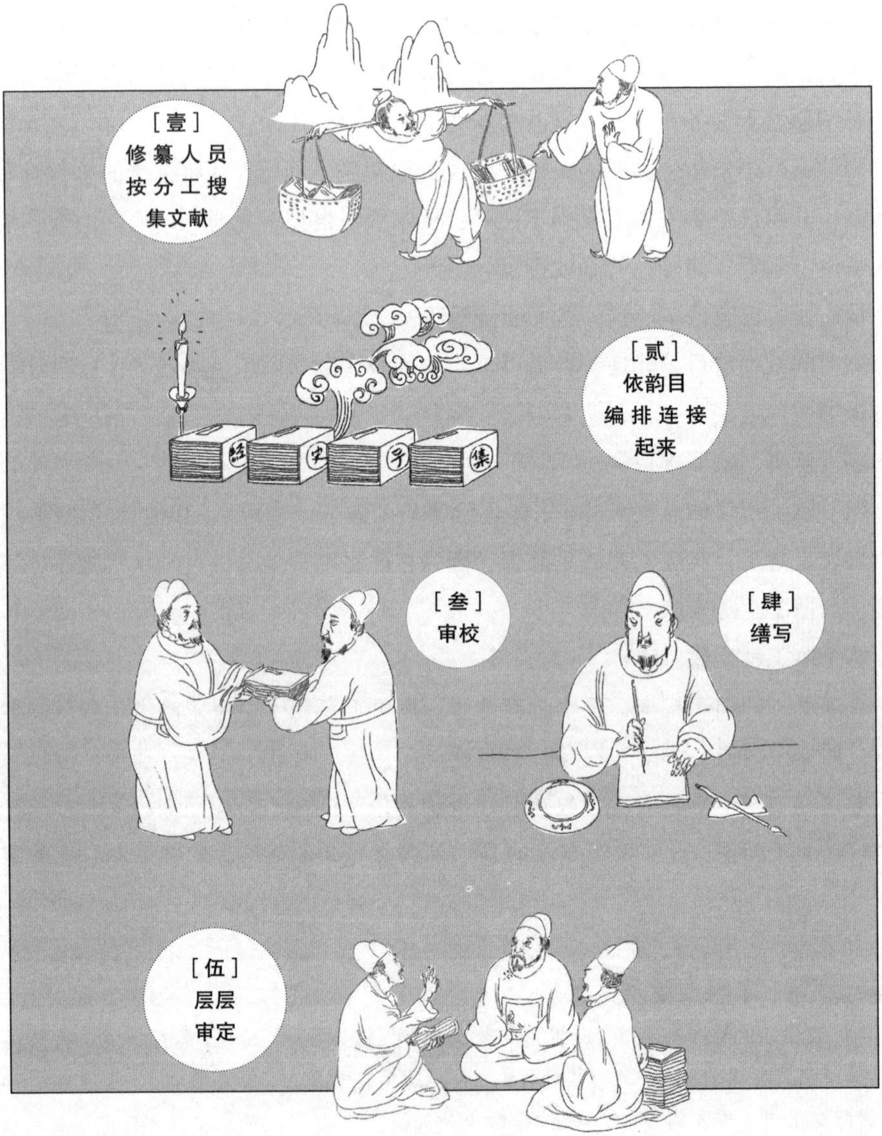

光荣了。

啥也别说了，开始玩儿命干吧！

在经过领导批示后，解缙同志终于端正了态度，沿着领导指示的方向前进，事实证明，朱棣确实没有看错人。解缙充分发挥了他的才学，他合理地安排着各项工作，采购、辨析、编写、校对都有条不紊地进行着，每次编写完一部分，他都要亲自审阅，并提出修改意见。作为这支庞大知识分子队伍中的佼佼者，他做得很出色。

当这上千人的编撰队伍在他的手中有序运转，所修大典不断接近完成和完善时，解缙终于实现了自己的人生价值和梦想，他不再是怀才不遇的书生，而是国家的栋梁。

在修撰大典的过程中，朱棣还不断地给予帮助和关照，永乐四年四月，朱棣在百忙之中专门抽出时间探望了日夜战斗在工作岗位上的各位修撰人员，并亲切地询问解缙在工作和生活中有何困难，解缙感谢领导的关心，并表示一定再接再厉，把工作做好，以报答皇帝陛下的恩情，不辜负全国知识分子的期望。最后他提出，大典经史部分已经差不多完成了，但子集部分还有很多缺憾。

朱棣当即表示，哪里有困难，就来找我，一定能够解决，不就是缺书吗，给你钱，去买，要多少给多少！之后他立刻责成有关部门（礼部）派人出去买书。

有了这样的政治支持和经济支持，再加上解缙的得力指挥和安排，无数勤勤恳恳的知识分子日夜不休地工作着，他们在无数个灯火通明的夜晚笔耕不辍，舍弃了自己的家庭和娱乐，付出了健康甚至生命的代价（其中有不少人因为劳累过度而死），只为了完成这部古往今来最为伟大的著作。

他们中间的很多人可能并没有什么伟大的理想，因为大部分人只是平凡的抄写员、编撰人，在当时，他们也都只是普通的读书人而已。他们的人生似乎和伟大这两个字扯不上任何关系，但他们所做的却是一件伟大的事。历史不会留下他们的名字，但这部伟大著作的每一页、每一行都流淌着他们的心血。

永乐五年十一月，这部大典终于完成。

此书收录上自先秦，下迄明初各种书籍七八千种，共计一万一千零九十五册，二万二千八百七十七卷，三亿七千万字。

全部由人手一个字一个字地抄写而成。

它的内容包括经史子集、天文、地理、阴阳、医术、占卜、释藏、道经、戏剧、工艺、农艺，涵盖了中华民族数千年来的知识财富，它绝不仅仅是一部书，而是一座中华文明史上的金字塔。

更为难得的是，以解缙为首的明代知识分子们以广博的胸怀和兼容并包的思想，采集了几乎所有珍贵的文化资料，为我们留下了一笔巨大的财富。

朱棣的梦想终于实现了，他郑重地为这部伟大的巨作命名——《永乐大典》。

在我的统治下，编成了一部有史以来最大、最全、最完美的书！终有一天，我会老去，但这部书的光荣将永远光耀后世。

经历了数千年，曾光耀四方、强盛一时，曾屈膝受辱、几经危亡。最终没有屈服，文明终究传承万世。

如果没有它，很多古代书籍，我们将永远也看不到了。

如果要给这些书开个书单，恐怕会很长，在这里只列举其中一些书目，如《旧唐书》《旧五代史》《宋会要辑编》《续资治通鉴长编》等书，后全部失传，直到清代时，方才从《永乐大典》中辑录出来，流传于世上。

解缙没有万军之中攻城拔寨的豪迈，没有大漠挥刀、金戈铁马的风光，他的武器就是他的笔墨。他让我们了解了那光荣的过往和先人的伟大。

然而，对于解缙而言，仅此而已。

参考消息 **誊写也是巨大的工程**

《永乐大典》编成之后，只抄录了一部，叫做“永乐正本”。嘉靖三十六年，宫中起了大火，皇帝连夜下三道金牌，才将其及时抢救出来。为了防止今后再遭此祸患，嘉靖下令立刻重录《永乐大典》。当时的名臣如高拱、瞿景淳、张居正等人负责实际调度；吏部和礼部主持，召选书法高手执笔；责令内府调拨大批画匠、研光匠、纸匠等配合；同时，惜薪司、光禄寺和翰林院则分别负责木炭、酒饭和“月米”的供应。所有人通力配合，耗时整整六年才完成。抄好的副本被放置在新建的皇史宬内，史称“嘉靖副本”。

◆ 投机

《永乐大典》是解缙一生中最辉煌的成就，也是他一生的最高点，然而在此书完结时，那些欢欣雀跃的人中却没有解缙的身影，因为此时，他已经从人生的高峰跌落下来，被贬到了当时人迹罕至的广西。

落到这步田地，只能用一个词来形容——咎由自取。

因为他做了一件自己并不擅长的事情——投机。

要说到投机，解缙并不是生手，我们之前介绍过他拒绝了建文帝方面低微的官职的诱惑，排除万难毅然奔赴朱棣身边的光辉事迹，当然，他的这一举动是有着充分理由的。因为朱棣需要他，而他也需要朱棣。解缙有名气和才能，朱棣有权和钱，互相利用而已。

读书种子方孝孺已经被杀掉了，为了证明天下的读书人并非都是硬骨头，为了证明这个世界上还是有人愿意和新皇帝合作，朱棣自然把主动投靠的解缙当成宝贝。他不但任命解缙为《永乐大典》和第二版《太祖实录》的总编，还在政治上对他委以重任，在明朝的首任内阁中给他留了一个重要的位置。此任内阁总共七人，个个都是精英，后来为明朝"仁宣盛世"做出巨大贡献的"三杨"中的两杨都在此内阁中担任要职。

除此之外，朱棣还经常在下班（散朝）之后单独找解缙谈话，用今天的话来说，这叫"重点培养",朱棣不止一次地在大臣们面前说:"得到解缙,真是上天垂怜于我啊！"

解缙以政治上的正直直言出名，却因政治投机得益，这真是一种讽刺。

解缙终于满足了，他似乎意识到，自己多年来没有成功，只是因为当年政治上的幼稚，为什么一定要说那么多违背皇帝意志的话呢，那不是难为自己吗？

而这次政治投机的成功也让他认定，今后不要再关心那些与己无关的事情，只有积极投身政治，看准政治方向，并放下自己的政治筹码，才能保证自己的权力和地位。

于是，当年的那个一心为民请命、为国效力的单纯的读书人死去了，取而代之的是一个跃跃欲试、胸有城府的政客。

也许在很多人看来，这也并没有什么大惊小怪的，只不过是一个人对自己人生的选择罢了，但问题在于，解缙在做出这个选择的时候忘记了一个重要而简单的原则，而正是这个简单的原则断送了他的一生。

这条原则就是：不要做你不擅长的事。

这句话倒不一定是打击，在很多情况下，它是真诚的劝诫。

上天是很公平的，它会把不同的天赋赋予不同的人，有人擅长这些，有人擅长那些，这才构成了我们这个多姿多彩的世界。综合解缙的一生来看，他所擅长的是做学问，而不是搞政治。

可是这位本该埋头做学问的人从政治投机中尝到甜头，在长期的政治斗争中积累了一定的经验，便天真地认为自己已经成为了政治高手，从此他义无反顾地投入到了政治斗争的漩涡之中。

很不幸的是，他跳入的还不是一般的漩涡，而是关系到帝国根本的最大漩涡——继承人问题。

战争年代，武将造反频繁，原因无他，权位而已，要获得权位，最好的办法是自己当皇帝，但这一方法难度太大（参见朱元璋同志发展史），于是很多武将退而求其次，只要能够拥立一个新的皇帝，自己将来就是开国功臣，新老板自然不会忘记穷兄弟，多少是要给点好处的，虽然这行也有风险，比如你遇上的老板不姓赵而是姓朱，那就完蛋了。但和可能的收益比起来，收益还是大于成本的。

和平年代就不能这么干了，造反的成本太大，而且十分不容易成功（可参考朱棣同志的生平经历），但一步登天、青云直上是每一个人都梦想的事。于是诸位大臣们退而求其次，寻找将来皇位的继承者。因为皇帝总有一天是要死掉的，如果在

参考消息 **二十八星宿**

朱棣即位后，为笼络人心，一口气录取了四百七十名进士，命解缙在新进士中挑几个有前途的，放在文渊阁锻炼培养。于是，解缙又从中挑了二十八人，号称“二十八宿”。这些人待遇很好，在公务员全年工作不休息的明初，不但五天就能放假一天（沐浴日），而且皇帝包吃包住，月银三锭，每人还有指派的小宦官跟随服侍。落选的周忱不甘心，就毛遂自荐，朱棣表扬他有志气，破格录取了他。正因如此，周忱被人戏称为“挨宿”（自己蹭上去的那个“星宿”）。不过，后来的周忱很有作为，令嘲讽过他的人无话可说。

他死掉之前成为继承人的心腹，将来必能被委以重任。但这一行也有风险，因为考虑到皇帝的特殊身份和兴趣爱好，以及我国长期以来男女不平等的状况，在很多情况下，皇帝的儿子数量皆为N（N 大于等于 2）。而如果你遇到一个精力旺盛的皇帝（比如康熙），那就麻烦了。

所以说拥立继承人可实在不是开玩笑的事情，可以比作一场赌博，万一你押错了宝，下错了筹码，新君并非你所拥立的那位，那就等着倒霉吧，覆巢之下，岂有完卵？你的主子都完蛋了，你还能有出头之日吗？

可是解缙决心赌一把，应该说他是一个有远见的人，虽然朱棣现在信任他，但朱棣会老、会死，要想长久保住自己的位置，就必须早作打算，解缙经过长期观察，终于选定了自己的目标。

永乐二年，他在一位皇子的名下押下了自己所有的筹码——朱高炽。

关于朱高炽和朱高煦的权位之争，我们后面还要专门介绍，这里只说与解缙有关的一些事情。

其实这二位殿下的矛盾从靖难之时起就已经存在了，大臣们心中都有数，朱棣心里也明白。其实就其本心而言，确实是想传位给朱高煦的，因为朱高煦立有大功，而且长得比较帅。而朱高炽却是个残疾，眼睛还有点问题，要当国家领导人，形象上确实差点。

但是朱高炽是长子，立长也算是长期以来的传统，所以朱棣一直犹豫不定，于是他便去征求靖难功臣们的意见。不出所料,大部分参加过靖难的人都推荐朱高煦，这也可以理解，毕竟在一条战线上打过仗，有个战友的名头将来好办事。

有一个人反对。

这个人叫金忠，时任兵部尚书，和那些支持朱高煦的公侯勋贵们比起来，他这个二品官实在算不得什么。然而让人想不到的是，正是这个人影响了最后的结果。

这倒不是因为他本人的能力，而是因为在他的身后，有一个巨大的身影在支持着他。而这个身影就是那位不见踪影却又似乎无处不在的姚广孝。

如果我们翻开金忠的履历，就会发现他和姚广孝有着纠缠不清的关系，正是姚广孝向朱棣推荐了他，而此人的主要能力和姚广孝如出一辙，都是占卜、谋划、机断这些玩意儿。很多人甚至怀疑，他就是姚广孝的学生。

此人一反常态，面对无数人的攻击始终不改变自己的意见，并向朱棣建议，如果拿不定主意，不如去问当朝的大臣。

这真是高明之极，当朝和皇帝最亲近的大臣还有谁呢，不就是那七个人吗，而他们大都是读书人，立长的正统观念十分强烈，且这些人也很有可能已经和姚广孝搭上了关系，后来的事情发展也证实了，正是金忠的这一建议，使得原先一边倒的局面发生了根本性的变化。

我们实在有理由怀疑，这一切的幕后策划者就是那位表面上看起来不问世事的姚广孝，我们也不得不佩服这位“黑衣宰相”，他总是在关键时刻、关键问题上插入一脚，是十足的不安定因素，哪里有他出没，哪里就不太平。十处敲锣，九处有他，他活在这个时代，真可以说是生逢其时。

下面就轮到我们的解缙先生出场了，他正是被询问的对象之一，在这次历史上著名的谈话中，他展现了自己的智慧，证明了他明代第一才子的评价并非虚妄，而事实证明，也正是他的那一番话（确切地说是三个字）奠定了大局。

双方开门见山。

朱棣问：“你认为该立谁？”

解缙答：“世子（指朱高炽）仁厚，应该立为太子。”

朱棣不说话了，但解缙明白，这是一种否定的表示，他并没有慌乱，因为他还有杀手锏，只要把下一个理由说出来，大位非朱高炽莫属！

解缙再拜道：“好圣孙！”

朱棣笑了，解缙也笑了，事情就此定局。

所谓好圣孙是指朱高炽的儿子朱瞻基（后来的明宣宗），此人天生聪慧，深得朱棣喜爱，解缙抓住了最关键的地方，为朱高炽立下了汗马功劳。

这是一次载入史册的谈话，在这次谈话中，解缙充分发挥了他扎实的才学和心理学知识，在这件帝国第一大事上做出了巨大的贡献，当然这一贡献是相对于朱高炽而言的。

朱高炽了解此事后十分感激解缙，他跛着脚来到解缙的住处，亲自向他道谢。

朱高炽放心了，解缙也放心了，一个放心皇位在手，一个放心权位不变。

然而事实证明，他们都太乐观了。朱高炽的事情我们后面再讲，这里先讲解缙，解缙的问题在于他根本不明白，所谓的大局已定是相对而言的，只要朱棣一天不死，朱高炽就只能做他的太子，而太子不过是皇位的继承人，并不是所有者，也无法保证解缙的地位和安全。

更为严重的是，解缙拥护朱高炽的行为已经使他成为了朱高煦的眼中钉、肉中刺。而解缙并不清楚：朱高煦就算解决不了朱高炽，解决一个小小的解缙还是绰绰有余的。

然而解缙还沉浸在成功的喜悦中，他太自大了，他似乎认为自己搞权谋手段的能力并不亚于做学问。但他错了，他的那两下子在政治老手面前简直就是小孩子把戏。一场灾难即将向解缙袭来。

来得还真快。

永乐二年（1404）朱棣立朱高炽为太子后，事情并没有像解缙所预料的那样进行下去，他也远远低估了朱高煦的政治力量。事实上，随着朱高煦政治力量的不断发展，他的地位和势力甚至已经超过了太子一党。而且他的行为也日渐猖獗，所用的礼仪已经可以赶得上太子了。

此时，解缙做出了他人生中最为错误的一个决定，他去向朱棣打了小报告，报告的内容是，应该立刻制止朱高煦的越礼行为，否则会引起更大的争议。

真是笑话，朱高煦用什么礼仪自然有人管，你解缙不姓朱，也不是朱棣的什么亲戚，管得着吗？此时的解缙脑海中都是那些朱棣对他的正面评价，如我一天也离不开解缙，解缙是上天赐给我的之类肉麻的话。在他看来，朱棣对他是言听计从的。

然而这次朱棣只是冷冷地告诉他：知道了。

解缙太天真了，他不知道朱棣从根本上讲是一个政治家，政治家说话是不能信的，你对他有用时或他有求于你时，他会对你百依百顺，恨不得叫你爷爷。但事情办完后，你就会立刻恢复孙子的身份。很明显，解缙搞错了辈分。

朱棣给了解缙几分颜色，解缙就准备开染坊了，还忘了向朱棣要经营许可证。

这件事情发生后，解缙就在朱棣的心中被戴上了一顶帽子——干涉家庭内政。你解缙是什么东西？第一家庭的内部事务什么时候轮到你来管？

此后解缙的地位一落千丈，渐渐失去了朱棣的信任，加上他反对朱棣出兵讨伐安南（今越南，后面我们会详细介绍此事），使得朱棣更加讨厌他。于是，这位当年的第一宠臣，《永乐大典》《太祖实录》的主编在朱棣的眼中变成了一个多余的人，他做的每一件事都得不到朱棣的赞许，取而代之的是不断的斥责和批评。

朱棣讨厌他，不希望再看到这个人，只想让他走远一点，越远越好。但他并没有急于动手，因为他还需要解缙为他做一件大事。

这件大事就是《永乐大典》的编纂工作，如果此时把解缙赶走，大典的完成必然会受到影响，想到这里，朱棣把一口恶气暂时压在了肚子里。

可叹的是，解缙对此一无所知，他还沉浸在天子第一宠臣的美梦中，仍旧我行我素。朱棣终于无法继续忍耐了，解缙实在过于嚣张、不知进退了，于是，在永乐五年二月，忍无可忍的朱棣终于把还在编书的解缙赶出了朝廷，远远地打发到了广西当参议。

这对于解缙来说是一个晴天霹雳，好端端的书不能编了，翰林学士、内阁成员也干不成了，居然要打起背包去落后地区搞扶贫（当时广西比较荒凉），第一大臣的美梦只做了四年多，就要破灭了吗？

解缙并没有抗旨（也不敢），老老实实地去了广西，此时的解缙心中充满了茫然和失落，但他没有绝望，因为类似的情况他之前已经遇到过一次，他相信机会还会来临的，上天是不会抛弃他的。

毕竟自己还只有三十八岁，朝廷还会起用我的。

然而他等了四年，等到的只是到化州督饷的工作，督饷就督饷吧，平平安安过日子不就得了，可解缙偏偏就要搞出点事来，这一搞就把自己给搞到牢里去了。

事情是这样的，永乐九年（1411），解缙获得了一个难得的机会，进京汇报督饷情况，一个偏远地区的官员能够捞到这么个进城的机会是很不容易的，按说四处逛逛、买点土特产，回去后吹吹牛也就是了，能闹出什么事情呢？

可是大家不要忘了，解缙同志不一样，他是从城里出来的，见过大场面，此刻重新见识京城的繁华，引起了他的无限遐思，就开始忘乎所以了。偏巧朱棣此刻正带着五十万人在蒙古出差未归（远征鞑靼），解缙没事干，加上他还存有东山再起的幻想，便在没有请示的情况下，私自去见了太子朱高炽。

真是糊涂啊，朱高炽家是什么地方？能够随便去的吗？

解缙的荒唐行为还不止于此，他私自拜见太子之后，居然不等朱棣回来，也不报告，就这么走了！解缙真是晕了头啊。

果然，等到朱棣回来后，朱高煦立刻向朱棣报告了此事，朱棣大为震惊，认定解缙有结交太子、图谋不轨的形迹，便下令逮捕解缙，就这样，一代大才子解缙偷鸡不着蚀把米，官也做不成了，变成了监狱里的一名囚犯。

至此，解缙终于断绝了所有希望，皇帝不信任他，太子帮不了他，这下是彻底完了。

回望自己的一生，少年得志，意气风发，虽经历坎坷，却能够转危为安，更上一层楼，百官推崇，万人敬仰。那是何等的风光，何等的得意！

可是现在呢，除了整日不见光的黑牢、脚上的镣铐和牢房里那令人窒息的恶臭，自己已经一无所有。输了，彻底输了，愿赌就要服输。

解缙想不通的是，为什么最终会失败？自己并不缺乏政治斗争的权谋手段，却落得这个下场，他百思不得其解。

其实在解缙之前和之后，有无数与他类似的人都问过这个问题。但他们都没有找到答案，我们也只能说，解缙是在错误的时间、错误的地点，参加了一场错误的赌局。从才子到囚徒，怪谁呢？只能怪他自己。

◆ 终点

如果事情就这样结束，解缙也许会作为一个囚徒走完自己的一生，或者在某一次大赦中出狱，当一个老百姓，找一份教书先生的工作糊口，但上天注定要让他的一生有一个悲剧的结局，以吸引后来的人们更多的目光。

永乐十三年（1415），锦衣卫纪纲向朱棣上报囚犯名单，朱棣在翻看时找到了解缙的名字，于是他说出了一句水平很高的话："解缙还在吗（缙犹在耶）？"

缙犹在耶？这句话的意思很明显，就是问纪纲为什么这个人还活着，但同时这句话的另一层意思就是——他不应该还活着。

朱棣是擅长暗语的高手，在此之前的永乐七年（1409），他说过一句类似的话，而那句话的对象是平安。

事情的经过十分类似，朱棣在翻看官员名录时看到了平安的名字，便说了一句："平安还在吗（平保儿尚在耶）？"

平安是一个很自觉的人，听到朱棣的话后便自杀了。

解缙的失宠

1
打朱高煦小报告，朱棣骂他“离间骨肉”

2
被朱高煦诬赖泄露皇室建储机密

3
反对出兵安南，朱棣不予理睬

4
被人诬告廷试阅卷不公，被贬至广西

5
与礼部侍郎李志刚有旧怨，被谪地点由广西远迁至化州

6
进京私见太子，被扔进大牢

解缙的一生

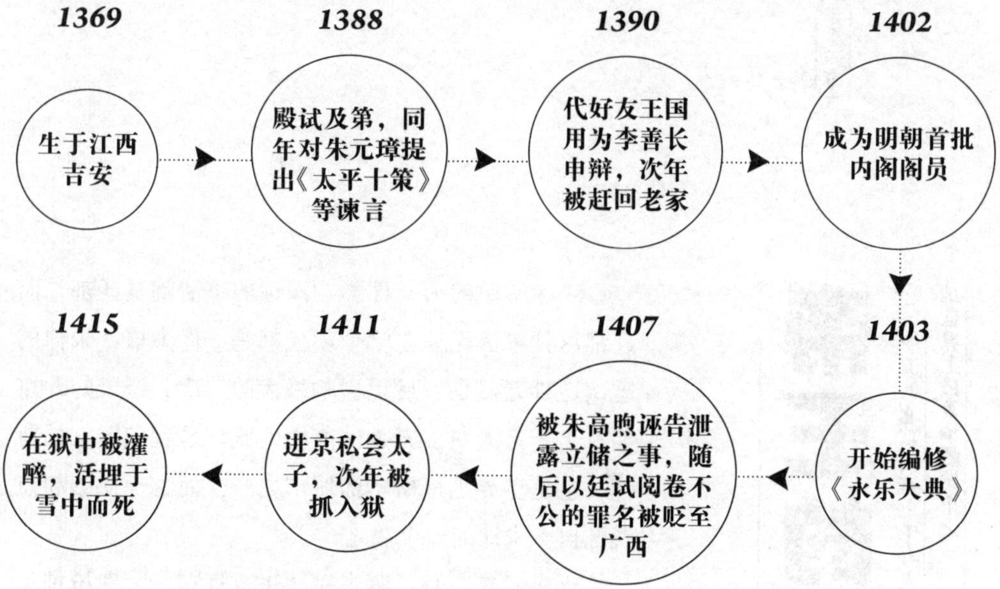

平安是可怜的，解缙比他更可怜，因为他连自杀的权利都没有。

长年干特务工作的纪纲对这种暗语是非常精通的，加上他一直以来就和解缙有矛盾，于是便有了开头的那一幕。

解缙就在雪地里结束了自己的一生，洁白的大雪掩盖了解缙的尸体和他那不再洁白的心，当年那个仗义执言的解缙大概也想不到自己会有这样的结局。

无论如何，解缙的一生是有意义的，因为不管他做了什么事情，是错还是对，都无法掩盖他的功绩。由他主编的《永乐大典》一直保留至今，为我们留下了大量的知识财富，当我们看到那些宝贵典籍时，我们应该记得，有一个叫解缙的人曾为此费尽心力。

参考消息　**纪纲妄为**

纪纲自从跟随了朱棣，由于善骑射、武艺高强而深受朱棣重用。永乐之后，势力年复一年地增强。一次，纪纲看上一个女道士，想纳为妾。没想到都督薛禄先他一步得了手，也是冤家路窄，有一天两人巧遇，纪纲一见薛禄，冲上去冲着他的脑袋就是一下子（挝其首），薛禄脑裂几死。后来，纪纲越来越妄为，皇帝选妃他也要过一把手，把漂亮的女子藏着“私纳”。永乐十四年，纪纲因谋反的罪名，被凌迟处死。

第十一章

帝王的抉择

○今天的北京拥有上千万人口　无数的高楼大厦　是我们国家的首都　也是世界上最繁华的城市之一　而这一切的起点就源自于朱棣的一个决定

朱棣所做的另一件影响深远的事情就是迁都，而迁都这种事情无论在哪个朝代都是一件大事。朱棣的这次迁都无疑是对后世影响最大的一次。今天的北京拥有上千万人口，无数的高楼大厦，是我们国家的首都，也是世界上最繁华的城市之一，而这一切的起点就源自于朱棣的一个决定。

永乐元年三月，蒙古军队进攻辽东，大肆抢掠了一通，当地的都指挥沈永是个无能之辈，既无法抵御，又不及时向领导汇报，朱棣听说此事，大为恼火，立刻杀掉了沈永，并召集大臣，询问北方军事形势恶化的原因。

朱棣质问他的大臣们，北方防御如此之弱，蒙古军队竟然如入无人之境，这样下去怎么得了，谁该为此负责？

然而出乎朱棣意料的是，大臣们虽然个个都不开口，却并不胆怯，反而直愣愣地看着他。朱棣心头一阵无名火起，正准备发作，突然心念一转，把话又缩了回去。

为什么呢？

因为他终于明白这些大臣们为什么一直盯着他了，该为此事负责的人正是他自己！

在明朝的防御体系中，负责北方防御的主要就是燕王朱棣和宁王朱权，可是在靖难之战中，朱权被他绑票，他也跑到了南京做了皇帝，北方边界少了他们两个人，基本上就属于不设防地段了，怎么怪得了别人呢？

南京是一个很不错的地方，也很适宜建都，因为这里地势险要，风水好，外加是主要粮食产地，由于当时中国的经济中心已经南移，建都于此是很有利于维持明朝统治的。

但问题在于，明帝国的住宿地并不是独门独院，在帝国的北方有着几个并不友好的邻居，这些邻居经常不经主人允许就擅自进屋拿走自己喜欢的东西，还从来不写欠条。一次两次也就罢了，长此下去怎么得了？

出兵讨伐也没有什么效果，因为这些邻居基本上都是游击队编制，使用的是你进我退，你退我再来的政策，他们自己属于游牧民族，又不种地，每天的工作也就是骑马跑来跑去，闲着也是闲着，不抢你抢谁？

讨伐不行，不管更不行。

军事政治形势固然是后来迁都的主要原因，但还有一些原因也是不可忽视的，这就是朱棣本人的特点。

难道朱棣个人与迁都也有关系吗？

答案是肯定的，如果你还记得，我们之前曾经提过朱棣虽然是在南京出生，是南京户口，但他二十一岁就去了北平，并在那里生活了二十年，虽然并没有转户口（当年进北平不难），但他的生活习惯已经完全北方化了。

据史料记载，朱棣偏好北方饮食，而且十分喜欢朝鲜泡菜，当时的朝鲜国王李芳远曾派出朝鲜厨师（火者）侍奉朱棣，而他也欣然接受，想来喜好北方口味的朱

参考消息　朝鲜女厨子

朱棣即位后，藩属国朝鲜照例要上表恭贺，朱棣在感谢的同时，顺便捎了一句话："你们选几个会厨艺的女子来。"这句话顿时如巨石入海般，在朝鲜王宫中引起了轩然大波：身为天下共主的皇帝张口要人，这人选当然不能光会厨艺，还要出身好、容貌佳，首选应当是王女。不过经过几番考虑，朝鲜王放弃了这个打算，经过多层筛选，几名宗室女及亲贵的女儿，跟随使臣被送往大明。朱棣无心插柳，此后便对朝鲜宫女颇为留意，后来几次要求朝鲜征选民间女子入宫为妃嫔。

棣对南方菜不会太感兴趣。北方虽然多风沙，远远不如南方的秀美山水，但朱棣一直以来就在这样的环境下生活，对他而言，熟悉的才是最好的。

当然了，朱棣迁都的主要原因还是政治需要，既然下定了主意，那就迁吧。

且慢！这可不是说迁就能迁的，迁都不是搬家，绝对不是打好包袱，打个电话叫搬家公司来就行的。最大的难题在于，朱棣并不是一个人搬去北平，如果是这样，那倒是省事了。

迁都不但要迁走朱棣，还要迁走他的大小老婆若干人，王公大臣若干人，士兵百姓若干人，这些人也要找地方住，也要修房子。北平打了很多年的仗，街道、宫殿都要重修，城市布局也要重新安排。而且跟他去北平的都不是一般人，需要大笔的资金才能安置好这些人，其难度绝对不下于重新建都。

这些问题虽然难办，但毕竟还是可以解决的，摆在朱棣面前的还有一个更大的难题，如果这个难题不解决，迁都就等于白迁。

我们知道，朱棣迁都的主要原因是为控制北方边界，保证国家安全。按说迁都就能解决这一问题，但还有一样东西是必需的。

那就是粮食。

北平附近不是产粮区，而迁都必然会有很多人口涌入（中国人向来有往大城市跑的习惯），这些人要消耗大量的粮食。而且要控制边界，就必须养着大批士兵，虽然明朝实现了军屯（军人平时种地，战时打仗），能够解决部分军队的粮食问题，但京城的精锐部队（如三大营）是不种地的，这么多人吃什么，总不能喝西北风吧。

更严重的问题在于，仅仅保证北平士兵百姓的粮食还不够，因为明朝政府将来可能会经常出去慰问一下那些不太友好的邻居，给他们一点小小的教训，所谓兵马未动，粮草先行，派十万人去打仗，你就要准备十万人的粮食，而北平附近的粮食产量是绝对不足以保障这些行动的。

可能有人会说，这算什么难题，从南方产粮区运输粮食到北方不就行了？

如果你这样想，那就恭喜你了，你终于找到了这个问题的难点所在。

粮食问题之所以成为迁都的最大障碍，难就难在运输上，在那个年代，既没有火车、汽车，也没有飞机，要运送粮食只能靠人力，今天我们搭乘现代化交通工具从南京到北京也要花费不少时间，而当年的人们走一趟要花一个多月，而且大家可不要忽略一个问题，那就是运输粮食的人也是要吃饭的。无论他们多么尽忠职守，你也应该有一个清醒的认识：他们在吃光自己所运的粮食之前，是绝对不会饿死的。

所以如果你找人从陆路上运输粮食，你就必须额外准备运输者的口粮，让他推两辆粮车上路，运一辆，吃一辆，等到了目的地，交出还没有吃完的那部分，就算交差了。而你额外准备的那部分口粮可能比他运过去的粮食还要多。

如果有哪个政府愿意长期用这种方式来运输物资，那么等待这个政府的命运只有一个——破产。

所以，明朝政府剩下的唯一选择就是——河运（又称漕运）。

是啊，问题似乎已经解决了，答案很简单嘛，用船来运输粮食不就能又快又多地完成运输任务吗？那你干吗还要兜那么大的圈子呢？

关于这个问题，我可以用两个字来回答：

不通。

在当时，从南方主要产粮区到北方的河道是不通畅的，运河栓塞，河流改道给当时的河运带了极大的不便，除非明代的船只是水陆两用型，否则想一路顺风是绝对不可能的。明太祖朱元璋就在这上面吃过大亏，想当年他老人家打仗的时候，需要从南方向辽东、北平一带调集军粮，但河运不通，无奈之下，只好取道海路，经渤海运输，绕远路不说，还因为风浪太大，很不安全，十斤军粮能送到一半已经是谢天谢地了。

可是修整河道绝不是一件可以随便提出的事情，大家应该还记得，元朝灭亡的导火线就是治理河道。水利工程无论在哪个年代都绝对是国家重点投入的项目，需要大笔的金钱和众多的劳力。而且万一花钱太多，动摇了国家根本，问题可就严重了（隋炀帝的京杭大运河就是例子），所以这件事情和修书一样，不是强国盛世你连想都不要想。

朱棣的时代就是盛世。

经过洪武年间的长期恢复，加上朱棣正确的治国方略，当时的明朝已经有了足够的经济实力去完成以前无法想象的事情。《永乐大典》也修出来了，搞点水利自然不在话下。

永乐九年，朱棣命令工部尚书宋礼治理会通河，以保证河道的畅通，宋礼是

→ 明代运河

一个很有能力的水利专家，他完成了任务，此后漕运总督陈瑄进一步疏通了河道，从此南北漕运畅通无阻，所谓“南极江口，北尽大通桥，运道三千余里”，粮食问题最终得到了解决。

而迁都的其他工作也一直在紧张地进行之中，中央各部门的办公单位早在永乐七年就已经修好，而京城的建设工作于永乐十五年开始，一直进行了三十余年才

朱棣的迁都准备

提高地位：1403年，升北平为陪都，更名北京，改北平府为顺天府

发展经济：向北京大规模移民屯田，对象包括江浙、山西等省居民、流民、军士、工匠、囚徒

修建运河：1411年开始，治理会通河，改善南北运输问题

营造宫殿：1406年，下令次年正式营建北京宫殿，并重新改造整个北京城

参考消息　三大殿的失火

由于古代房屋多为木质结构，自北京紫禁城建好后的明清两代之中，宫殿群时有失火。而这当中，明朝就有三次，三大殿近乎全毁，这主要是建筑本身的弊端造成的。三大殿位于紫禁城的最高处，光汉白玉地基就有三层，计八米多高。太和殿身为三大殿之首，光房顶（重檐式）就有十四米高，而避雷设施落后，基本一打雷就中招。当时三大殿格局贯通，一殿起火很难不波及其他两殿。到了清代，匠人们受命在太和殿身后建起一排隔火用的围墙，三大殿才逃脱了“一损俱损”的命运。

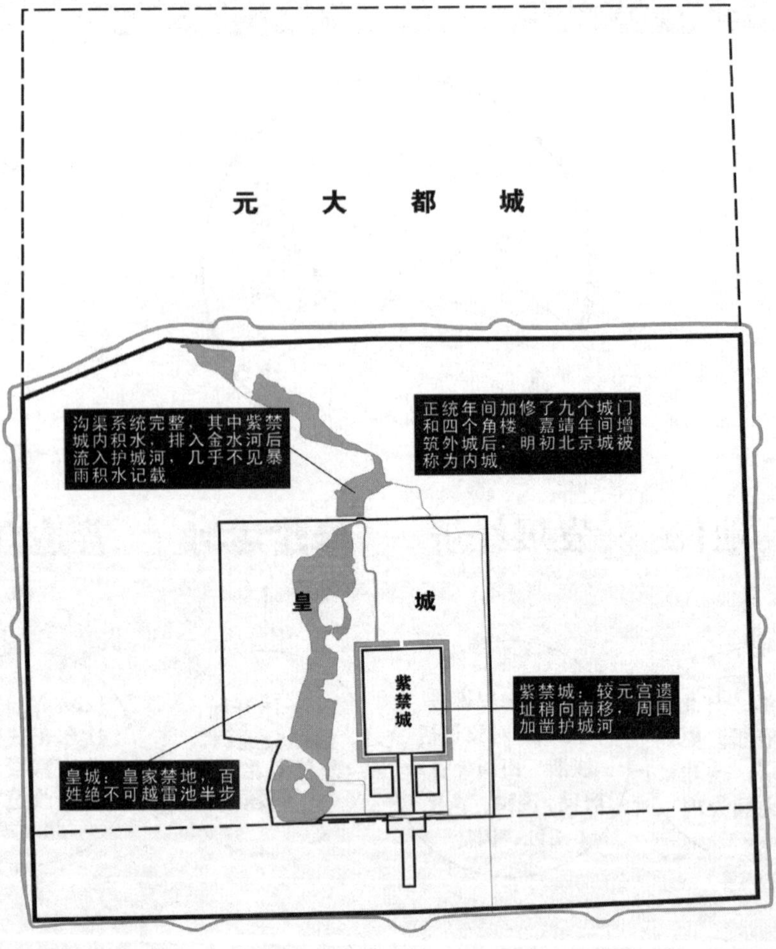

↑ 朱棣营建北京城

结束。

眼见机会成熟，朱棣于永乐十九年（1421）正式下令：迁都！

原先的京师改名为南京，北京作为明帝国新的都城被确定下来，从此北京这个城市正式成为了明朝首都，并一直延续了二百余年，但它的历史却并未随着明朝的灭亡而结束，相反，它一直富有生气地存在和发展着，并最终成为世界上最有影响力的城市之一。

当今天的我们徜徉在北京这个现代化都市，看着高楼林立、车水马龙的繁华景象时，不应该忘记，正是五百多年前的一个叫朱棣的人奠定了这一切的基础。

要说明的是，朱棣在建设北京时，是有着相当的现代意识的，他十分注意城市的整体规划，分别修建了数条主线和支线，把北京市区规划成形状整齐的方块，并制定了严厉的规定，禁止乱搭乱盖，还铺设了完整的下水道系统。

而现在我们看到的故宫和天坛等北京著名建筑，都是朱棣时代打下的基础（此后清朝曾经整修过）。特别值得一提的是故宫，它占地十七万平方米，征用无数劳力，用了二十年完成，它原先只是供皇帝居住的地方，老百姓绝对与之无缘，也没有买票参观这一说，但这并不能影响它在历史上的地位。现在故宫已作为中华民族的历史瑰宝成为我们每个中国人的骄傲。

无可否认，这正是朱棣的功绩，不能也无法抹杀。

值得一提的是，当年的迁都绝不是一帆风顺、众人响应的，实际上，根本没有几个人赞成朱棣的这一决策。

原因很简单，除了朱棣靖难带过来的那些人之外，朝廷大部分大臣都是长期在南方生活的，老婆孩子都在南京，狐朋狗友、社会关系也都在这里，谁愿意跟着朱棣去北方吹风？

恰好在迁都后不久，皇宫发生火灾，而且全国很多地方都出现自然灾害，当时人们称为“天灾”，大臣们自然而然地就把这些事情归结为——都是迁都惹的祸。

朱棣为人虽然够狠够绝，但毕竟自然科学理论知识修养不足，他也有点慌乱，便向群臣征求意见，以便弥补过失。

但他没有想到的是，大臣们却借此机会对他发起了猛烈的攻击。

许多大臣上书，陈说迁都的害处，并表示之所以有天灾，就是因为迁都造成的。其中主事萧仪的言辞最为激烈，史料记载“仪言之尤峻”，至于他到底说了些什么并未列出，但估计是骂了朱棣，大家知道，朱棣从来就不是个忍气吞声的人，他的回应也很干脆，直接就把萧仪杀掉了。

这下可捅了马蜂窝，要知道读书人可不是好惹的，自幼聆听圣贤之言，以天子门生自居，皇帝又怎么样？怕你不成？

于是众多大臣纷纷上书，言论如潮，还在午门外集会公开辩论，说是辩论会，但会上意见完全是一边倒，其实就是针对朱棣的集会，如果换个一般的皇帝，看到如此多的手下反对自己，很可能会动摇，但朱棣不是一般的皇帝，他坚持了自己的看法，坚定了迁都的决心。

“你们都不要再说了，迁都是我做的决定，一定要迁，我说了算，就这么办了！”

朱棣这样做是需要勇气的，他在反对者占多数的情况下，还敢于坚持观点，毫不退让，事实上，很多大臣提出的意见也是很中肯的，如迁都劳民伤财、引发贪污腐败等，都是客观存在的事实。但历史将会证明，朱棣的选择是正确的。

在历史上，经常会出现一些十分有水平的人物，他们能够在形势尚不明朗之前预见到事物将来的发展，如诸葛亮在破草房里就能琢磨出天下将来会三分等，但诸葛亮的这种琢磨是不需要成本的，即使他琢磨得不对，也没有人去找他麻烦。

容易出麻烦的是抉择，也就是说，必须牺牲某些眼前的利益去换来将来更长远的利益。这种抉择往往是极为痛苦的，因为眼前的利益是大家都能看到的，长远的利益却是看不到的，就好比你让大家丢下手中已有的钞票，跟着你去挖金矿，金矿固然诱人，但是否真有却着实要画个大问号，你说有就有？凭什么？

一百多年后伟大的改革家张居正就是栽倒在这种抉择上的，因为那些大臣们宁可抱着手上的那点家当等死，也不肯跟他去走那条未知的道路。

朱棣就是这样一个很有水平的领导，也是一个敢于抉择的领导，他知道迁都是一项大工程，耗时耗力，但他准确地判断出，影响明帝国的长治久安的最大因素就是北方的蒙古，要想将来平平安安过日子，就必须舍弃眼前的利益，迁都北京，否则明朝将难逃南宋的厄运。

与张居正相比，朱棣有一个优势——他是皇帝，而且还是一个铁腕皇帝，一个敢背骂名我行我素的皇帝，所以他能够一直坚持自己的信念，所以他终于完成了迁都这项艰难的工作。

朱棣迁都的行为招致了当时众人的反对，很多人也断言此举必不可行，但十九年后站在北京城头遥望远方的于谦应该不会这样想。

历史才是事物发展最终的判断者，在不久之后，它将毫无疑问地告诉每一个人：朱棣的抉择是正确的。

第十二章

郑和之后，再无郑和

○他历经坎坷 九死一生 终于实现了这一中国历史乃至世界历史上伟大的壮举 他率领庞大船队七下西洋 促进了明朝和东南亚 印度 非洲等国的和平交流 并向他们展示了一个强大 开明的国家的真实面貌

之前我们曾经介绍过，朱棣曾派出两路人去寻找建文帝，一路是胡濙，他的事情我们已经讲过了，这位胡濙的生平很多人都不熟悉，这也不奇怪，因为他从事的是秘密工作，大肆宣传是不好的。

但另一路人马的际遇却大不相同，不但闻名于当时，还名留青史，千古流芳。这就是鼎鼎大名的郑和舰队和他们七下西洋的壮举。

同样是执行秘密使命，境遇却如此不同，我们不禁要问：同样是人，差距怎么那么大呢？

原因很多，如队伍规模、附带使命等，但在我看来，能成就如此壮举，最大的功劳应当归于这支舰队的指挥者——伟大的郑和。

伟大这个词用在郑和身上是绝对不过分的，他不是皇室宗亲，也没有显赫的家世，但他以自己的努力和智慧成就了一段传奇——中国人的海上传奇，在郑和之前历史上有过无数的王侯将相，在他之后还会有很多，但郑和只有一个。

郑和之后，再无郑和。——梁启超

下面就让我们来介绍这位伟大航海家波澜壮阔的一生。

郑和，洪武四年（1371）出生，原名马三保，云南人，自小聪明好学，更为难得的是，他从小就对航海有着浓厚的兴趣，按说在当时的中国，航海并不是什么热门学科，而且云南也不是出海之地，为什么郑和会喜欢航海呢？

这是因为郑和是一名虔诚的伊斯兰教徒，他的祖父和父亲都信奉伊斯兰教，而所有的伊斯兰教徒心底都有着一个最大的愿望——去圣城麦加朝圣。

去麦加朝圣是全世界伊斯兰教徒的最大愿望，居住在麦加的教徒们是幸运的，因为他们可以时刻仰望圣地，但对于当时的郑和来说，这实在是一件极为不易的事情。麦加就在今天的沙特阿拉伯境内，有兴趣的朋友可以在地图上把麦加和云南连起来，再乘以比例尺，就知道有多远了。不过好在他的家庭经济条件并不差，他的祖父和父亲都曾经去过麦加，在郑和小时候，他的父亲经常对他讲述那朝圣途中破浪远航、跋山涉水的惊险经历和万里之外、异国他乡的奇人异事。这些都深深地影响了郑和。

也正是因此，幼年的郑和与他同龄的那些孩子并不一样，他没有坐在书桌前日复一日地背诵圣贤之言，以求将来图个功名，而是努力锻炼身体，学习与航海有关的知识，因为在他的心中，有着这样一个信念：有朝一日，必定乘风破浪，朝圣麦加。

如果他的一生就这么发展下去，也许在十余年后，他就能实现自己的愿望，完成一个平凡的伊斯兰教徒的夙愿，然后平凡地生活下去。

可是某些人注定是不会平凡地度过一生的，伟大的使命和事业似乎必定要由这些被上天选中的人去完成，即使有时是以十分残忍的方式。

洪武十四年（1381），傅友德、蓝玉奉朱元璋之命令，远征云南，明军势如破竹，仅用了半年时间就平定了云南全境，正是这次远征改变了郑和的命运。顺便提一句，在这次战役中，明军中的一名将领戚祥阵亡，他的牺牲为自己的家族换来了世袭武职，改变了自己家族的命运，从此他的子孙代代习武。这位戚祥只是个无名之辈，之所以这里要特意提到他，是因为他有一个十分争气的后代子孙——戚继光。

对于明朝政府和朱元璋来说，这不过是无数次远征中的一次，但对于郑和而言，这次远征是他人生的转折，痛苦而未知的转折。

战后，很多儿童成为了战俘，按说战俘就战俘吧，拉去干苦力也就是了，可当时对待儿童战俘有一个极为残忍的惯例——阉割。

这种惯例的目的不言而喻，也实在让人不忍多说，而年仅十一岁的马三保正是这些不幸孩子中的一员。

无数的梦想似乎都已经离他而去了，但历史已经无数次地告诉我们，悲剧的开端，往往也是荣耀的起点。

悲剧，还是荣耀，只取决于你，取决于你是否坚强。

从此，这个年仅十一岁的少年开始跟随明军征战四方，北方的风雪、大漠的黄沙，处处都留下了他的痕迹，以他的年龄，本应在家玩耍、嬉戏，却突然变成了战争中的一员，在那血流成河、尸横遍野的战场上飞奔。刀剑和长枪代替了木马和玩偶，在军营里，没有人会把他当孩子看，也不会有人去照顾和看护他，在战争中，谁也不能保证明天还能活下来，所以唯一可以照顾他的就是他自己。

可是一个十一岁的孩子怎么能照顾自己呢？

我们无法想象当年的马三保吃过多少苦，受过多少累，多少次死里逃生，我们知道的是，悲惨的遭遇并没有磨灭他心中的希望和信念，他顽强地活了下来，并最后成为了伟大的郑和。

总结历史上的名人（如朱元璋等）的童年经历，我们可以断言：小时候多吃点苦头，实在不是一件坏事。

在度过五年颠沛流离的生活后，他遇到了一个影响他一生的人，这个人就是朱棣。

当时的朱棣还是燕王，他一眼就看中了这个沉默寡言却又目光坚毅的少年，并挑选他做了自己的贴身侍卫，从此马三保就跟随朱棣左右，成为了他的亲信。

金子到哪里都是会发光的，马三保是个注定要成就大事业的人，在之后的靖难之战中，他跟随朱棣出生入死，立下大功，我们之前介绍过，在郑村坝之战中，朱棣正是采用他的计策，连破李景隆七营，大败南军。

朱棣从此也重新认识了这个贴身侍卫，永乐元年，朱棣登基后，立刻封马三保为内官监太监，这已经是内官的最高官职，永乐二年，朱棣又给予他更大的荣耀，赐姓“郑”，之后，他便改名为郑和，这个名字注定要光耀史册。

要知道，皇帝赐姓是明代至高无上的荣耀，后来的郑成功被皇帝赐姓后，便将之作为自己一生中的最大光荣，他的手下也称呼他为“国姓爷”，可见朱棣对郑和的评价之高。

上天要你受苦，往往会回报更多给你，这也是屡见不鲜的，郑和受到了朱棣的重用，成为了朝廷中炙手可热的人物，作为朱棣的臣子，他已经得到了很多别人想都不敢想的荣耀，想来当年的郑和应该也知足了。

但命运似乎一定要让他成为传奇人物，要让他流芳千古。更大的使命和光荣将会降临到他的头上，更大的事业将等待他去开创。

◆ 出航

朱棣安排郑和出海是有着深层次目的的，除了寻找建文帝外，郑和还肩负着威服四海、胸怀远人的使命，这大致也可以算是中国历史上的老传统，但凡强盛的朝代，必定会有这样的一些举动，如汉朝时候贯通东西的丝绸之路，唐朝时众多发展中国家及不发达国家留学生来到我国学习先进的科学文化技术，都是这一传统的表现。

中国强盛，万国景仰，这大概就是历来皇帝们最大的梦想吧，历史上的中国并没有太多的领土要求，这是因为我们一向都很自负，天朝上国，万物丰盛，何必去抢人家的破衣烂衫？

锋芒自有毕现之日，强盛于东方之中国的光辉是无法掩盖的，当它的先进和文明为世界所公认之时，威服四海的时刻自然也就到来了。

实话实说，在中国强盛之时，虽然也因其势力的扩大与外国发生过领土争端和战争（如唐与阿拉伯之战），也曾发动过对近邻国家的战争（如征高丽之战），但总体而言，中国的外交政策还是比较开明的，我们慷慨地给予外来者帮助，并将中华民族的先进科学文化成就传播到世界各地，四大发明就是最大的例证。

综合来看，我们可以用四个字来形容中国胸怀远人的传统和宗旨：

以德服人。

现在中国又成为了一个强盛的国家，经过长期的战乱和恢复，以及几位堪称劳动模范的皇帝的辛勤耕耘，此时的华夏大地已经成为了真正的太平盛世，人民安居乐业，国家粮银充足，是该做点什么的时候了。地上的事都折腾明白了，再折腾，就只能去海上了。

最先映入人们眼帘的就是西洋，需要说明的是西洋这个名词在明朝的意义与今日并不相同，当时的所谓西洋其实是现在的南洋，之前的朝代虽也曾派出船只远航过这些地区，但那只是比较单一的行动，并没有什么大的影响，海的那边到底有些什么，人们并不是十分清楚，而朱棣是一个与众不同的人，他之所以被认为是历史上少有的英明君主，绝非由于仁慈或是和善，而是因为他做了很多历史上从来没有人做过的事情。

现在，朱棣将把一件历史上从来没有人做过的事情交给郑和来完成，这是光荣，也是重托。

郑和成为下西洋舰队统帅的不二人选

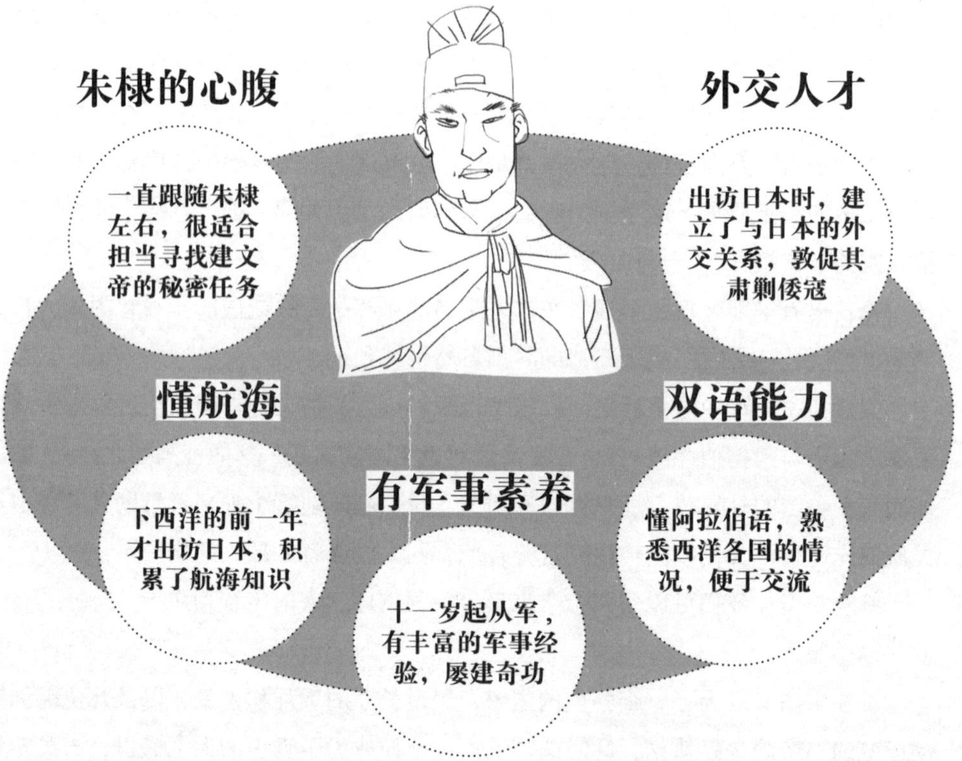

无论从哪个角度来看，郑和都是最合适的人选，他不但具有丰富的航海知识，还久经战争考验，军事素养很高，性格坚毅顽强，最后，他要去的西洋各国中有很多都信奉伊斯兰教，而郑和自己就是一个虔诚的穆斯林。

按说这只是一次航海任务而已，何必要派郑和这样一个复合型人才去呢，然而事实证明，郑和此次远航要面对的，绝不仅仅是大海而已。

历史将记住这个日子，永乐三年六月十五日（1405 年 7 月 11 日），郑和在福建五虎门起航，开始了中国历史上最伟大的远航征程，郑和站在船头，看着即将出发的庞大舰队和眼前的茫茫大海。

他明白自己此次航程所负的使命和职责，但他并不知道，此时此刻，他正在创造一段历史，将会被后人永远传颂的历史。

自幼年始向往的大海现在就在他的眼前，等待着他去征服！一段伟大的历程就要开始了！

扬帆！

◆ 无敌舰队

看了下面的介绍，相信你就会认同，除了无敌舰队外，实在没有别的词语可以形容他的这支船队。

托当年一代枭雄陈友谅的福，朱元璋对造船技术十分重视，这也难怪，当年老朱在与老陈的水战中吃了不少亏，连命也差点搭进去。在他的鼓励下，明朝的造船工艺有了极大的发展，据史料记载，当时郑和的船只中最大的叫做宝船，这船到底有多大呢，“大者，长四十四丈四尺，阔一十八丈；中者，长三十七丈，阔一十五丈”。大家可以自己换算一下，按照这个长度，郑和大可在航海之余举办个运动会，设置个百米跑道绝对不成问题。

而这条船的帆绝非我们电视上看到的那种单帆，让人难以想象的是，它有十二张帆！它的锚和舵也都是巨无霸型的，转动的时候需要几百人喊口号一起动手才能摆得动，南京市在上世纪五十年代曾经挖掘过明代宝船制造遗址，出土过一根木杆，这根木杆长十一米，问题来了，这根木杆是船上的哪个部位呢？

鉴定结论出来了，让所有的人都目瞪口呆，这根木杆不是人们预想中的桅杆，而是舵杆！

参考消息 **郑和的起程仪式**

郑和出海时，所有舰船分为五个纵队：前营、左营、中军、右营、后营。这其中，有旗舰，有护卫舰，有补给舰，还有其他各种专业船只。起锚前，要吹哱啰，即一种用海螺制成的号角。随着三声炮响，吹第一次哱啰，舰队逐一拔锚起碇；紧接着，中军船开始擂鼓，升行旗，第二次哱啰吹起，各船开始起篷升帆；然后第三次哱啰吹响后，郑和的无敌舰队起航，缓缓驶出港口。

郑和船队的鱼形编队

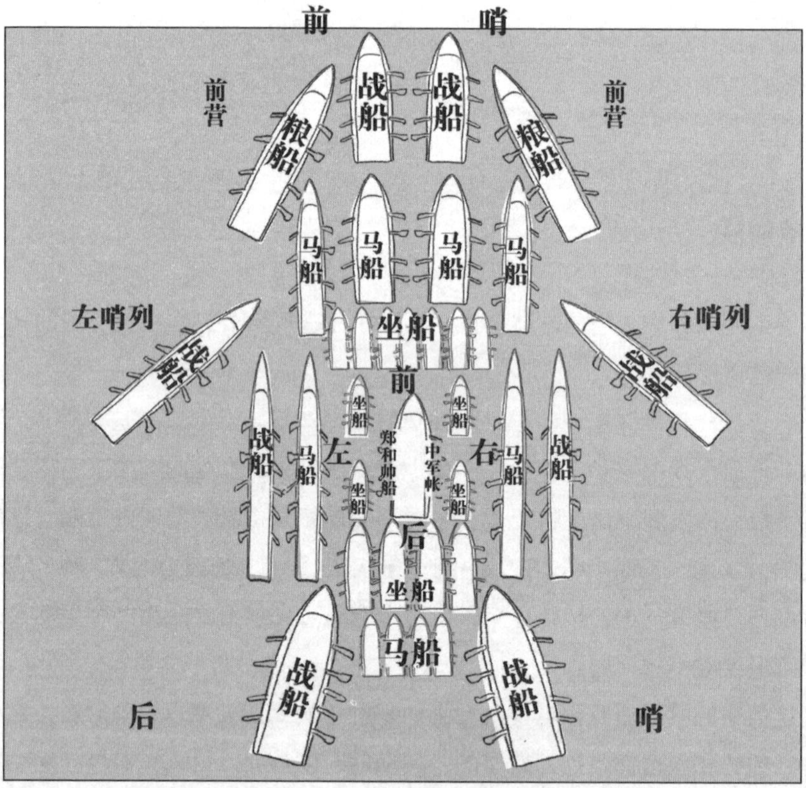

如果你不明白这是个什么概念，我可以说明一下，桅杆是什么大家应该清楚，所谓舵杆只不过是船只舵叶的控制联动杆，经过推算，这根舵杆连接的舵叶高度大约为六米左右。也就是说这条船的舵叶有三层楼高！

航空母舰，名副其实的航空母舰。

这种宝船就是郑和舰队的主力舰，也就是我们通常所说的旗舰，此外还有专门用于运输的马船，用于作战的战船，用于运粮食的粮船和专门在各大船只之间运人的水船。

郑和率领的就是这样的一支舰队。

他带了多少人下西洋呢？

“将士卒二万七千八百余人。”

说句实话，从这个数字看，这支船队无论如何也不像是去寻人或是办外交的，倒是很让人怀疑是出去找碴儿打仗的。但事实告诉我们，舰队所到之处，没有战争和鲜血，只有和平和友善。

强而不欺，威而不霸，是一个伟大国家和民族的气度与底蕴。

郑和的船队向南航行，首先到达了占城，然后他们自占城南下，半个月后到达爪哇（今印度尼西亚爪哇岛），此地是马六甲海峡的重要据点，但凡由马六甲海峡去非洲必经此地，在当时，这里也是一个人口稠密、物产丰富的地方，当然，当时这地方还没有统一的印度尼西亚政府。而且直到今天，我们也搞不清当时岛上的政府是由什么人组成的。

郑和的船队到达此地后，本想继续南下，但一场悲剧突然发生了，船队的航程被迫停止了，而郑和将面对他的航海生涯中的第一次艰难考验。

事情是这样的，当时统治爪哇国的有两个国王，互相之间开战，史料记载是“东王”和“西王”，至于到底是些什么人，那也是一笔糊涂账，反正是“西王”战胜了“东王”。“东王”战败后，国家也被灭了，“西王”准备秋后算账，正好此时，郑和船队经过“东王”的领地，“西王”手下的人杀红了眼，也没细看，竟然杀了船队上岸船员一百七十多人。

郑和得知这个消息后，感到十分意外，手下的士兵们听说这个巴掌大的地方武装居然敢杀大明的人，十分愤怒和激动，跑到郑和面前，声泪俱下，要求就地解决那个什么“西王”，让他上西天去做一个名副其实的王。

郑和冷静地看着围在他四周激动的下属，他明白，这些愤怒的人之所以没有动手攻打爪哇，只是因为还没有接到他的命令。

那些受害的船员中有很多人郑和都见过，大家辛辛苦苦跟随他下西洋，是为了完成使命，并不是来送命的，他们的无辜被杀郑和也很气愤，他完全有理由去攻打这位所谓的“西王”，而且毫无疑问，这是一场毫无悬念的战争，自己的军队装备了火炮和火枪等先进武器，而对手不过是当地的一些土著而已，只要他一声令下，自己的舰队将轻易获得胜利，并为死难的船员们报仇雪恨。

但他没有下达这样的命令。

他镇定地看着那些跃跃欲试的下属，告诉他们，决不能开战，因为我们负有更大的使命。

和平的使命。

如果我们现在开战，自然可以取得胜利，但那样就会偏离我们下西洋的原意，也会耽误我们的行程，更严重的是，打败爪哇的消息传到西洋各地，各国就会怀疑我们的来意，我们的使命就真的无法达成了。

郑和说完后，便力排众议，制止了部下的鲁莽行为，命令派出使者前往西王驻地交涉此事。

在手握重兵的情况下，能够保持清醒的头脑，克制自己的愤怒，以大局为重，这需要何等的忍耐力！郑和的行为不是懦弱，而是明智。

郑和需要面对的是忍耐，而那位西王面对的却是恐惧，极大的恐惧。

当他知道自己的下属杀掉了大明派来的舰队船员时，吓得魂不附体，立刻派出使者去郑和处反复解释误会，他又怕这样做不奏效，便命令派人连夜坐船赶到中国去谢罪，这倒不一定是因为他有多么惭愧和后悔，只是他明白，以大明的实力，要灭掉自己，就如同捏死一只蚂蚁那么简单。

朱棣得知此事后，称赞了郑和顾全大局的行为，并狠狠地教训了西王的使者，让他们赔偿六万两黄金（这个抚恤金的价码相当高），两年后，西王派人送上了赔偿金，只有一万两黄金，这倒不是因为他们敢于反悔，实在是这么个小岛即使挖地三尺也找不出六万两黄金来。

实在是没法子了，家里就这么点家当，该怎么着您就看着办吧。

当西王的使者忐忑不安地送上黄金后，却得到了他意想不到的回答，朱棣明确地告诉他，我早知你们是筹不出来的，要你们赔偿黄金，只不过是要你们明白自己的罪过而已，难道还缺你们那点金子吗？

朱棣的这一表示完全征服了爪哇，自此之后他们自发自觉地年年向中国进贡。

在这一事件中，郑和充分地体现了他冷静的思维和准确的判断能力，也说明朱棣看人的眼光实在独到。

在经过这段风波之后，郑和的船队一路南下，先后经过苏门答腊、锡兰山等地，一路上与西洋各国交流联系并开展贸易活动，这些国家也纷纷派出使者，跟随郑和船队航行，准备去中国向永乐皇帝朝贡。

带着贸易得来的物品和各国的使者，郑和到达了此次航行的终点——古里。

古里就是今天印度的科泽科德，位于印度半岛的西南端。此地是一个重要的中转站，早在洪武年间，朱元璋就曾派使者到过这里，而此次郑和前来，却有着另一个重要的使命。

由于古里的统治者曾多次派使者到中国朝贡，并向中国称臣，所以在永乐三年，明成祖给古里统治者发放诏书（委任状），正式封其为国王，并赐予印诰等物。当然了，古里人不一定像中国人一样使用印章，但既然是封国王，总是要搞点仪式意思一下的。

可是诏书写好了，却没那么容易送过去，因为这位受封的老兄还在印度待着呢，所以郑和此次是带着诏书来到古里的，他拿着诏书，以大明皇帝的名义正式封当地统治者为古里国王。从此两国关系更加紧密，此后郑和下西洋，皆以此地为中转站和落脚点。

在办完这件大事后，郑和开始准备回航，此时距离他出航时已经一年有余，他回顾了此次航程中的种种际遇，感慨良多，经历了那么多的风波，终于来到了这个叫古里的国家，完成了自己的最终使命。

这里物产丰富，风景优美，人们和善大度，友好热情，这一切都给郑和留下了极其深刻的印象。

留个纪念吧。

他带领属下和当地人一起建立了一个碑亭，并刻上碑文，以纪念这段历史，文曰：

其国去中国十万余里，民物咸若，熙同风，刻石于兹，永昭万世。

这是一座历史的里程碑。

宿命的安排，郑和不会想到，古里不但是他第一次航程的终点，也将会成为他传奇一生的终点！

第一次远航就这样完成了，船队浩浩荡荡地向着中国返航，然而上天似乎并不愿意郑和就这样风平浪静地回到祖国，它已经为这些急于回家的人们准备好了最后一道难关，而对于郑和和他的船队来说，这是一场真正的考验，一场生死攸关的考验。

自古以来，交通要道都绝不是什么安全的地方，因为很多原本靠天吃饭的人会发现其实靠路吃饭更有效，于是陆路上有了路霸，海上有了海盗，但无论陆路、海路，他们的开场白和口号都是一样的——要想从此过，留下买路财。

按说郑和的舰队似乎不应该受到这些骚扰，但这绝不是因为强盗们为这支舰队的和平使命而感动，而是军事实力的威慑作用。

即使是再凶悍的强盗，也要考虑抢劫的成本，像郑和这样带着几万士兵拿着火枪招摇过市，航空母舰上架大炮的主儿，实在是不好对付的。

北欧的海盗再猖獗，也不敢去抢西班牙的无敌舰队，干抢劫之前要先掂掂自己的斤两，这一原则早已被古今中外的诸多精明强盗们都牢记在心。

但这个世界上，有精明的强盗就必然有拙劣的强盗，一时头脑发热、误判形势，带支手枪就敢抢坦克的人也不是没有，下面我们要介绍的就是这样一位头脑发热的仁兄。

此人名叫陈祖义，他正准备开始自己人生中最大的一次抢劫。

当然，也是最后一次。

陈祖义，广东潮州人，洪武年间因为犯罪逃往海外，当年没有国际刑警组织，也没有引渡条例，所以也就没人再去管他，后来，他逃到了三佛齐（今属印度尼西亚）的渤林邦国，在国王麻那者巫里手下当上了大将。

真是厉害，这位陈祖义不过是个逃犯，原先也没发现他担任过什么职务，最多是个村长，到了这个渤林邦国（不好意思，我实在不知道是现在的哪个地方），居然成了重臣，中国真是多人才啊。

更厉害的还在后面，国王死后，他召集了一批海盗，自立为王，就这样，这位陈祖义成为了渤林邦国的国王。

以上就是陈祖义先生的奋斗成功史，估计也算不上为国争光吧。

陈祖义有了兵（海盗），便经常在马六甲海峡附近干起老本行——抢劫，这也很正常，他手下的都是海盗，海盗不去打劫还能干啥，周围的国家深受其害，但由于这些国家都很弱小，也奈何不得陈祖义。

就这样，陈祖义的胆子和胃口都越来越大，逐渐演变到专门打劫大船、商船，猖獗了很多年，直到他遇到了郑和。

郑和的船队浩浩荡荡地开过三佛齐时，刚好撞到陈祖义，郑和对此人也早有耳闻，便做好了战斗准备，而陈祖义却做出了一个让所有人都意想不到的决定。

他决定向郑和投降。

要知道，陈祖义虽然贪婪，但却绝不是个疯子，他能够混到国王的位置（实际只是一个小部落），也是不容易的，看着那些堪称庞然大物的战船和黑洞洞的炮口，但凡神志清醒的人都不会甘愿当炮灰的。

但海盗毕竟是海盗，陈祖义的投降只不过是权宜之计，郑和船上的那些金银财宝是最大的诱惑，在陈祖义看来只要干成了这一票，今后就一辈子吃穿不愁了。

但要怎么干呢，硬拼肯定是不行了，那就智取！

陈祖义决定利用假投降麻痹郑和，然后召集大批海盗趁官军不备突袭郑和旗舰，控制中枢打乱明军部署，各个击破。

应该说这算是个不错的计划，就陈祖义的实力而言，他也只能选择这样的计划，在经过精心筹划之后，他信心满满地开始布置各项抢劫前的准备工作。

在陈祖义看来，郑和是一只羊，一只能够给他带来巨大财富的肥羊。

很快就要发财了。

陈祖义为了圆满完成这次打劫任务，四处寻找同伙，七拼八凑之下，居然也被他找到了五千多人，战船二十余艘，于是他带领属下踌躇满志地向明军战船逼近，准备打明军一个措手不及。

不出陈祖义所料，明军船队毫无动静，连船上的哨兵也比平日要少，陈祖义大喜，命令手下海盗发动进攻，然而就在此时，明军船队突然杀声四起，火炮齐鸣，陈祖义的船队被分割包围,成了大炮的靶子。目瞪口呆的海盗们黄粱美梦还没有醒，就去了黄泉。

陈祖义终于明白，自己已经中了明军的埋伏，这下是彻底完蛋了。

训练有素的明军给这些纪律松散的海盗们上了一堂军事训练课，他们迅速解决了战斗，全歼海盗五千余人，击沉敌船十余艘，并俘获多艘，而此次行动的组织者陈祖义也被活捉。

陈祖义做梦也想不到，那个一脸和气接受他投降的郑和突然从肥羊变成了猛虎，他有一种上当的感觉。

其实陈祖义之前之所以会认为自己必胜无疑，一方面是出于自信，另一方面则是因为他不了解郑和是一个什么样的人。

可能陈祖义是在三佛齐待久了，还当上了部落头，每天被一群人当主子供着，就真把自己当回事了，其实从两个人的身份就可以看出来，陈祖义是在中国混不下去了才逃出来的一般犯人，而郑和却是千里挑一的佼佼者！

陈祖义长期以来带着他的海盗部下打劫船只，最多也就指挥几千人，都没有遇到什么抵抗，他似乎天真地以为打仗就这么简单，这个叫郑和的人也必然会成为他的手下败将。

而郑和从十一岁起就已经从军，有着丰富的军事经验，他在朱棣手下身经百战，参加的都是指挥几十万军队的大战役，还曾经和那个时代最优秀的将领铁铉、盛庸、平安等人上阵交锋，那些超级猛人都奈何不了他，何况小小的海盗头陈祖义。

陈祖义的这些花招根本逃不过郑和的眼睛，郑和之所以没有立刻揭穿陈祖义，是因为他决定将计就计，设置一个更好的圈套让陈祖义跳进去，等到他把四周的海盗都找来，才方便一网打尽。此外，在郑和看来，活捉陈祖义很有必要，因为这个人将来可以派上用场。至于派上什么用场，我们下面会介绍。

在清除了这些海盗后，郑和继续扬帆向祖国挺进，永乐五年九月，郑和光荣完成使命，回到了京城，并受到了朱棣的热烈欢迎和接见。

此时，陈祖义成为了一个有用的人，由于他本就是逃犯，又干过海盗，为纪念此次航海使命的完成和清除海盗行动的成功，朱棣下令当着各国使者的面杀掉了陈祖义，并斩首示众，警示他人。这么看来，陈祖义多少也算为宣传事业做出了点贡献。

这次创造历史的远航虽然没有找到建文帝，却带来了一大堆西洋各国的使者，

参考消息 **泰国的华人皇帝**

除了陈祖义外，还有一位中国人当过外国的皇帝，他叫郑信。郑信的父亲是广东人，后来南渡到泰国谋生。郑信小时候聪明出众，被大臣昭披耶节基收为义子，后平步青云，被封为哒府侯王。后来缅甸大军来犯，国王死在逃亡路上。郑信在泰国东部起兵，取得了胜利，被推举为王，建立吞武里王朝。在任上，郑信开疆扩土，不仅统一了全国，还从缅甸人手中夺回了北方重镇清迈，泰国的国力达到鼎盛。

这些使者见证了大明的强盛，十分景仰，纷纷向大明朝贡，而朱棣也终于体会到了君临万邦的滋味。

国家强盛就是好啊，感觉实在不错。

而朱棣也从他们那里知道了很多远方国家的风土人情，他还得知在更遥远的地方，有着皮肤黝黑的民族和他们那神秘的国度。

这实在是一件很有意思的事情，不但可以探访以往不知道的世界，还能够将大明帝国的威名传播海外，顺道做点生意，何乐而不为呢，虽然出航的费用高了点，但这点钱大明朝还是拿得出来的，谁让咱有钱呢？

于是，在朱棣的全力支持下，郑和继续着他的远航，此后，他分别于永乐五年九月（1407）、永乐七年（1409）九月、永乐十一年（1413）冬、永乐十五年（1417）冬、永乐十九年（1421）春，五次率领船队下西洋。

这五次的航海过程与第一次比较类似，除了路线不同、到达地方不同、路上遇事不同外，其他基本相同，所以这里就不一一阐述了。

郑和在之后的五次下西洋的主要目的已经转变为了和平交流和官方贸易，当然他和他的舰队在这几次航程中也干过一些小事，如下：

一、调节国家矛盾，维护世界和平（暹罗与苏门答腊）；

二、收拾拦路打劫的、不听招呼的国家（锡兰山国），把国王抓回中国坐牢（够狠）；

三、带其他国家国王到中国观光（苏禄国代表团，国王亲自带队，总计人数三百四十余人，吃了一个多月才回去）；

四、带回了中国人向往几千年的野兽——麒麟（后来证实是长颈鹿）。

（这么总结一下，发现这些似乎也不是小事。）

经过郑和的努力，西洋各国与明朝建立了良好的关系，虽然彼此之间生活习惯不同，国力相差很大，但开放的大明并未因此对这些国家另眼相看，它以自己的文明和宽容真正从心底征服了这些国家。

大明统治下的中国并没有在船队上架上高音喇叭，宣扬自己是为了和平友善而来，正如后来那些拿着圣经，乘坐着几艘小船，高声叫嚷自己是为了传播福音而来

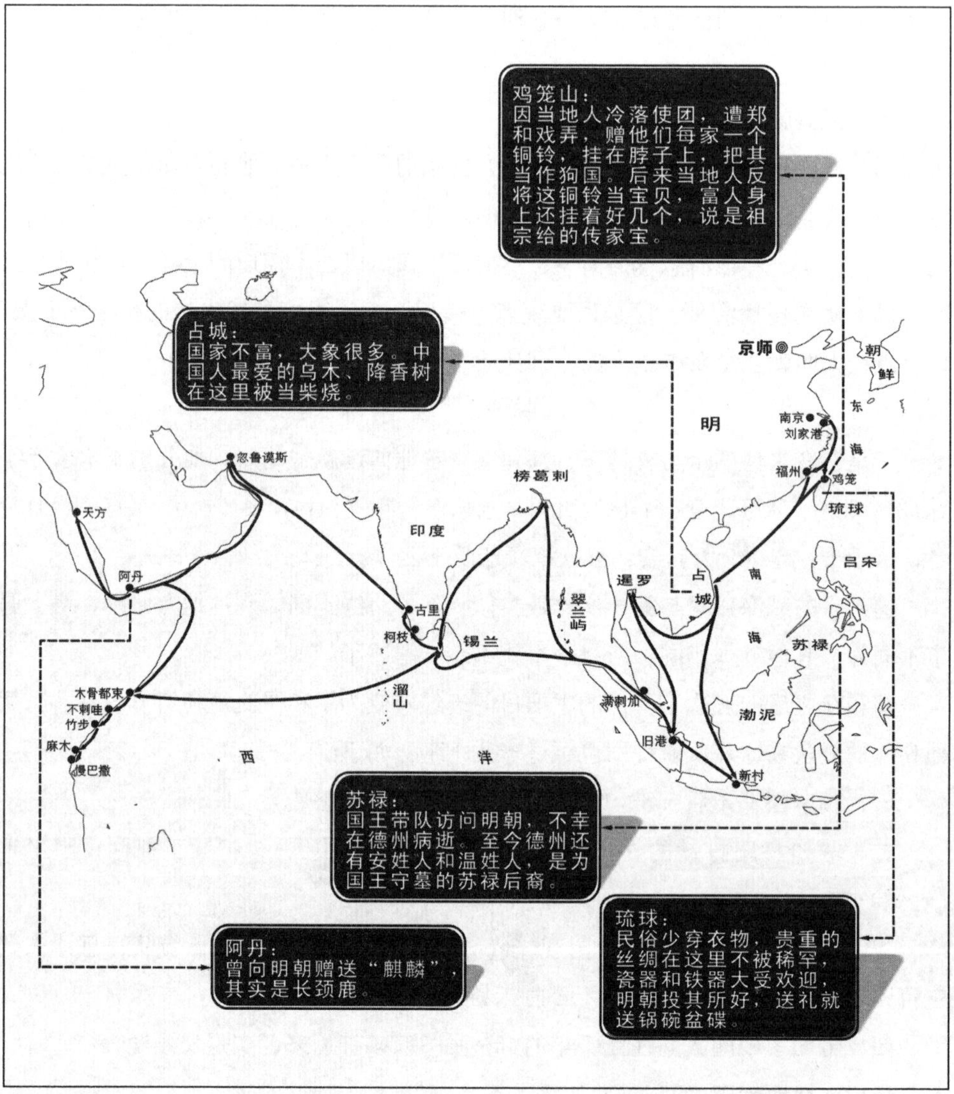

↑ 郑和下西洋

的西方人。

郑和的船队带来的是丰富的贸易品和援助品（某些国家确实很穷），他的船队从未主动攻击过，即使是自卫也很有分寸（如那位锡兰山国王，后来也被放了回去），从不仗势欺人（虽然他们确实有这个资本），西洋各国的人们，无论人种，无论贫富，心里都是有数的。

而西方探险家们在经历最初的惊奇后，很快发现这些国家有着巨大的财富，却没有强大的军事实力，于是他们用各种暴力手段，杀人放火，只是为了抢夺本就属于当地人的财产。

南非的一位著名政治家曾经说过：西方人来到我们面前时，手中拿着圣经，我们手中有黄金。后来就变成了，他们手中有黄金，我们手中拿着圣经。

这是一个十分中肯的评价，对于那些西方人，中肯到了极点。

即使他们最终被这些西方人所征服，但他们绝不会放弃反抗，他们会争取到自由的那一天，因为这种蛮横的征服是不可能稳固的。

要相信群众，群众的眼睛是雪亮的。

以德服人，绝对不是一句笑话，君不见今日某大国在世界上呼东喝西，指南打北，很是威风，却也是麻烦不断，反抗四起。

暴力可以成为解决问题的后盾，但绝对不能解决问题。

当时世界上最强大的大明朝在拥有压倒性军事优势的情况下，能够平等对待那些小国，并尊重他们的主权和领土完整，给予而不抢掠，是很不简单的。

它不是武力征服者，却用自己友好的行动真正征服了航海沿途几乎所有的国家。

这种征服是心底的征服，它存在于每一个人的心中。用今天的话说，叫服气。

在我看来，这才是真正的征服。

除圆满完成外交使命之外，郑和还成功地开辟了新的航线，他发现经过印度古里（今科泽科德）和溜山（今马尔代夫群岛），可以避开风暴区，直接到达阿拉伯半岛红海沿岸和东非国家。这是一个了不起的成就。

在前六次航程中，郑和的船队最远到达了非洲东岸，并留下了自己的足迹。他们拜访了许多国家，包括今天的索马里、莫桑比克、肯尼亚等国，这也是古代中国人到达过的最远的地方。

一切的荣誉，都属于他。

然而，到此为止了，一个不幸的消息沉重地打击了他，永乐二十二年（1424），最支持他的航海活动的朱棣去世了，大家忙着争权夺位，谁也没心思去理睬这个已经年近花甲、头发斑白的老人和他那似乎不切实际的航海壮举。

郑和被冷落了，他突然之间就变成了一个无人理会、无任何用处的人，等待他的可能只有退休养老这条路了。

幼年的梦想终归还是没能实现啊，永乐皇帝已经去世了，远航也就此结束了吧！

上天终究没有再次打击这位历经坎坷的老者，他给了郑和实现梦想的机会。

宣德五年（1431），宣德帝朱瞻基突然让人去寻找郑和，并亲自召见了他，告诉他：立刻组织远航，再下西洋！

此时距离上次航行已经过去了七年之久，很多准备工作都要重新做起，工作十分艰巨，但郑和仍然十分兴奋，他认为，新皇帝会继续永乐大帝的遗志，不断继续下西洋的航程。

事实证明，郑和实在是过于天真了，对于朱瞻基而言，这次远航有着另外的目的，只不过是权宜之计而已，并非一系列航海活动的开始，恰恰相反，是结束。

朱瞻基为什么要重新启动航海计划呢，我引用他诏书上的一段文字，大家看了就清楚了，摘抄如下：

“朕祗嗣太祖高皇帝（这个大家比较熟悉），太宗文皇帝（朱棣、爷爷）、仁宗昭皇帝（朱高炽、爹）大统，君临万邦，体祖宗之至仁，普辑宁于庶类，已大赦天下，纪元宣德，咸与维新。尔诸番国远外海外，未有闻知，兹特遣太监郑和、王景弘等赍诏往谕，其各敬顺天道，抚辑人民，以共享太平之福。”

看明白了吧，这位新科皇帝收拾掉自己的叔叔（这个后面会详细讲）后，经过几年时间，稳固了皇位，终于也动起了君临万邦的念头，但问题在于，“万邦”比较远，还不通公路，你要让人家来朝贡，先得告诉人家才行。想来想去，只能再次起用郑和，目的也很明确：告诉所有的人，皇帝轮流做，终于到我朱瞻基了！

不管朱瞻基的目的何在，此时的郑和是幸福的，他终于从众人的冷落中走了出来，有机会去实现自己的梦想。

作为皇帝的臣子，郑和的第一任务就是完成国家交给他的重任，而他那强烈的愿望只能埋藏在心底，从几岁的顽童到年近花甲的老者，他一直在等待着，现在是时候了。

宣德六年十二月，郑和又一次出航了，他看着跟随自己二十余年的属下和老船工，回想起当年第一次出航的盛况，不禁感慨万千。经历了那么多的风波，现在终于可以实现梦想了！

他回望了不断远去而模糊的大陆海岸线一眼，心中充满了惆怅和喜悦，又要离开自己的祖国了，前往异国的彼岸，和从前六次一样。

但郑和想不到的是，这次回望将是他投向祖国的最后一瞥，他永远也无法回来了。

◆ 最后的归宿

郑和的船队越过马六甲海峡，将消息传递给各个国家，然后穿越曼德海峡，沿红海北上，驶往郑和几十年来日思夜想的地方——麦加。

伊斯兰教派有三大圣地，分别是麦加、麦地那、耶路撒冷。其中麦加是第一圣地，伟大的穆罕默德就在这里创建了伊斯兰教。穆斯林一生最大的荣耀就是到此地朝圣。

这也是郑和的梦想，他梦想着能像他的父亲一样，触摸到那神圣的圣石，实现自己的梦想。

没有任何史料能够确凿地告诉我们，他是否实现了这个梦想。但我希望，他实现了。

这是一次长达五十余年的旅程。五十年前，梦想开始，五十年后，梦想实现。这正是郑和那传奇一生的轨迹。

从幸福的幼年到苦难的童年，再到风云变幻的成年，如今他已经是一个风烛残年的老者，经历残酷的战场厮杀，尔虞我诈的权谋诡计，还有那浩瀚大海上的风风雨雨、惊涛骇浪，无数次的考验和折磨终于都挺过来了。

我已别无所求。

船队开始归航，使命已经完成，梦想也已实现，是时候回家了。

但郑和却再也回不去了。

长期的航海生活几乎燃尽了郑和所有的精力，在归航途中，他终于病倒了，而且一病不起，当船只到达郑和第一次远航的终点古里时，郑和的生命终于走到了尽头。

郑和的一生

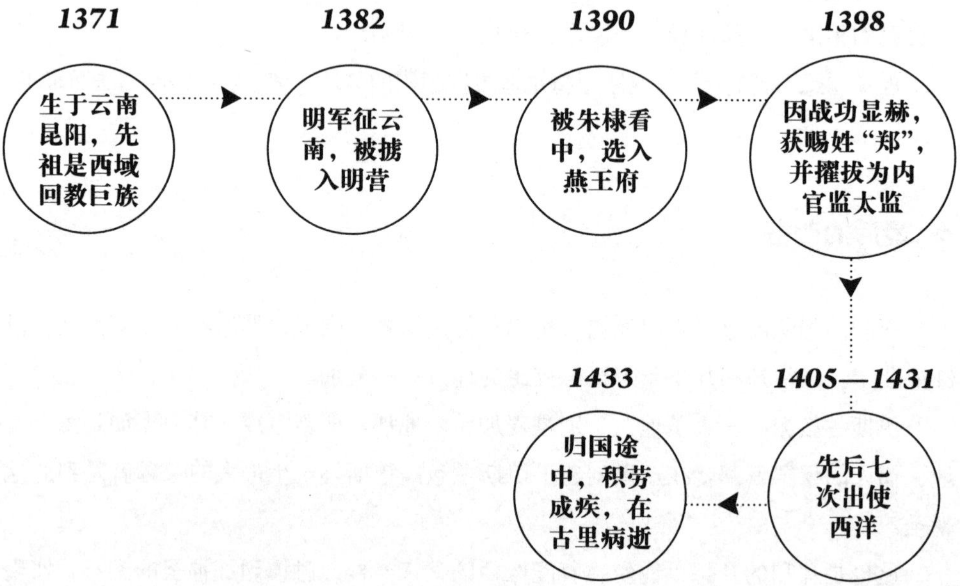

伟大的航海家郑和就此结束了他的一生，由于他幼年的不幸遭遇，他没有能够成家、留下子女，但这并不妨碍他成为一个伟大的、为后人怀念的人。

他历经坎坷，九死一生，终于实现了这一中国历史乃至世界历史上伟大的壮举，他率领庞大船队七下西洋，促进了明朝和东南亚、印度、非洲等地区和国家的和平交流，并向他们展示了一个强大、开明的国家的真实面貌。

虽然他的个人生活是不幸的，也没有能够享受到夫妻之情和天伦之乐。但他却用自己的行动为我们留下了一段传奇，一段中国人的海上传奇。

而创造这段传奇的郑和，是一个英雄，一个真正的英雄，是我们这个国家和民族的骄傲。

古里成为了郑和最后到达的地方，似乎是一种天意，二十多年前，他第一次抵达这里，意气风发之余，立下了“刻石于兹，永昭万世”的豪言壮语。二十多年后，他心满意足地在这里结束了自己传奇的一生。

郑和，再看一眼神秘而深邃的大海吧，那里才是你真正的归宿，你永远属于那里。

古里的人们再也没有能够看到大明的船队，郑和之后，再无郑和。

六十多年后，一支由四艘船只组成的船队又来到了古里，这支船队的率领者叫达 · 伽马。

这些葡萄牙人上岸后的第一件事就是四处寻找所谓的财宝，当他们得知这里盛产香料、丝绸时，欣喜若狂，这下真的要发财了。

找到这个可以发大财的地方后，达 · 伽马十分得意，便在古里竖立了一根标柱，用他自己的话说，这根标柱象征着葡萄牙的主权。

在别人的土地上树立自己的主权，这是什么逻辑？其实也不用奇怪，这位达 · 伽马在他的这次航行的所到之地都竖了类似的标柱，用这种乱搭乱建的方式去树立他所谓的主权，这就是西方殖民者的逻辑。

然而这位顶着冒险家头衔的殖民者永远也不会知道，早在六十多年前，有一个叫郑和的人率领着大明国的庞大舰队来过这里，并树立了一座丰碑。

一座代表和平与友好的丰碑。

第十三章

纵横天下

○我们经常会产生一个疑问 那就是怎样才能获得其他国家及其人民的尊重 在世界上风光自豪一把 其实答案很简单 国家强大

让我们回到永乐大帝的时代，在朱棣的统治下，国泰民安，修书、迁都、远航这些事情都在有条不紊地进行着，此时的中国是亚洲乃至世界上最强大的国家之一，如果考虑到同时代的东罗马帝国已经奄奄一息，英法百年战争还在打，哈布斯堡家族外强中干，德意志帝国四分五裂，我们似乎也可以把前面那句话中的“之一”两字去掉。

我们经常会产生一个疑问，那就是怎样才能获得其他国家及其人民的尊重，在世界上风光自豪一把，其实答案很简单——国家强大。

明朝在这方面就是一个典型的例子。

自元朝中期，国力衰落后，原先那威风凛凛横跨欧亚的蒙古帝国就已经成为了空架子，元朝皇帝成了名义上的统治者，很多国家再也不来朝贡，甚至断绝了联系。

生了病的老虎非但不是老虎，连猫都不如。

而自从朱元璋接手这个烂摊子后，励精图治，努力发展生产，国力渐渐强盛，而等到朱棣继位，大明帝国更是扶摇直上，威名远播。

于是那些已经“失踪”很久的各国使臣又纷纷出现，进贡的进贡，朝拜的朝拜，不过你可千万别把这些表面上的礼仪当真，要知道，他们进贡、朝拜后，是有回报的，即所谓的“锦绮、纱罗、金银、细软之物赐之”，要是国家不强盛，没有钱，你看他还来不来拜你？

之前我们说过，洪武年间，朝鲜成为了明朝的属国，自此之后，朝鲜国凡册立太子、国王登基必先告知明朝皇帝，并获得皇帝的许可和正式册封，方可生效。永乐元年，新任国王李芳远即派遣使臣到中国朝贡，此惯例之后二百余年一直未变。

而郑和下西洋后，许多东南亚国家也纷纷前来朝贡，不过其中某些国家的朝贡方式十分特别。

按说朝贡只要派个大臣充当使者来就行了，但某些国家的使臣竟然就是他们的国王！

据统计，仅在永乐年间，与郑和下西洋有关的东南亚及非洲国家使节来华共三百余次，平均每年十余次，盛况空前。而文莱、满剌加、苏禄、古麻剌朗国每次来到中国的使团都是国王带队，而且这些国王来访绝不像今天的国家元首访问，待个两三天就走，他们往往要住上一两个月，带着几百个使团成员吃好玩好再走，与其说是使团，更类似观光旅游团。

让人吃惊的还在后面，在这一系列过程中，居然有多达三位国王在率团访问期间在中国病逝，更让人难以置信的是，他们是如此的钦慕中国，在遗嘱中竟都表示要将自己葬于中华大地。而明朝政府尊重他们的选择，按照亲王的礼仪厚葬了他们。

贵为一国之君，死后竟不愿回故土，而宁愿埋葬于异国他乡之中国，可见当年大明之吸引力。

此外，当时的琉球群岛三国：中山、山南、山北，也纷纷派遣使臣来到中国朝贡，其中中山最强，也是最先来的，山南、山北也十分积极，不但定期朝贡，还派

参考消息 **琉球朝贡**

琉球有三国：中山为强，山南次之，山北最弱。永乐二年五月，继中山王世子袭位后，没有继承人的山南王也派人请封从弟为储。山南使者办完正事儿之后，居然跑到景德镇私购官窑瓷器，打算带回国高价转手。官窑生产的瓷器，仅供官内使用，或由皇帝赏赐。私购官窑瓷器，按照大明律是要判刑的。朱棣知道后，极为大度地为他开脱：“大老远来了，想赚点钱而已，不足论罪。”遂将其释放。

遣许多官方子弟来到中国学习先进文化。

而亚洲另一个国家的朝贡也是值得仔细一说的，这个国家就是近现代与中国打过许多交道的日本。

在当时无数的朝贡使团中，也有日本的身影，永乐元年，日本的实际统治者源道义派遣使臣到中国朝贡，当时朝贡国家很多，大都平安无事，可偏偏日本的朝贡团就出了问题。

什么问题呢？原来当时的明朝政府是允许外国使臣携带兵器的，但这些日本朝贡团却不同其他，他们不但自己佩刀，还往往携带大量兵器入境。在完成外交使命后，他们竟然私自将带来的大批武士刀在市场上公开出售，顺便赚点外快（估计也是因为没有其他的东西可卖）。按照今天海关和工商局的讲法，这种行为是携带超过合理自用范围的违禁品，并在没有经营许可证的情况下擅自出售，应予处罚，大臣李至刚就建议将违禁者抓起来关两天，教训他们一下。

在这个问题上，朱棣显示了开明的态度，他认为日本人冒着掉到海里喂王八的危险，这么远来一趟不容易，就批准他们公开在市场上出售兵器（外夷修贡，履险蹈危，所费实多……毋阻向化）。

可能有的朋友已经注意到了，我们在上文中并没有说日本国王或是日本天皇，而是用了一个词——实际统治者。因为之后我们还要和这个叫日本的国家打很多交道，这里就先解释一下这样称呼的原因，下面我们将暂时离开明朝，进入日本历史。

在日本，天皇一直是至高无上的统治者，但天皇实际统治的时间并不长，真正的实权往往掌控在拥有土地和士兵的大臣手上，他们才是这个国家真正的统治者。到了公元十三世纪，随着一件事情的发生，这个倾向进一步深化。

这件事就是日本历史上著名的源平合战，源平两家都是日本著名的武士家族，当时源氏的领军人物源赖朝在他的弟弟、日本第一传奇人物源义经的帮助下打败了平氏，获得了日本的统治权。

源赖朝是日本历史上著名的政治家，后来的德川家康一直奉此人为偶像。他为了更好地控制政权，在京都之外建立了幕府，作为武士统治的基地。由于幕府建在镰仓，日本史称镰仓幕府。源赖朝还给了自己一个特别的封号——征夷大将军，这就是后来日本历史上所谓幕府将军的来历。

而那位永乐年间来朝贡的源道义就是当时的日本将军，当然，在明朝和之后的清朝史书中都是找不到日本将军这个称呼的，对于这个来历复杂、不清不楚的将军，中国史书全部统称日本王，这倒也是理所应当的，毕竟名分再怎么乱、怎么复杂，那也是日本自己的事情。

也正是由于这一原因，日本的国家政治和发布政令（包括发动侵略战争）都是由占据统治地位的将军或实权大臣（如丰臣秀吉就不是将军，而是关白）主使的。

当然了，近现代发动甲午战争和侵华战争的那几位仁兄除外（明治维新之后，天皇已经掌握了实权）。

但在当时，在强大的明朝面前，日本还是表现得比较友好的，虽然这种友好只是表面上的、暂时的。

永乐三年，日本国派遣使臣向明朝朝贡，此时中国沿海一带已经出现较多倭寇，他们经常四处打家劫舍，杀人放火，朱棣大发雷霆，他严厉质问日本使臣，并让他带话回去，要日本国王（将军）好好管管这件事情。这番辞令换成今天的外交语言来说，应该是，如果日本不管，由此造成的一切后果将由日方负责等。如果按照朱棣的性格直说，那就是，如果你不管，我替你管。

当时的日本将军是个聪明人，他明白朱棣这番话的含义，便马上发兵，剿灭了那些作乱的人，并把其中带头的二十个人押送到了中国，朱棣十分满意，他也给足了日本将军面子，又让他们把这些人押回日本自己处置。

可是朱棣没有想到的是，使臣走到宁波时，觉得这些人带来带去太麻烦，占位置不说还费粮食，就地把他们解决了，还是用比较特别的方式——“蒸杀之”。

从此事可以看出，当时的日本是很识时务的。

但好景不长，不久之后，明朝派遣使臣去日本，日本将军竟然私自扣押明朝使臣，此后，日本停止向明朝朝贡，两国关系陷入低谷。

总体而言，当时的大多数国家与明朝的关系都是极为融洽的，而在明帝国的西北部，西域各国也与明朝恢复了联系，并开始向明朝朝贡。

此时的明朝，疆域虽然不及元朝，但已北抵蒙古，西达西域，东北控制女真，西南拥有西藏，并有朝鲜、安南（今越南）为属国，其影响力和控制力更是远播四方。

如此辽阔之疆域，如此强大之影响力，当时的大明已经成为堪与汉唐媲美的强大帝国。

在大明帝国统治下的百姓们终于摆脱了战乱和流浪，不再畏惧异族的侵扰，因为这个强大的国家足可以让他们引以为傲。

◆ 西南边疆的阴谋

虽然明帝国十分强大，但捣乱的邻居还是有的，也多多少少带来了一些麻烦，而最早出现麻烦的地方，就是安南。

安南（今越南），又称交阯，汉唐时为中国的一部分，到了五代时候，中原地区打得昏天黑地，谁也没时间管它，安南便独立了，但仍然是中国的属国，且交往密切。明洪武年间，朱元璋曾册封过安南国王陈氏，双方关系良好，自此安南仿效朝鲜，向大明朝贡，且凡国王继位等大事都要向大明皇帝报告，得到正式册封后方可确认为合法。

然而在建文帝时期，安南的平静被打破了，它的国内发生了一件惊天动地的大事，由于有人及时封锁了消息，大明对此一无所知。

永乐元年，安南国王照例派人朝贺，朱棣和礼部的官员都惊奇地发现，在朝贺文书上，安南国王不再姓陈，而是姓胡。文书中还自称陈氏无后，自己是陈氏外甥，被百姓拥立为国王，请求得到大明皇帝的册封。

这篇文书看上去并没有什么破绽，事情似乎也合情合理，但政治经验丰富的朱棣感觉到其中一定有问题，便派遣礼部官员到安南探访实情。

被派出的官员名叫杨渤，他带着随从到了安南，由于某些未知原因，他在安南转了一圈，回朝后便证明安南国王所说属实，并无虚构。朱棣这才相信，正式册封其为安南国王。

于是安南的秘密被继续掩盖。

事后看来，这位杨渤如果不是犯了形式主义错误，就是犯了受贿罪。

但黑幕终究会被揭开的。

永乐二年，安南国大臣裴伯耆突然出现在中国，并说有紧急事情向皇帝禀报，他随即被送往京城，在得到朱棣接见后，他终于以见证人的身份说出了安南事件的真相。

原来在建文帝时期，安南丞相黎季犛突然发难，杀害了原来的国王及拥护国王的大臣，此后他改名为胡一元，并传位给他的儿子胡奃，并设计欺骗大明皇帝，骗取封号。

裴伯耆实在是一等一的忠臣，说得声泪俱下，还写了一封书信，其中有几句话实在感人:“臣不自量，敢效申包胥之忠，哀鸣阙下，伏愿兴吊伐之师，隆继绝之义，荡除奸凶，复立陈氏，臣死且不朽！”

裴伯耆慷慨陈词，然而效果却不是很好，因为朱棣是一个饱经政治风雨的权场老手，对这一说法也是将信将疑。而且从裴伯耆的书信看来，很明显，此人的用意在于借明朝的大军讨伐安南，这是一件大事，朱棣是不可能仅听一面之词就发兵的。于是，朱棣并没有马上行动，而是安排裴伯耆先住下，容后再谈。

然而同年八月，另一个不速之客的到来打破了朱棣的沉默。

这个人就是原先安南陈氏国王的弟弟陈天平，他也来到了京城，并证实了裴伯耆的说法。

这下朱棣就为难了，如果此二人所说的是真话，那么这就是一起严重的政治事件，必须出兵了，可谁又能保证他们没有撒谎呢，现任安南国王大权已经在握，自然会否认陈天平的说法，真伪如何判定呢？

而且最重要的问题在于，朱棣以前并没有见过陈天平，对他而言，这个所谓的陈天平不过是一个来历不明的人，万一要听了他的话，出兵送他回国，最后证实他是假冒的，那堂堂的大明国就会名誉扫地，难以收拾局面。

这是一个政治难题。

然而朱棣就是朱棣，他想出了一个绝妙的主意解开了难题。

大凡年底，各国都会来提前朝贡，以恭祝大明来年风调雨顺、国泰民安。安南也不例外，就在这一年年底，安南的使臣如同以往一样来到明朝京城，向朱棣朝贡，但他们绝没有想到，一场好戏正等待着他们。

使臣们来到宫殿里，正准备下拜，坐在宝座上的朱棣突然发话：“你们看看这个人，还认识他吗？”

此时陈天平应声站了出来，看着安南来的使臣们。

使臣们看清来人后，大惊失色，出于习惯立刻下拜，有的还痛哭流涕。

一旁的裴伯耆也十分气愤，他站出来斥责使臣们明知现任国王是篡权贼子，却为虎作伥，不配为人臣。他的几句话击中了使臣们的要害，安南使臣们惶恐不安，无以应对。

老到的朱棣立刻从这一幕中明白了事情的真相，他拍案而起，厉声斥责安南使臣串通蒙蔽大明，对篡国奸臣却不闻不问的恶劣行径。

在搞清事情经过后，朱棣立刻发布诏书，对现任安南国王胡䶵进行严厉指责，并表示这件事情如果没有一个让自己满意的答复，就要他好看。

朱棣的这一番狠话很见成效，安南现任胡氏国王的答复很快就传到了京城，在答复的书信中，这位国王进行了深刻的批评和自我批评，表示自己不过是临时占个位置而已，国号纪年都没敢改，现在已经把位置空了出来，诚心诚意等待陈天平回国继承王位。

这个回答让朱棣十分满意，他也宽容地表示，如果能够照做，不但不会追究他的责任，还会给他分封土地。

然后，朱棣立刻安排陈天平回国。

话虽这样说，但朱棣是个十分精明的人，他深知口头协议和文书都是信不过的(这得益于他早年的经历)，因为当年他自己就从来没有遵守过这些东西。

为保障事情的顺利进行，他安排使臣和广西将军黄中率领五千人护送陈天平回国，按照朱棣的设想，陈天平继位之事已是万无一失。

可是之后发生的事情只能用一个词语来形容：耸人听闻。

黄中护送陈天平到了安南之后，安南军竟然设置伏兵在黄中眼皮底下杀害了陈天平，还顺道杀掉了明朝使臣，封锁道路，阻止明军前进。

消息传到了京城之后，朱棣被激怒了，被真正地激怒了。

真是胆大包天！

阳奉阴违也就罢了，竟然敢当着明军杀掉王位继承人，连大明派去的使臣都一齐杀掉！

不报此仇，大明何用！养兵何用！

◆ 安南平定战

杀掉了陈天平，胡氏父子安心了，陈氏的后人全部被杀掉了，还顺便干掉了明朝使臣，他虽然知道明朝一定会来找他算账，但他也早已安排好了军队进行防御，并在显要位置设置了关卡。

只要占据有利地势，再拖上了几年，明朝也不得不承认自己的地位。

这就是胡氏父子的如意算盘。

算盘虽然这样打，但他们也明白，明朝发怒攻打过来不是好玩的，于是他们日夜不停操练军队，布置防御，准备应对。

但出乎他们意料的是，过了三个多月，明朝那边一点动静都没有，莫非他们觉得地方偏远，不愿前来？

存有侥幸心理的胡氏父子没有高兴多久，战争的消息就传来了，明朝军队已经正式出发准备攻取安南。

这早在胡氏父子的预料之中，所以当部下向他们报告军情时，父子俩还故作镇定，表明一切防御工作都已经预备好，没有什么可怕的。

这对父子之所以还能如此打肿脸充胖子，强装镇定，很大一部分原因在于这父子两个并不知道为何明朝要过三个月才来攻打他们。

那是因为军队太多，需要动员时间。

多少军队需要动员几个月？

答：三十万。

当然了，根据军事家们的习惯，还有一个号称的人数，这次明军军队共三十万，对安南号称八十万，胡氏父子从手下口中听到这个数字后，差点没晕过去。

带领这支庞大军队的正是名将朱能，此人我们之前已经介绍过多次，让他出征

参考消息　临行交代两件事

出征安南时，朱棣向朱能交代了两件事：第一，虽然安南天气炎热，但夜间很凉，晚上不盖被子容易生病，所以军中人人都要带上棉被；第二，当地人喜欢下毒药，所以要时刻提高警惕，官兵喝水要亲自凿井，而且饭要自己做着吃，不乱吃陌生人的东西。有这么细心体贴的领导，想不打胜仗也难。

表明朱棣对此事的重视，朱棣期盼着朱能可以发扬他靖难事后的无畏精神，一举解决问题。

可惜天不如人愿，估计朱能也没有想到，他不但没有能够完成这次任务，而且连安南的影子都没能看见。

明军的行动计划是这样的，分兵两路，一路以朱能为统帅，自广西进军，另一路由沐晟带领，自云南进军。

这是一个历史悠久的军事计划，凡是攻打安南，必从广西和云南分兵两路进行攻击，这几乎已经是固定套路，从古一直用到今。

可是意外发生了，朱能在行军途中不幸病倒，经抢救无效逝世，这也难怪，因为大军出发走到广西足足用了三个月。一路上颠簸不定，朱能的所有精力在那场惊天动地的大战中已经消耗得差不多了，再去参加一场战争也太苛求他了，应该休息休息了。

朱能的位置空出来了，代替他的倒也不是外人，此人就是被朱棣称为“靖难第一功臣”张玉的儿子——张辅。

这是一个艰巨的任务，因为朱能的突然去世让很多人对战争的前景产生了忧虑，而这位威信远不如朱能的人能否胜任主帅职位也很让人怀疑。

令人欣慰的是，在这紧急时刻，张玉似乎灵魂附体到了张辅的身上。张辅继承了张玉的优良传统，在这场战争中，他不是一个人在战斗。

张辅在接任统帅位置后，面对下属们不信任的目光，召开了第一次军事会议，在这次会议上，他详细地介绍了作战方针和计划，其步骤之周密精确让属下叹服，在会议的最后，张辅说道：“当年开平王（常遇春）远征中途去世，岐阳王（李文忠）代之，大破元军！我虽不才，愿效前辈，与诸位同生共死，誓破安南！”

在稳定士气，准备充分后，张辅自广西凭祥正式向安南进军，与此同时，沐晟自云南进军，明军两路突击，向安南腹地前进。

事实证明，安南的胡氏父子的自信是靠不住的，张辅带兵如入无人之境，连破隘留、鸡陵两关，一路攻击前行，并在白鹤与另一路沐晟的军队会师。

至此，明军已经攻破了安南外部防线，突入内地，现在横在张辅面前，阻碍他前进的是安南重镇多邦。

据史料记载，当时的安南有东、西两都，人口共有七百余万，且境内多江，安南沿江布防，不与明军交战，企图拖垮明军。

张辅识破了安南的企图，他派出部将朱荣在嘉林江打败安南军，建立了稳固阵地，然后他与沐晟合兵一处，准备向眼前的多邦城进攻。

多邦虽然是安南重镇，防御坚固，但在优势明显的明军的面前似乎也并不难攻克，这是当时大多数将领们的看法，然而这些将领们似乎并没有注意到，在历史上，轻敌的情绪往往就是这样出现并导致严重后果的。所幸的是张辅并不是这些将领中的一员，他派出了许多探子去侦察城内的情况，直觉告诉他，这座城池并不那么简单。

张辅的感觉是正确的，这座多邦城不但比明军想象得更为坚固，在其城内还有着一种秘密武器——大象。

安南军队估计到了自己战斗力的不足，便驯养了很多大象，准备在明军进攻时放出这些庞然大物，突袭明军，好在张辅没有轻敌，及时掌握了这一情况。

可是话虽如此，掌握象情的张辅也没有什么好的办法来对付大象，这种动物皮厚、结实又硕大无比，战场之上，仓促之间，一般的刀枪似乎也奈它不何。该怎么办呢？

这时有人给张辅出了一个可以克制大象的主意，不过在今天看来，这个主意说了与没说似乎没有多大区别。

这条妙计就是找狮子来攻击大象，因为狮子是百兽之王，必定能够吓跑大象。

我们暂且不说在动物学上这一观点是否成立，单单只问一句：去哪里找狮子呢？

大家知道，中国是不产狮子的，难得的几头狮子都是从外国进口的，据《后汉书》记载，汉章帝时，月氏国曾进贡狮子，此后安息国也曾进贡过，但这种通过进贡方式得来的狮子数量必然不多，而且当年也没有人工繁殖技术，估计也是死一头少一头。就算明朝时还有狮子，应该也是按照今天大熊猫的待遇保护起来的，怎么可能给你去打仗？

那该怎么办呢，狮子没有，大象可是活生生地在城里等着呢，难不成画几头狮子出来打仗？

答对了！没有真的，就用画的！

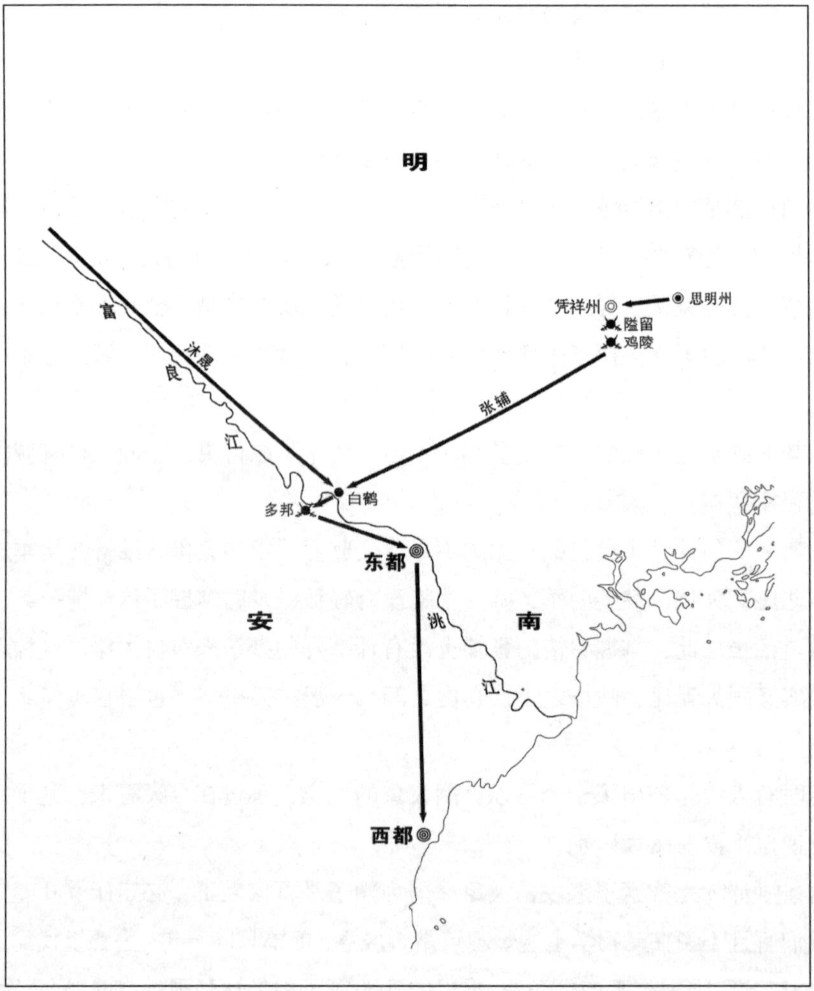

↑ 安南平定战

你没有看错，我也没有写错，当年的张辅就是用画的狮子去打仗的。

张辅不是疯子，他也明白用木头和纸糊的玩意儿是不可能和大象这种巨型动物较劲的，不管画得多好，毕竟也只是画出来的，当不得真。作为一名优秀的将领，张辅已经准备好了一整套应对方案，准备攻击防守严密的多邦城。

其实到底是真狮子还是假狮子并不重要，关键看在谁的手里，怎么使用，因为最终决定战争胜负的是指挥官的智慧和素质。

张辅的数十万大军在多邦城外住了下来，但却迟迟不进攻，城内人的神经也从紧绷状态慢慢松弛了下来，甚至有一些城墙上的守兵也开始和城边的明军士兵打招呼，当然了，这是一种挑衅，在他们看来，自己的战略就要成功了，明军长期待在这里，补给必然跟不上，而攻城又没有把握，只有撤退这一条路了。

安南守军不知道的是，其实明军迟迟不进攻的理由很简单：刀在砍人之前磨的时间越久，就越锋利，用起来杀伤力也会更大。

事实正是如此，此时的张辅组织了敢死队，准备攻击多邦城。他所等待的不过是一个好的时机而已。

在经过长时间等待后，明军于十二月的一个深夜对多邦城发起了攻击，在战斗中，明军充分发挥了领导带头打仗的先锋模范作用，都督黄中手持火把，率队先行渡过护城河，为部队前进开路，都指挥蔡福亲自架云梯，并率先登上多邦城。这两名高级军官的英勇行为大大鼓舞了明军的士气，士兵们奋勇争先，一举攻破外城，安南士兵们无论如何也想不到，平日毫无动静的明军突然变成了猛虎，如此猛烈之进攻让他们的防线全面崩溃，士兵们四散奔逃。

战火蔓延到了内城，此时安南军终于使出了他们的杀手锏——大象，他们驱使大象攻击明军，希望能够挽回败局，然而，早有准备的张辅拿出了应对的方法。

考虑到画的狮子虽然威武，但也只能吓人而已，不一定能吓大象，张辅另外准备了很多马匹，并把这些马匹的眼睛蒙了起来，在外面罩上狮子皮（画的），等到大象出现的时候便驱赶马匹往前冲，虽然从动物的天性来说，马绝对不敢和大象作对，但蒙上眼睛的马就算是恐龙来了也会往前冲的。与此同时，张辅还大量使用火枪攻击大象，杀伤力可能不大，但是火枪的威慑作用却相当厉害。

在张辅的这几招作用下，安南军队的大象吓得不轻，结果纷纷掉头逃跑，冲散了后面准备捡便宜的安南军，在丧失了所有的希望后，安南军彻底失去了抵抗的勇气，明军一举攻克多邦城。

多邦战役的胜利沉重地打击了安南的抵抗意志，此后明军一路高歌猛进，先后攻克东都和西都，并于此年（永乐五年）五月，攻克安南全境，俘获胡氏父子，并押解回国，安南就此平定。

在安南平定后，朱棣曾下旨寻找陈氏后代，但并无结果，此时又有上千安南人向明朝政府请愿，表示安南以前就是中国领地，陈氏已无后代，希望能归入中国，成为中国的一个郡。

朱棣同意了这一提议，并于永乐五年六月，改安南为交阯，并设置了布政使司，使之成为了中国的一部分，于是自汉唐之后，安南又一次成为中国领土。

安南问题的解决使得中国的西南边界获得了安宁和平静，但明朝政府还有着一个更大的烦恼，这个烦恼缠绕了明朝上百年，如同噩梦一般挥之不去。

第十四章

天子守国门！

○○ 八年未经战阵的朱棣终于回到了战场 一切似乎都是那么的熟悉 在他看来 江南水乡的秀丽和宁静远远比不上北方草原的辽阔与豪迈

◆ 蒙古

自明朝开国以来，蒙古这个邻居就始终让大明头疼不已，打仗无数次，谈判无数次，打完再谈，谈完再打，原来的元朝被打成了北元（后代称谓），再从北元被打成鞑靼（蒙古古称），可是不管怎么打，就是没消停过。几十年打下来，蒙古军队从政府军、正规军被打成了杂牌军、游击队，但该抢的地方还是抢，该来的时候还是来。

这倒也不难理解，本来在中原地区好好的，饭来张口，衣来伸手，全国各地到处走，作为四级民族制度中的头等人，日子过得自然很不错。但是好日子才过了九十几年，平地一声炮响，出来了一个朱元璋，把原来的贵族赶到了草原上去干老本行——放牧。整日顶风和牛羊打交道，又没有什么娱乐节目，如此大的反差，换了是谁也不会甘心啊！更严重的问题在于，他们没有自己的手工业和农业，经济结构严重失衡，除了牛羊肉什么都缺，就算想搞封闭自然经济也没法搞起来。想拿东西和明朝换，干点进出口买卖，可是人家不让干。这也容易理解，毕竟经常打仗，谁知道你是不是想趁机潜入境内干点破坏活动，所以大规模的互市生意是没有办法做起来的。

该怎么办呢，需要的、缺少的东西不会从天上掉下来，也不能通过做生意换回来，人不能让尿憋死，那就抢吧！

你敢抢我，我就打你！于是就接着上演全武行，你上次杀了我父亲，我这次杀你儿子。仇恨不断加深，子子孙孙无穷匮也！

在这样的历史背景下，明朝展开了与蒙古部落的持久战，这一战就是上百年。

下面我们介绍一下永乐时期蒙古的形势。之前我们说过，北元统治者脱古思帖木儿被蓝玉击败后，逃到土剌河，被也速迭儿杀死。之后蒙古大汗之位经过多次传递，于建文四年被不属于黄金家族的鬼力赤所篡夺，并改国名为鞑靼。我查了一下，这位鬼力赤虽然不是黄金家族直系，但也不算是外人，他的祖先是窝阔台，由于他不是嫡系，传到他这里血统关系已经比较乱了。也许就是因为这个原因，他没有正统黄金家族的那种使命感，所以他废除了元朝国号，并向大明称臣，建立了朝贡关系。从此，北方边境进入了和平时期。

可是这个和平时期实在有点短，只有六年。

鬼力赤不是黄金家族的人，也对黄金家族没有多少兴趣，可他的手下却不一样，当时的鞑靼太师阿鲁台就是一个传统观念很重的人，他对鬼力赤的行为极其不满，整日梦想着恢复蒙古帝国的荣光。在这种动机的驱使下，他杀害了鬼力赤，并拥戴元朝宗室本雅失里为可汗。但这位继承蒙古正统的本雅失里统治的地方实在小得可怜。

这是因为经过与明朝的战争，北元的皇帝已经逐渐丧失了对蒙古全境的控制权。当时的蒙古已经分裂为三块，分别是蒙古本部（也就是后来的鞑靼）、瓦剌（这个名字大家应该熟悉）和兀良哈三卫。

蒙古本部鞑靼我们介绍过了，他们占据着蒙古高原，由黄金家族统治，属于蒙古正统。

瓦剌，又称做西蒙古，占据蒙古西部，在明初首领猛可帖木儿死后，瓦剌由马哈木统领。

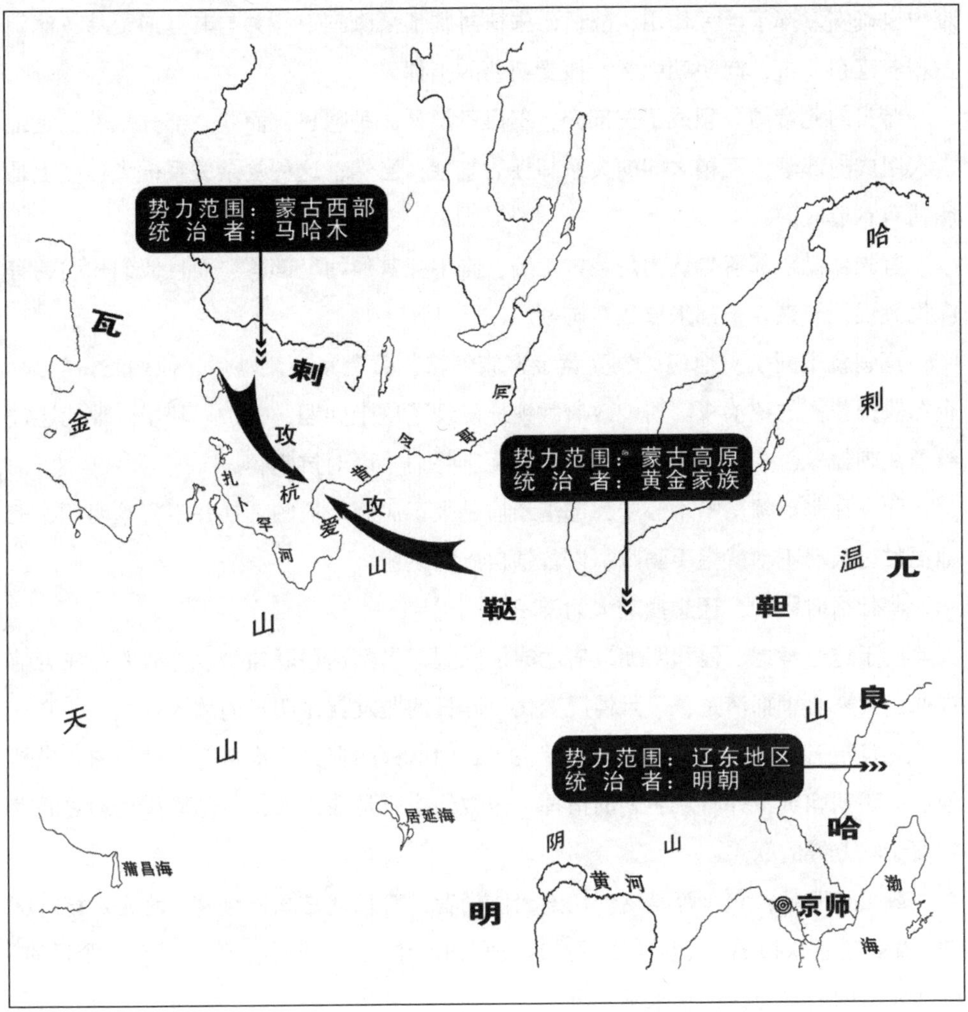

↑ 蒙古三分

兀良哈三卫，就是我们之前提到过的参加过靖难的精锐朵颜三卫，这个部落是怎么来的呢，那还得从几十年前说起。

洪武二十年（1387），朱元璋派遣冯胜远征辽东。冯胜兵不血刃地降伏了纳哈出，并设置了泰宁、福余、朵颜三卫（军事单位）。后统称朵颜三卫，并在此安置投降的蒙古人。朱元璋将这些人划归宁王朱权统领之下。靖难之战中，朱棣绑架宁王，其中很大的一个原因就在于他想得到这些战斗力极强的蒙古骑兵。而这些骑兵在靖难中也确实发挥了巨大作用，战后，朱棣封赏了朵颜三卫，并与其互通贸易，他们占据着辽东一带，向明朝朝贡，接受明朝的指挥。

昔日的元帝国分裂成了三部分，不得不说是一种悲哀，而此三部分虽然都是蒙古人组成的部落，互相之间的关系却极为复杂，当然，这种复杂关系很大程度上是明朝有意造成的。

首先，鞑靼部落自认为是蒙古正统，瞧不起其他两个部落，而且他们和明朝有深仇大恨，一直以来都采取敌对态度。

瓦剌就不同了，他们原先受黄金家族管辖，黄金家族衰落后，他们趁机崛起，企图获得蒙古的统治权。明朝政府敏锐地发现了这个问题，并加以利用，他们通过给予瓦剌封号，并提供援助的方式扶持瓦剌势力，以对抗鞑靼。

而在瓦剌首领马哈木心中，部落矛盾是大于民族矛盾的，他并不喜欢明朝，但他更加讨厌动不动就指手画脚，以首领自居的鞑靼。

都什么时候了，还想摆老大的架子。

出于这一考虑，他和明朝政府达成了联盟。当然这种联盟是以外敌的存在为前提的，大家心里都清楚，一旦情况变化，昨日的盟友就是明日的敌人。

兀良哈三卫可以算是明朝的老朋友了，但这种朋友关系也是并不稳固的。虽然他们向明朝朝贡，并听从明朝的指挥，但他们毕竟是蒙古人，与鞑靼和瓦剌之间存在着千丝万缕的联系。

最后是明朝，它可算是这一切的始作俑者，特长就是煽风点火。北元是它打垮的，瓦剌是它扶持的，兀良哈三卫是它安置的。搞这么多动作，无非只有一个目的，分解元帝国的势力，让它永不翻身。

大致情况就是这样，鞑靼和瓦剌打得死去活来，兀良哈在一旁看热闹，明朝不断给双方加油，看到哪方占优势就上去打一拳维护比赛平衡。

如果成吉思汗在天有灵，见到这些不肖子孙互相打来打去，昔日风光无限的蒙古帝国四分五裂，不知作何感想。

◆ 一次性解决问题

蒙古本部鞑靼太师阿鲁台在拥立本雅失里为可汗后，奉行了对抗政策，与明朝断绝了关系。更为恶劣的是，永乐七年四月，鞑靼杀害了明朝使节郭骥，他们的这一举动无疑是在向大明示威。但他们没有想到，他们的这一举动实在是利人损己。

因为明朝政府其实早已做好准备要收拾鞑靼，缺少的不过是一个借口和机会而已，而这件事情的发生正好提供了他们所需要的一切。

鞑靼之所以成为明朝的目标，绝不仅仅因为他们对明朝抱有敌对态度。

鞑靼的新首领本雅失里与太师阿鲁台都属于那种身无分文却敢于胸怀天下的人，虽然此时鞑靼的实力已经大不如前，他们却一直做着恢复蒙古帝国的美梦，连年出战，东边打兀良哈，西面打瓦剌，虽然没有多大效果，但声势却也颇为吓人。

鞑靼的猖狂举动引起了朱棣的注意。为了打压鞑靼的嚣张气焰，他于永乐七年封瓦剌首领马哈木为顺宁王，并提供援助，帮助他们作战。瓦剌乘势击败前来进攻的本雅失里和阿鲁台，鞑靼的势力受到了一定的压制。

为了一次性解决问题，朱棣决定派出大军远征，兵力为十万，并亲自拟订作战计划，但在最重要的问题上，他犹豫了。

这就是指挥官的人选，朱棣常年用兵，十分清楚打仗不是儿戏，必须要有丰富战争经验的人才能胜任这一职务。最好的人选自然是曾经与自己一同靖难的将领们，可是问题在于，当年的靖难名将如今已经死得差不多了。最厉害的张玉在东昌之战中被盛庸干掉了，朱能也死了，张玉的儿子张辅倒是个好人选，可惜刚刚平定的安南并不老实，经常闹独立，张辅也走不开。想来想去，只剩下了一个人选：邱福。

对于邱福，我们并不陌生，前面我们也介绍过他，在白沟河之战中，他奉命冲击李景隆中军，却没有成功，但这并没有影响他在朱棣心中的地位，此后他多次立下战功，并在战后被封为淇国公（公爵）。但朱棣也很清楚，这位仁兄虽然作战勇猛，却并非统帅之才，但目下正是用人之际，比他更能打的差不多都死光了，无奈之下，朱棣只得将十万大军交给了这位老将。

永乐七年七月，邱福正式领兵十万出发北征，在他出发前，朱棣不无担心地叮嘱他千万不可轻敌，要谨慎用兵，看准时机再与敌决战。邱福表示一定谨记，跟随他出发的还有四名将领，分别是副将王聪、霍亲，左右参将王忠、李远。

此四人也绝非等闲之辈，参加此次远征之前都已经被封为侯爵，战场经验丰富。

朱棣亲自为大军送行，他相信如此强的兵力，加上有经验的将领，足可以狠狠地教训一下鞑靼。

看着大军远去，朱棣的心中却有一种不安感油然而生，多年的军事直觉让他觉得自己似乎漏掉了什么。他思虑再三，终于想起，便立刻派人骑快马赶到邱福军中，只为了传达一句话。

这句话是对邱福说的："如果有人说敌人很容易战胜，你千万不要相信！"(军中有言敌易取者，慎勿信之。)

邱福接收了皇帝指示，并表示一定不辜负皇帝的信任和期望。

朱棣不愧为一位优秀的军事家，他敏锐地意识到了这支军队最大的隐患就在于轻敌冒进，而最容易犯这个错误的就是主帅邱福，在军队出发后，竟然还派人专程赶去传达这一指示，实在是用心良苦。

后来的事实也证明了朱棣的判断是准确的，问题在于，主帅邱福偏偏就是一个左耳进、右耳出的人，遇到这样的主帅，真是神仙都没办法。

邱福率领军队一路猛进，赶到了胪朐河（今中蒙边境克鲁伦河），击溃了一些散兵，并抓获了鞑靼的一名尚书，邱福便询问敌情，这位尚书倒是个直爽人，也没等邱福用什么酷刑和利诱手段，就主动交代，鞑靼军队主力就在此地北方三十里，如果现在进攻，必然可以轻易获得大胜。

邱福十分高兴，干脆就让这个尚书当向导，照着他所指引的方向前进。这样看来，邱福倒真是有几分国际主义者的潜质，竟然如此信任刚刚抓来的俘虏，而从他

参考消息 **有情况要报告**

作为一个优秀的将领，朱棣拥有极强的野外侦察能力。在征途中，他规定了"五报告"的原则：凡是见到黄羊、野马、野鹿乱跑，要报告；凡是见到尘土飞扬，不管是刮风还是野兽奔跑造成的，要报告；凡是遇到马粪、驼粪或者丢弃的衣物，要报告；凡是远望有似动物非动物、似人非人的东西，要报告；凡是夜间看见有光亮，不管是不是火，是人火还是鬼火，都要立即报告。

的年纪看，似乎也早已过了天真无邪的少年时代，但在这件事情上，他实在是天真得过头了。

另一方面，我们也不得不佩服朱棣的料事如神，他好像就是这场战争的剧本编剧，事先已经告诉了男主角邱福应对的台词和接下来的剧情，可惜大牌演员邱福却没有按照剧本来演。

在那位向导的带领下，邱福果然找到了鞑靼的军营，但是并没有多少士兵，那位向导总会解释说，大部队在前面。就这样，不停地追了两天，依然如此，总是那么几百个鞑靼士兵，而且一触即溃。

部下们开始担忧了，他们认为那个向导不怀好意，然而邱福却没有这种意识，第三天，他还是下令部队跟随向导前进，这下子他的副将李远也坐不住了。

李远劝邱福及时回撤，前面可能有埋伏，可是邱福不听，他固执地认为前方必然有鞑靼的大本营，只要前行必可取胜，李远急得跳脚，也顾不得上下级关系，大喊道：“皇上和你说过的话，你忘记了吗！”

这下可惹恼了邱福，他厉声说道：“不要多说了，不听我的指挥，就杀了你！”

邱福如同前两日一样出发了，带路的还是那位向导，这一次他没有让邱福失望，找了很久的鞑靼军队终于出现了，但与邱福所预期的不一样，这些鞑靼骑兵是主动前来的，而且并没有四散奔逃，也没有惊慌失措，反而看上去吃饱喝足，睡眠充分，此刻正精神焕发地注视着他们。

◆ 亲征

永乐七年八月，远征军的战报传到了京城，战报简单明了：全军覆没。

这是一次惨痛的失败，不但十万大军全部被消灭，邱福、王聪、霍亲、王忠、李远五员大将也全部战死沙场。

朱棣震怒了，他打了很多年仗，多次死里逃生，恶仗乱仗见得多了，但像这样惨痛的败仗他还真没见过。

邱福无能！无能！

骂人出气虽然痛快，但骂完后还是要解决问题，明军的战斗力还是很强的，关键问题就在于指挥官的人选。邱福固然无能，但现在朝廷里还有谁能代替邱福出征呢，谁又能保证一定能取胜呢？

人选只有一个——朱棣。

于是在靖难之战后七年，朱棣再次披上了盔甲，拿起了战刀，准备走上战场去击败他的敌人，与之前的那次战争不同的是，上一次他是皇子，这一次他是皇帝，上一次是为了皇位，这一次是为了国家。

朱棣不但是一个优秀的皇帝，也是一个优秀的将领，这种上马冲锋、下马治国的本领实在是很罕有的，鞑靼已经领教过了皇帝朱棣的外交手段和政治手腕，现在他们将有幸亲身体会到名将朱棣那闪亮刀锋掠过身体的感觉。

朱棣完全继承了朱元璋的人生哲学“要么不做，要么做绝”，这次也不例外，为了给鞑靼一个致命的打击，他下达了总动员令，命令凡长江以北全部可以调动的士兵，立刻全部向北方集结，于是长江以北无数人马浩浩荡荡地开始向集结地进发，到永乐八年（1410）一月，部队集结完毕，共五十万，朱棣自任统帅。

与此同时，朱棣派遣使者分别向瓦剌和兀良哈传递消息，大致意思是大明马上就要出击鞑靼，希望你们不要多管闲事，如果多事，大可连你们一起收拾。

瓦剌和兀良哈都十分识时务，而且他们与鞑靼本来就有着矛盾，怎么肯花力气替自己的敌人出头？

而此时的鞑靼却十分没有自知之明，击败明军后，本雅失里与阿鲁台十分得意，甚至开始谋划恢复元帝国，重新做皇帝。因而对瓦剌和兀良哈更加傲慢。这两位尚在做美梦的仁兄根本不会想到，刀已经架在了他们的脖子上，只等砍下去了。

做好了一切准备工作，朱棣率领着他的五十万大军出塞远征，目标直指鞑靼！

八年未经战阵的朱棣终于回到了战场，一切似乎都是那么的熟悉，在他看来，江南水乡的秀丽和宁静远远比不上北方草原的辽阔与豪迈。

丝竹之音、轻柔吴语对他没有多少吸引力，万马嘶鸣、号角嘹亮才是他的最爱！

这就是朱棣，一个沉迷于战场搏杀，陶醉于金戈铁马的朱棣，一个真正而彻底的战士。

朱棣率领着他的大军不断向北方挺进，当军队经过大伯颜山时，朱棣纵马登上山顶，远望大漠，唯见万里黄沙，极尽萧条，二十年前，他曾经远征经过此地，那一年他三十岁，这里还有很多人家，是繁华之地，如今却变成了一片荒漠。朱棣感叹良多，对身边的大臣说道："元兴盛之时，这里都是民居之地啊。"

容不得朱棣的更多感叹，大军于同年五月到达了几个月前邱福全军覆没的胪朐河，由于时间不长，四处仍然可见死难明军的尸骨和盔甲武器，很明显，蒙古军队管杀不管埋。

朱棣看到了这一场景，便让手下的士兵们去寻找明军尸骨，并将他们就地埋葬，入土为安，然后他看着那条湍流不息的胪朐河，沉默不语，思索良久，才开口说道："自此之后，此河就改名为饮马河吧。"

言罢，他便率领大军渡过大河。

过河之后，明军抓到了少数鞑靼士兵，他们供认鞑靼首领本雅失里就在附近，经过仔细分析，朱棣确认了这一情报的真实性，他立刻下令部将王友就驻扎此地，自己则率领精锐骑兵带上二十天口粮继续追击。

兵贵神速，朱棣深深懂得这个道理，而种种迹象表明，自己寻找已久的目标就在附近！

朱棣的判断没有错，本雅失里确实统领着大队鞑靼骑兵驻扎在附近，但他的老搭档阿鲁台却不在身边，这是为什么呢？

原来他们吵架了。

本雅失里是阿鲁台扶植上台的，两人关系一向很好，也甚少争吵，但在得知朱棣亲率五十万大军前来讨伐时，他们慌张之余，竟然发生了激烈的争吵，令人啼笑皆非的是，他们争吵的内容并不是要不要抵抗和怎么抵抗，而是往哪个方向逃跑！

这二位仁兄虽然壮志凌云，但还是有自知之明的，听说朱棣亲率五十万人来攻击自己后，他们立刻意识到，这次明朝政府是来玩命的，无论怎么掰指头算，自己手下的这点兵力也绝对不够五十万人打的，向瓦剌和兀良哈求援又没有回音，那就只有跑了。

可是往哪边跑呢？这是个重要的问题。

本雅失里说：往西跑，西边安全。

阿鲁台说：西边是瓦剌的地盘，我刚和人家打完仗，哪好意思去投奔，不如往东跑，东边安全。

本雅失里反对，他说：东边的兀良哈是明朝的附属，决不肯收留自己这个元朝宗室，要去你去，反正我不去。

两人僵持不下，越吵越激烈，后来他们决定停止争吵（再不停明军就要来了），分兵突围。

就这样，本雅失里一路向西狂跑，可还没有赶到瓦剌就撞到了朱棣的大军，不能不说是运气不好。

本雅失里发现了明朝大军的动向，他立刻命令部队加速前进。

与此同时，率领精锐骑兵的朱棣也快马加鞭向本雅失里不断靠近。

这是一场战场上的赛跑，最终朱棣占据了优势，因为他明智地把辎重和后勤留在了饮马河畔，只带上口粮日夜追击，而本雅失里却舍不得他抢来的那些东西，带着一大堆家当逃跑，自然跑不快。

朱棣终于追上了本雅失里，并立刻向他发动了攻击，本雅失里万万没有想到，朱棣来得这么快，毫无招架之功，被朱棣一顿猛打，丢下了所有辎重，只带了七个人逃了出去。战后，朱棣不打收条就全部收走了本雅失里辛辛苦苦带过来，一直舍不得丢的那些金银财宝，而可怜的本雅失里就这样无偿地为朱棣干了一趟搬运工。

无论如何，本雅失里总算是捡了一条命，继续着他的逃亡之路，但他却未必知道，他的这次战败不但是他的耻辱，也会让他的祖先蒙羞。

或许是宿命的安排吧，朱棣追上并击溃这位成吉思汗子孙的地方，就是斡难河(今蒙古鄂嫩河)。

朱棣正在马上俯视着这片刚刚经过大战的土地，大风吹拂着一望无际的草原，斡难河水在阳光的照耀下，映出迷人的光彩，刚发生的那场恶战似乎与这片美丽的土地毫无关系。

胜利的喜悦已经消退的朱棣突然想起了什么，他沉思了一会儿，对身边的侍卫感叹道：“这里是斡难河，是成吉思汗兴起的地方啊。”

是的，两百年前，就在斡难河畔，铁木真统一了蒙古部落，成为了伟大的成吉思汗。术赤、窝阔台、拖雷、哲别等后来威震欧亚大陆的名将们环绕在他的周围，宣誓向他效忠。之后他们各自出征，将自己的宝剑指向了世界的各个角落，并最终建立了横跨欧亚的蒙古帝国。

转眼之间，两百年过去了，草原上的大风仍旧呼啸，斡难河水依然流淌，但那雄伟的帝国早已不见了踪影，而就在不久之前，伟大的成吉思汗的子孙在这里被打得落荒而逃。

一切都过去了，只有那辽阔的草原和奔流的河水似乎在向后人叙说着这里当年的盛况。

百年皇图霸业，过眼烟云耳！

◆ 阿鲁台的厄运

本雅失里逃走了，他如愿逃到了瓦剌，然而命运和他开了一个小小的玩笑，虽然以往与瓦剌的战争都是太师阿鲁台指挥，本雅失里并未参与过，可是瓦剌的首领马哈木充分发挥了一视同仁的精神，不但没有给他什么优厚待遇，反而从他这里拿走了一样东西——他的脑袋，报旧仇之余，还顺便去向明朝要两个赏钱。

朱棣击败了本雅失里，但办事向来十分周到的他并未忘记阿鲁台，他随即命令大军转向攻击阿鲁台。

此时的阿鲁台情况比本雅失里好不了多少，兀良哈也不肯接纳他，这倒也怪不得兀良哈，被人追斩的人一般都是不受欢迎的。阿鲁台只好在茫茫草原和大漠间穿行，躲避着明军。

明军此时也不断寻找着阿鲁台，但由于阿鲁台采用游击战术，方位变幻不定，和明军玩起了捉迷藏，而明军粮食就快接济不上了，无奈之下，只好班师，看上去，阿鲁台算是逃过了这一劫。

但人要是倒霉起来，连喝凉水也会塞牙的。

明军在班师途中，经过阔滦海子（今呼伦湖）时，居然撞上了正在此地闲逛的阿鲁台！这真是踏破铁鞋无觅处，得来全不费工夫。

天堂有路你不走，地狱无门偏闯进来！

朱棣立刻命令军队摆好阵势，五十万大军随时准备发起攻击。此刻的阿鲁台吓得魂不附体，朱棣抓住了阿鲁台的这一心理，派使者传话，要阿鲁台立刻投降，否则后果自负。

阿鲁台十分想投降，他很清楚明军的实力，如果要强行对抗，只有死路一条，但部下们却死不同意，双方争执不下。阿鲁台急得跳脚，却又无计可施，在这种情况下，阿鲁台和部下达成了一个共识，那就是能拖多久，就拖多久。

阿鲁台以需要考虑的时间为理由，把使者打发走了，然后他接着回去和那些部下们讨论对策，会议中，有人提出趁此机会可以偷偷逃走，明军必然追赶不及。这个观点获得了很多人的支持，阿鲁台也认为不错，便决定派遣部分军队先走。

然而就在他们调遣军队之时，外面突然传来了巨大的喧哗声和马鸣声！阿鲁台立刻意识到，明军开始进攻了！

然而此刻的明军大营也并没有接到发动总攻的命令，掌管中军的副将安远伯柳升听到外面乱成一片，大为吃惊，马上出营察看。他惊奇地发现有数千骑兵已经奔离营区，杀向敌军。柳升大为恼火，认为是有人违反军纪私自出战，但当他看清那支骑兵的帅旗后，就立刻没有了火气。

因为那是皇帝陛下的旗帜。

这可了不得，万一出了什么事情可不是闹着玩的，柳升立刻命令大营士兵不必列队，立刻紧跟皇帝，发起总攻！

这一幕混乱的发起者正是朱棣，自从他派遣使者前往阿鲁台军中后，便一直注视着对方的动向，而阿鲁台的缓兵之计自然瞒不过他的眼睛，要知道，他自己就是搞阴谋诡计的行家里手，当年为了争取时间，还装过一把精神病人，在这方面，阿鲁台做他的学生都不够格。

而当他发现敌军迟迟不做答复，阵形似乎有所变化时，他就敏锐地判断出，敌军准备有所动作了，至于是进攻还是逃跑，那并不重要，真正重要的是，要立刻抓住时机，痛击敌军。

于是他顾不得通知后军，便亲率数千骑兵猛冲对方大营！在他统率下的骑兵们个个英勇无比，以一当十，要知道，带头冲锋的可是皇帝啊！那可不是一般人，平

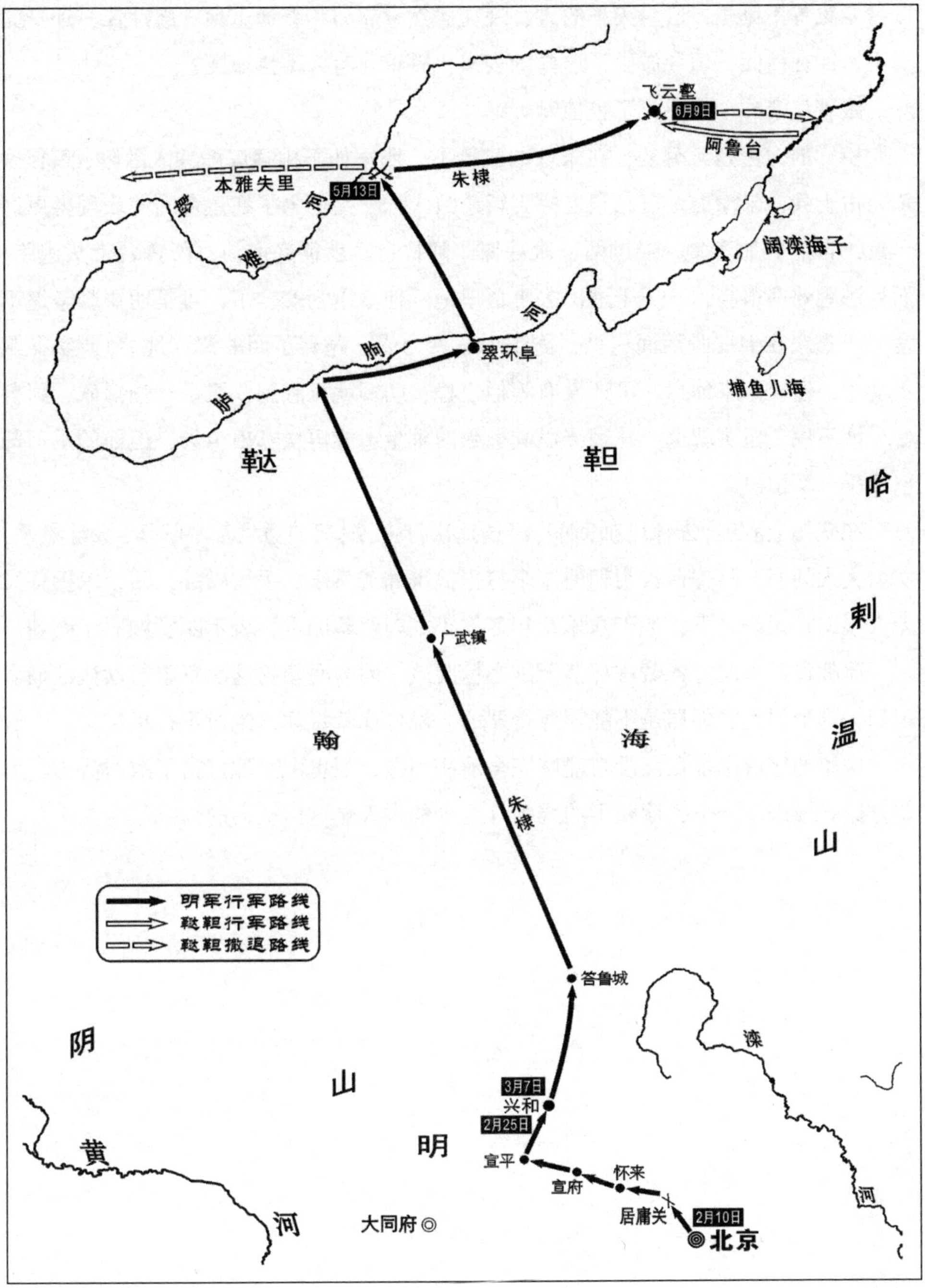
飞云壑
6月9日
阿鲁台
本雅失里
5月13日
朱棣
胪朐河
闊滦海子
翠环阜
捕鱼儿海
鞑靼
哈剌温山
广武镇
瀚海
朱棣
明军行军路线
鞑靼行军路线
鞑靼撤退路线
答鲁城
阴山
滦河
3月7日
兴和
2月25日
黄河
明
宣平
怀来
宣府
居庸关
2月10日
大同府
北京

↑ 朱棣亲征鞑靼

日神龙见首不见尾，贵为天子的人，现在居然拿起刀和普通士兵一起冲锋，还身先士卒，冲在前面，领导做出了这样的表率，哪里还有人不拼命呢？

跟着皇帝冲一把，死了也值啊。

榜样的力量是无穷的，在朱棣的鼓舞下，明军如下山猛虎般冲入敌阵，疯狂砍杀蒙古士兵，朱棣更是自己亲自挥刀斩杀敌人，士兵们为了在皇帝面前表现得更好一点，自然更加卖命。经过两三次冲锋，阿鲁台军就彻底崩溃，阿鲁台带头逃跑，而且逃跑效率很高，一下子逃出去上百里地。他本以为安全了，可是明军却紧追不舍，一直跟在他屁股后面追杀，阿鲁台精疲力竭，跑到了回曲津（地名），实在跑不动了，便停下来休息，可还没有等他坐稳，明军就已赶到，又是一顿猛砍，阿鲁台二话不说，扭头就逃，并最终以其极强的求生本能再次逃出生天，但他的手下却已几乎全军覆没。

在获得全胜后，朱棣班师回朝，经过这次打击，鞑靼的势力基本解体，大汗被杀，实力大大削弱。阿鲁台被明朝的军事打击搞得痛苦不堪，手忙脚乱，四处求援却又无人援助，无奈之下，他于永乐八年冬天正式向明朝朝贡，表示愿意顺服于明朝。

此战过后，北方各蒙古部落无不心惊胆战，因为明朝的这次军事行动让他们认识到，这个强大的邻居是不能随意得罪的，说打你就打你，绝对不打折扣。

朱棣的这次出征虽然没有能够完全解决问题，但也沉重地打击了敌对势力，为北方边界换来了一个长期和平的局面（至少他本人是这样认为的）。

第十五章

逆命者必剪除之！

攘外必先安内　也并不单单是汉族的传统　在打垮了鞑靼后　瓦剌的马哈木也动起了统一蒙古　恢复帝国的念头

鞑靼战败的消息，震惊了很多蒙古部落。他们没有想到，由黄金家族统领的蒙古本部居然如此不堪一击。而在他们中间，有一个部落对这一结果却十分高兴，这个部落就是瓦剌。

我们前面说过，瓦剌和鞑靼之间有很深的仇恨，估计也超过了人民内部矛盾的范畴。在明军进攻时，瓦剌作为与鞑靼同一种族的部落，不但不帮忙，还替明朝政府解决了本雅失里这个祸害。这样的功劳自然得到了明朝政府的嘉奖。作为这场战争中的旁观者，瓦剌得到了许多利益，然而明朝政府想不到的是，不久之后，这位旁观者就将转变为一个参与者。

瓦剌首领马哈木是一个比较有才能的统治者。他并不满足于自己的地盘，而自己的最大竞争对手阿鲁台已经被明军打成了无业游民，他所占据的东部蒙古也变得极为空虚。马哈木是个见了便宜就想占的人，他开始不断蚕食西部蒙古的地盘。几年之间，瓦剌的实力开始急剧膨胀，占领了很多地方。此时阿鲁台却缺兵少将，成了没娘的孩子，他只能去向明朝政府哭诉，可是每次得到的都是“知道啦”、“你回去吧，我们会和他打招呼的”之类的话。

上学时候的经历告诉我们，打小报告的一般都没有好下场，阿鲁台也不例外。他告状之后境况不但没有改变，反而经常挨打，而且一次比一次狠，鞑靼从此陷入了极端困顿的境地。

应该说，阿鲁台落得如此下场，不只是因为瓦剌的进攻，明朝政府的默许和支持也是其中一个因素。眼看鞑靼就要一蹶不振，然而此时时局又出现了意想不到的变化。

瓦剌变得过于强大了。

不管瓦剌和鞑靼有什么样的矛盾，但他们毕竟都是蒙古人。“攘外必先安内”也并不单单是汉族的传统。在打垮了鞑靼后，瓦剌的马哈木也动起了统一蒙古、恢复帝国的念头。他立答里巴（黄金家族阿里不哥系）为汗，还侵占了和林。

明朝政府终于发现，这个旁观者竟然已经变得如此强大，大有一统蒙古之势。而此时阿鲁台也已经被打得失魂落魄，竟然带着自己的部落跑到长城边上来，说自己已经没有活路了，要求政治避难。

事到如今，再也不能不管了，明朝政府如同古往今来的所有政权一样，都遵循一条准则：

没有永远的朋友，也没有永远的敌人，只有永远的利益。

昔日的朋友终于变成了敌人。

明朝对瓦剌说：“从哪里来，就滚回哪里去！”

瓦剌说：“我不滚。”

“不滚，我就打你！”

“你来吧，怕你不成！”

不再废话，开打。

◆ 瓦剌的自信

马哈木敢与明朝如此叫板，绝不是一时冲动，他还是有点资本的。当时瓦剌所管辖的西蒙古一直没有受到过明朝的正面打击，而在明朝攻击鞑靼的军事行动中，他还趁机捡了不少便宜，越发耀武扬威起来。这就如同一个小康之家突然中了几百万彩票，便摆起了排场，想去跟人比富。

马哈木明白，一旦和明朝撕破脸，就要动真格的了，但马哈木并不畏惧，因为他也有自己的杀手锏——骑兵。

在当时，蒙古草原上最强大的骑兵部队已经不再是蒙古本部鞑靼，而是瓦剌。事实证明，蒙古不愧是马上的民族，他们生长在马上，血管里流着游牧民族的血液，即使不复当年之荣光，他们也无愧于最优秀骑兵部队的称号。

马哈木仔细观察了明朝和鞑靼的战争，他敏锐地发现明朝的骑兵并不比鞑靼的强，只是因为明军势头很大，而鞑靼却出现了内部分裂，所以才会如此轻易地击败鞑靼。

瓦剌将在我的统一指挥下诱敌深入，然后发动出其不意的攻击，一举歼灭明军，重现蒙古的辉煌！这大概就是马哈木的想法。

马哈木并不是一个只会空喊口号的人，他已经准备了一个详尽的作战计划，并预设了决战的地点，他相信，只要明军被引入了这个圈套，他就一定能够取得战役的胜利。

他几乎成功了。

◆ 敌人就在前方！

自从瓦剌表示不服从明朝的调遣，不肯回到西蒙古领地后，朱棣就下定决心，要拔掉这一颗钉子，自小以来，只有他抢别人的东西，别人乖乖听他的话，他不去欺负别人已经是谢天谢地，还没有谁敢欺负过他，而如今小小的瓦剌竟然敢于和他公开叫板，不教训一下是不行了。

永乐十二年（1414）二月，他再次带领五十万大军远征，安定侯柳升等部将随同出征，大军浩浩荡荡，向瓦剌出发。

朱棣是一个十分有经验的将领，他很清楚，自己的骑兵并不能在与蒙古骑兵的直接冲突中占到多少便宜，毕竟自己手下最精锐的骑兵还是蒙古人组成的朵颜三卫，而这些人还是拿钱的雇佣兵。如今要到瓦剌的土地上与他们作战，瓦剌的骑兵必然会全力以赴，其战斗力是很强大的。

骑兵战斗力上的差异不是一朝一夕可以解决的，全民作战的瓦剌也必然会充分利用这一战斗兵种上的优点，加上深入敌境，敌军必有埋伏，如何应付这些问题呢？

朱棣早已准备好了对策，他演练了全新的阵形，并带上了一支特殊的军队，他相信，这支军队一定会给马哈木意想不到的打击。

大军出发后，行军四个多月，一路扫荡瓦剌势力。但让朱棣吃惊的是，即使在深入瓦剌境内后，他们也并未遇到过像样的抵抗。朱棣与邱福不同，他的直觉告诉他，瓦剌军队正在某个地方等待着他，进行一场决战。

六月初三，明军前锋将领刘江到达康哈里海，无意之间发现了瓦剌军队，他立刻发动进攻，将全军击溃，并抓到了俘虏，据俘虏交代，马哈木就在此去百里的忽兰忽失温（今蒙古图拉河），且毫无准备。

走了几个月的将领和士兵们都十分兴奋，他们已经走了很远的路，希望能够一举打垮瓦剌，如今已经得到了确切敌情，正好可以给对方来一个措手不及。但朱棣的反应却出乎每个人的意料。

朱棣在听到这个消息后，仔细分析了敌情，他也认为敌人就在附近，但这些敌人绝不是毫无防备的，而是已经做好了决战准备，所以他下令军队不可轻动。

属下们听到这个消息都很沮丧，但他们毕竟不敢违背皇帝的军令。但出人意料的是，过了不久，朱棣又改变了主意，命令军队立刻兼程前进，将领们十分高兴，却又摸不着头脑，这位皇帝陛下打的是什么算盘？

朱棣陷入了矛盾之中。

他长期以来的军事经验告诉他，从种种迹象看，瓦剌军队是有意识地诱敌深入，而刘江打败的先锋部队很明显是瓦剌故意放出来的诱饵，如果继续深入必然会遭到瓦剌的伏击。

最好的办法无疑是在此地等待瓦剌前来决战，但这是不可能的。

作为一支深入敌境的军队，找到敌人主力速战速决才是关键，粮食就这么多，无论如何是耗不起的。

没办法了。

敌人就在前方等着我们，那就来吧，龙潭虎穴也要闯上一闯！

更何况，我也有自己的杀手锏。

明知山有虎，偏向虎山行！

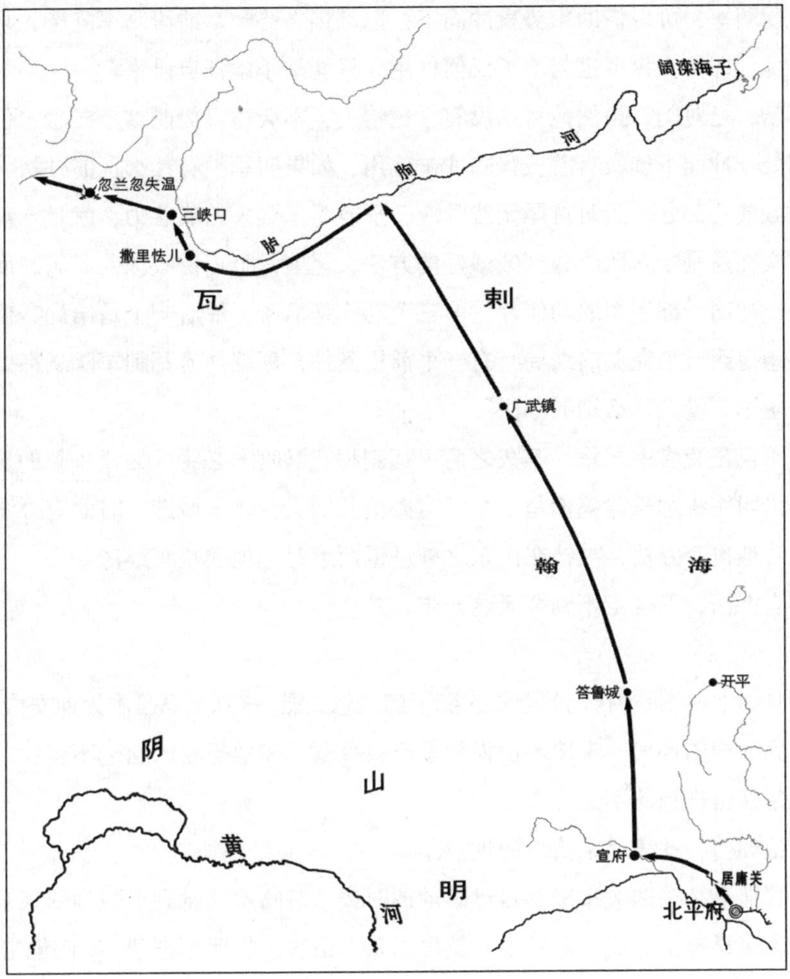

↑ 讨伐瓦剌

前方百里，忽兰忽失温！

此时的瓦剌首领马哈木沉浸于喜悦之中，他看着部落的另两个首领太平和博罗，得意之情溢于言表。正是在他的周密策划之下，瓦剌保存了实力，并集结了部落最为强大的三万骑兵，在忽兰忽失温设下了圈套，等待着明军的到来。

马哈木之所以挑选忽兰忽失温为战场，是有着充分的考虑的，忽兰忽失温附近多山，有利于骑兵部队隐藏，而且将骑兵藏于山上还有着一个很大的优势，那就是一旦发现明军，可以借助山势直冲而下，以难挡之势一举冲垮明军阵形，只要明军阵形一乱，即使人再多也起不了任何作用。只能乖乖地任自己宰割。

马哈木是对的，虽然他肯定没有学过物理，不会懂得势能这个概念，但将骑兵放在高处一冲而下确实有着极强的冲击作用，如果明军没有什么别的办法，阵营必然会被截成几部分，到时首尾无法呼应，形成不了强大的战斗力，就是一盘散沙。

这实在是马哈木所能想到的最好的方法，坚壁清野、诱敌深入、居高而下、一举荡平，如同一部完整的动作片，前三个动作是准备，最后一个是结局。但这部动作片要想得到一个完美的结局必有一个前提条件，那就是当瓦剌军队从高处向下冲击时，明军“没有什么别的办法”。

明军已是我囊中之物！不久之后，瓦剌和我马哈木必将成为蒙古新的领袖！

可惜明军统帅朱棣偏偏是一个“有办法”的人，北平城造反时他有办法，白沟河大战时他也有办法，被挡在山东之外进退两难时，他还是有办法。

没有办法，他也走不到今天这一步。

六月初七，他带着自己的办法来到了忽兰忽失温，来到了马哈木为他安排的战场。

看完四周的环境，朱棣不由得抽了一口冷气，和他想象的丝毫不差，此处山多险峻，是伏击作战的不二之选。

无论如何，这里就是决战的地点了。

当那浩浩荡荡的大军来到自己眼前的时候，马哈木感觉到了强烈的兴奋，身后的三万大军只等待他的一声号令，就可以杀下山去，把明军击溃，彻底地击溃！

离成功只差一步！

更让马哈木惊喜的是，明军打头的并不是什么精锐骑兵，而是一些步兵，这简直是天助我也，只要打开了突破口，明军必然无法抵抗自己的攻击。

虽然离明军还有一段距离，但在仔细观察了明军阵形后，马哈木已有了必胜的把握，他随即下达了总攻的命令！三万骑兵自山上一冲而下，以猛虎之势扑向山下的明军，杀声遍野，马匹嘶鸣，震天动地。马哈木得意地在山上指挥着他的军队，等待着瓦剌骑兵一举冲垮明军的景象。

胜利就在眼前！

然而，就在瓦剌骑兵发动冲锋后不久，这场看起来一边倒的战役局势突然出现了意想不到的变化！

◆ 突击！神机营！

在发现瓦剌军队发动进攻后，明军迅速变换了阵形，原先队伍前列的步兵迅速由中间向两翼后退，中军后阵立刻涌出一支部队填补了空位。

这支部队与明军中的骑兵和步兵不同，他们手中拿着的并不是马刀或是长剑，而是火铳。

在迅速排布好阵形之后，士兵们将手中的火铳对准了不断逼近中的瓦剌骑兵，他们等待着指挥官柳升的命令。

瓦剌骑兵注意到了明军阵营的变化，但他们并未在意，而是继续纵马猛冲。

此时山上的马哈木也看到这一幕，和他手下的那些人不同，他是见过世面的，明军阵形的这一突然变化让他汗毛直竖，血液几乎凝固，他声嘶力竭地喊道："是神机营！快退！"

已经来不及了。

中军主帅柳升一声令下，万枪齐发，冲锋中的瓦剌骑兵万料不到会有这样的突然打击，纷纷受伤倒地，损失惨重。一时间战场上人仰马翻，惨烈无比。

但仗已经打到这个地步，已经冲锋了，难道还能退回去不成，索性拼到底吧！

于是剩下的瓦剌骑兵更加拼死向明军冲去。

这也是瓦剌骑兵所能做出的最正确的抉择，因为当时明军所使用的火铳是需要装填火药的，而装填火药需要时间，因而在最初的一轮齐射之后，战场上陷入了短暂的宁静之中。

瓦剌骑兵见状大喜，他们认定，只要能够冲入明军阵营，一样能够打败明军，获得全胜。

然而此时，战场上又出现了意想不到的情况。

瓦剌军眼看就要冲入明军阵营，也就在此刻，明军开始了第二次变阵！

神机营发动齐射之后，并没有出现手忙脚乱装填火药的情形，相反，他们将火

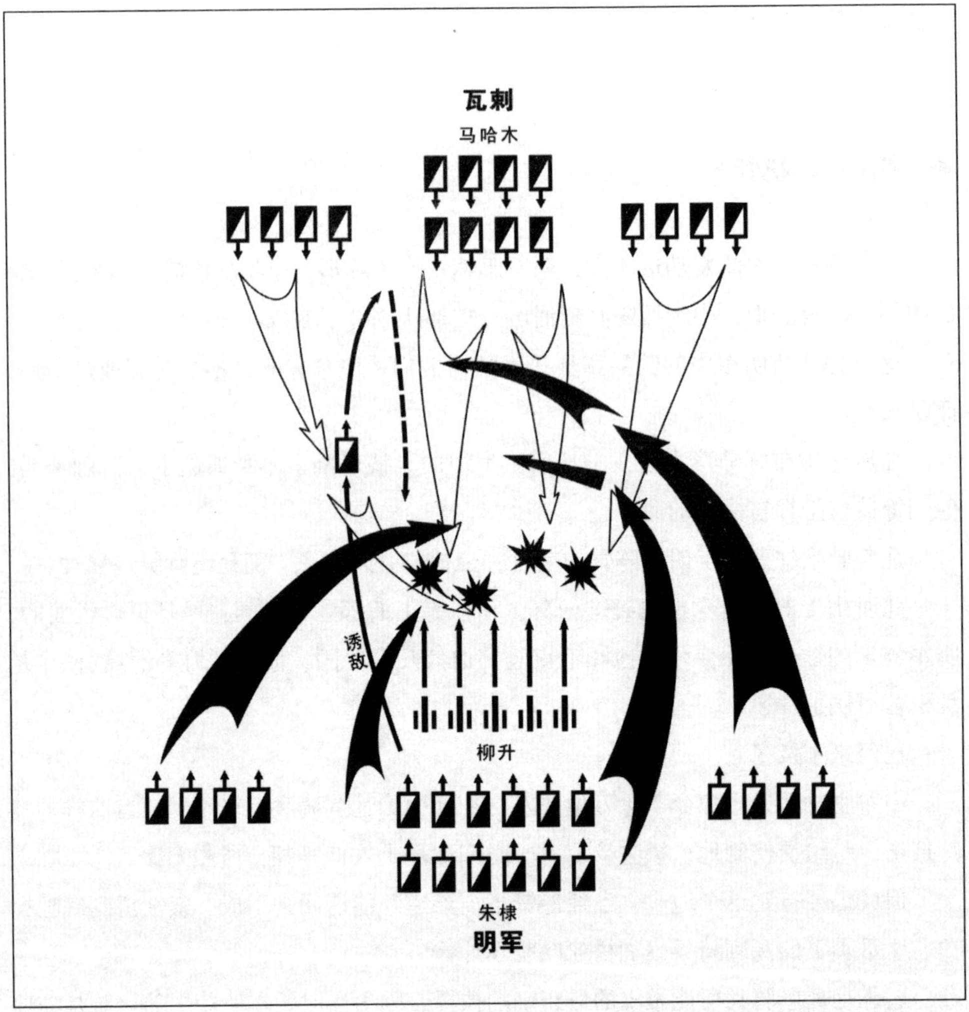

↑ 忽兰忽失温作战经过

铳收好，开始有条不紊地向阵形两翼迅速后撤，明军大队骑兵随即从后军冲出，并分为三部，左路由部将李彬、谭青指挥，右路由部将王通指挥，中军由朱棣亲自统帅。

在朱棣的统一指挥下，明军左、右两翼分别向瓦剌骑兵发动侧击，朱棣更是神勇无比，又一次亲率大军冲入敌阵，挥舞马刀砍杀瓦剌骑兵，与敌军展开激战。

可怜从山上冲下来的瓦剌骑兵，跑了这么远的路，到了明军跟前却发现原先密集的大队人马突然分散，瓦剌军还没有缓过神来，其左、右两翼就受到了明军的猛烈攻击，而自己正面的明军更是勇猛无比，四面受敌，到处挨打，之前看似不堪一击的绵羊突然变成了恶狼，这所有的一切让瓦剌陷入了极端的窘境，几万大军就此溃灭。

瓦剌首领马哈木是个聪明人，见势不妙，立刻带头逃跑，而已是一盘散沙的瓦剌军也纷纷掉头鼠窜，要知道，游牧骑兵虽然打仗勇猛，但逃跑起来和一般人也没有什么区别，反而跑得更快。

此战明军大胜，“斩其王子数十人”（不知是谁的儿子），杀伤瓦剌军万余人，按说人家跑了也就算了，但问题在于这支明军的统帅者是朱棣，他秉承父亲朱元璋同志的优良传统，牢记“凡事做绝”的行为准则，继续猛追马哈木。

明军连续追击，马哈木叫苦不迭，跑了上百里地，还是没有摆脱敌军，这样下去不是办法，而且如此狼狈不堪也实在太丢人，马哈木随即鼓起勇气，整合军队，再战明军，用我们今天的话说，叫挽回一点面子。

可朱棣实在不给一点面子，瓦剌军整队反攻，正中他下怀，明军势不可挡，一举攻破瓦剌军阵（又败之），马哈木十分果断，转身就跑。

马哈木接着跑，明军接着追，一直跑到图拉河边，马哈木眼见逃不脱，便耍起了流氓，甩掉了难兄难弟太平和博罗，让他们去殿后，自己一个人逃走。

而朱棣这边也不轻松，虽然追击很顺利，但中途的一个突发事件，却把朱棣着实吓了一跳。

在追击开始时，明军使用以乱打乱的战术，分散追击瓦剌军，本来这一战术没有什么问题，可有一个人过于兴奋，几乎惹下了大祸。

这个人就是朱棣的内侍李谦，他当时也在痛打落水狗的人群之中，但由于他追击太猛，以致深入敌军之地，被瓦剌军包围，按说李谦并不是什么大人物，死了也就死了吧，但和他在一起的偏偏还有一个朱瞻基。

朱瞻基是朱棣的孙子，朱高炽的儿子，即所谓的皇太孙，朱瞻基自幼聪明伶俐，朱棣并不喜欢他的残疾儿子朱高炽，却十分喜爱朱瞻基，而朱高炽之所以能够当上皇帝，很大程度上也是因为有这么一个机灵的好儿子。

朱棣一直以来就把朱瞻基当成将来的接班人来培养，此次出征他特意带上朱瞻基，也是希望朱瞻基能够借此机会见见世面，锻炼一下。

话虽如此，也不过是锻炼而已，就如同今天的领导下基层体验生活，挂职锻炼，不会真的动刀动枪去上阵拼杀。朱棣喜欢亲自抄家伙砍人，那是因为他长年从事该项运动，经验丰富，且善于躲闪，能够砍人而不被人砍，朱瞻基不过是个毛孩子，带出来转转而已，但这个毛孩子竟然不知深浅，一时头热，跟着李谦逞英雄去了。

当朱棣发现自己身边少了朱瞻基时，顿时傻了眼，冷汗直冒，这一仗胜负不要紧，输了可以重来，但要是把接班人弄没了，那才真是得不偿失。他火冒三丈，立刻派人询问朱瞻基和李谦的去向，得知他们已经追到了九龙口（地名）后，便火速派出军队接应自己的孙子回来，也算老天有眼，瓦剌军慌乱之间，也没有想到自己围住的是这么个大人物，见有人来接应，也就四散奔逃了。

朱瞻基平安回来了，但内侍李谦却不敢回来，他极为后怕，感到自己的问题严重，还没等朱棣向他问罪，就自杀了。

虽然有这样的一个小插曲，但此次战役，明军还是彻底击败了瓦剌军主力，自此之后几十年内，瓦剌再也不敢向明军挑衅，边境从此太平了一段时间。

现代的一位伟人曾经这样描述过战争和和平的关系：

一仗打出十年和平。

至理名言，古今通用。

◆ 战后总结大会

下面我们就这次战役开一个总结大会，现在开始：

这次忽兰忽失温战役虽然并不是什么决定性的战役，但却很值得分析，因为这个看似普通的战役中蕴涵了一些明军作战的秘密和规律，是应该认真研究的。

这次会议主要探讨两个问题。第一，为什么明军能够战胜？

要知道，一场战争的胜负是由很多决定因素的，之前我们介绍过，明军的骑兵个人能力不一定能够胜过瓦剌骑兵，但为什么明军却能在瓦剌占据天时地利人和的情况下击败瓦剌呢？

这是因为朱棣统帅下的明军有一套极有技术含量的战法和几支高素质的部队。战法问题过于复杂，我们下面再讨论，先说说明军的高素质部队：三大营。

明军三大营

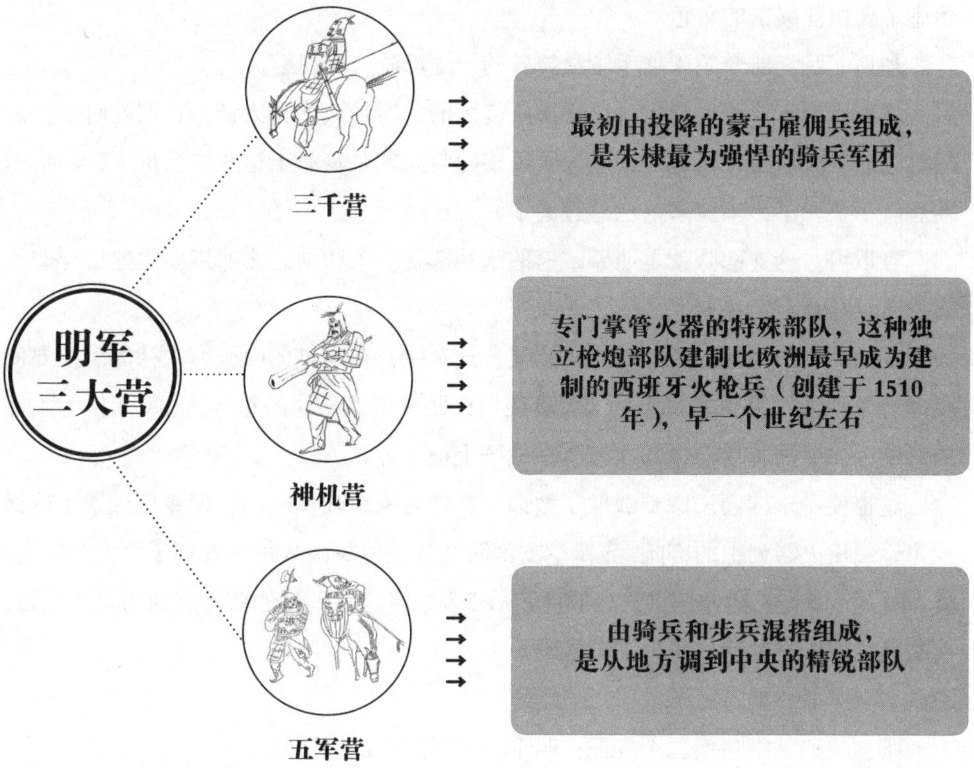

三大营是朱棣同志组建的部队，这支部队也是明朝的最精锐部队，它们分别是：五军营、三千营、神机营。

先说五军营，五军营并不是指五个军种，实际上，五军营是骑兵和步兵的混合体，分为中军、左军、左掖军、右掖军、右哨军，这支部队是从各个地方抽调上来的精锐部队，担任攻击的主力。

下面说一下三千营，我们前面已经说过五军营是明军主力，那么为什么还要单设一个三千营呢，这是因为三千营与五军营并不相同，它主要是由投降的蒙古骑兵组成的。也就是说，三千营实际上是以雇佣兵为主的。

之所以叫三千营，是因为组建此营时，是以三千蒙古骑兵为骨干的，当然后来随着部队的发展，实际人数当不止三千人，三千营与五军营不同，它下属全部都是骑兵，这支骑兵部队人数虽然不多，却是朱棣手下最为强悍的骑兵力量，他们在战争中主要担任突击的角色。

最后，我们要介绍朱棣手下最特殊的一支部队，神机营。

之所以说它特殊，是因为这支部队使用的武器是火炮和火铳，在明朝时候，人们称呼这些火器为神机炮，许多游牧民族的骑兵就是丧命于这些神机炮下，马哈木同志就不要哭了，毕竟事情已经过去了。

可以说，这支部队就是明朝政府的炮兵部队，朱棣同志之所以要组建这样的一支部队，那是有着深刻原因的。

我们看到朱棣同志沉痛地点了点头，没有错，在靖难的时候，朱棣同志主要使用的就是骑兵，但是盛庸先生却大量使用火器袭击他和他的军队，造成了极为不好的影响，朱棣同志自己也几次差点在战场上被干掉。

这也使得朱棣同志深刻吸取了教训，在他后来组建军队时，便专门设置了这样一个以使用火器为主的部队，正是这支部队在忽兰忽失温战役中发挥了巨大的作用。

好了，以上我们介绍了朱棣的高素质部队，但这并不是他获得胜利的根本原因，明军获胜的真正秘诀在于他们的战法。

下面我们就探讨第二个问题：明军使用了怎样的战法？

可能出乎很多人的意料，明军的战法是非常先进的，那到底先进到什么水平？

客观地说，明军的战术虽不能说领先世界几百年，但放眼全球，至少在当时，绝无可望其项背者。

这并不是信口胡说，是有着充分的证据的，请大家坐好，下面我们将详细介绍明朝军队先进战法的发展过程。

在朱元璋时代，明朝有徐达、常遇春、李文忠等十分优秀的骑兵将领，这些人使用骑兵作战堪称不世出之奇才，连靠骑兵起家的蒙古人也被他们打得狼狈不堪，但除了他们率领的骑兵之外，明朝在军事上还有另一招看家本领，那就是火器。

事实证明，中国人在发明火药之后，并不仅仅用它制作鞭炮，经过上百年的演化改进，明代时候朱元璋的军队中已经开始大规模使用火器，包括火炮和火铳等，而相应于擅长使用骑兵的徐达等人，朱元璋的手下也涌现出了一大批善于使用火器作战的将领。这些将领中的佼佼者就是邓愈和沐英。

邓愈是偏好使用火器的，在洪都保卫战中，他的部下就曾经使用火器重创过陈友谅的军队，但朱元璋时代，对火器战术的运用达到登峰造极程度的，却并不是他，而是沐英。

在那将星闪耀的年代，沐英并不如徐达等人那么耀眼夺目，但他也是一名十分优秀的将领，洪武十四年，他随同傅友德、蓝玉攻击云南，虽不是主帅，但他的排名仅次于蓝玉，可见绝非等闲之辈，一年之后，云南平定，傅友德、蓝玉先后奉调回京，朱元璋下令，沐英暂不回京，镇守云南。按照当时的说法，这只是一个暂时的安排，然而沐英却迟迟没有等到调动工作的机会，慢慢地，他由临时工变成了合同工，他留在了云南。

他死后，他的子孙也留在了云南，接着执行祖辈与朱元璋签订的那份长期镇守合同，从此沐氏就成为了云南的镇守者，而这份合同的年限也实在有点长——二百六十年，直到明朝灭亡。

但也正是在这片土地上，沐英创造出了他独特的火器战法。

沐英时代的云南绝不是我们今天看到的所谓春城和旅游胜地，实际上，当时的云南还是一片蛮荒之地，少数民族众多，且以造反为日常主要活动项目，云南之地少平原，骑兵没有多大作用，大部分的军事行动要靠步兵，本来毫无组织的少数民族应该不是训练有素的明朝步兵的对手，可偏偏当地有一种特产，而这种特产又是少数民族喜闻乐见，并极其乐于使用的。

这种特产就是大象。

话说大象这种动物，身高体胖皮厚，虽不惹事但也不好惹，连山中王老虎见了也要给它三分面子，当年象牙也没现在这么值钱，所以大象数量很多。当地少数民族造反时，总喜欢使用这种当地特产。

明军骑马，反军骑大象，这仗怎么打？

克制大象的方法还是有的，那就是火器，火铳和火炮不但能够有效打击大象，在开枪时发出的响声还能起到威吓的作用。事实上，这也是当年明军唯一可以克制大象军团的方法。

但事实总是不尽如人意，沐英时代所使用的火铳是洪武火铳，这种火铳射程不远，且每次发射后都需要换黑火药和铅子，无法形成持续的杀伤力，发射火铳的士兵往往射完第一发子弹后就会被大象踩死，这种赔本买卖沐英是不会做的。

在经过无数次失败和思考后，沐英终于创造出了一种先进且足以克制大象的火器战法。

这种战法根据敌军大象兵打前阵的特点，将火铳兵列队为三行，发现敌象兵前进后，第一行首先发射火铳，然后第二行、第三行继续发射，在二三行发射时，第一行就可以从容装好子弹,形成完备而持续的强大火力（置火铳为三行,列阵中……前行退后，次行继之；又不退，次行退后，三行继之）。

这种开创性的战术克服了当时火铳的局限性，三行轮流开火，没有丝毫停歇，足以将任何敢于来犯之敌人（包括大象）打成漏斗。

正是凭借着这种战法，沐英彻底平定了云南境内的叛乱，这种战法由于其使用的地域性，并没有在明军中广泛流传，但这并不能否定其在军事史上的伟大意义。

在沐英发明三行火铳战法的百年之后，普鲁士国王腓特列二世经过长期钻研，发明了与之类似的三线战法，其排兵布阵方法与沐英如出一辙，后来，他凭借着这一战法称雄欧洲。

当然，这位普鲁士国王认为自己才是三线战术当之无愧的首创者，如果此事发生在发明权和知识产权制度十分清晰的今天，我们是很有理由向这位国王收取专利权使用费的。

沐英的三行火器战法虽然并没有在明军中得以广泛流传和使用，但我们不需要为此感到遗憾，因为就在不久之后，一种威力更大、更先进的战法将代替它的位置，在明朝乃至世界军事史上写下辉煌的一页。

发明这种战法的是一位优秀的军事家，他就是我们熟悉的朱棣同志。

在明朝永乐时期，由于早期的徐达、常遇春等一群猛将都已故去，新一代的骑兵随着生活水平的提高，其吃苦耐劳精神有所退化（并非玩笑），不如他们的先辈，明朝骑兵对蒙古骑兵的个体战略优势已经失去，想要克制整日游牧抢劫的蒙古骑兵的冲击力，必须配合使用其他武力手段。

朱棣同志根据其长期武装斗争的经验，设置了三大营，并正式将火炮军队引入了明军的战斗序列，他希望用火器来压制蒙古骑兵的冲击，但问题在于，骑兵不同于象兵，其速度极快，由于当时火器杀伤力和射击距离以及换火药时间上的限制，即使朱棣使用沐英的三行火器战法，也是无法抵御骑兵冲击的。

在总结经验教训后，明军终于找到了一套能够有效克制蒙古骑兵的战法，本人给明军使用的这套战法取了一个名字，叫“要你命三板斧战斗系统”。

◆“要你命三板斧战斗系统”使用说明书

明军的这个三板斧战法是建立在三大营基础上的，与“要你命 3000”武器系统类似的是，明军是对三大营军事力量进行合理调配与组合，达到克制蒙古骑兵的目的。

所谓的要你命三板斧战法的操作过程是这样的，首先，在发现蒙古骑兵后，神机营的士兵会立刻向阵形前列靠拢，并做好火炮和火铳的发射准备，在统一指挥下进行齐射。这轮齐射是对蒙古骑兵的第一轮打击，也就是第一斧头。

神机营射击完毕后，会立刻撤退到队伍的两翼，然后三千营与五军营的骑兵会立刻补上空位，对已经受创的蒙古骑兵发动突击，这就是明军的第二斧头。

骑兵突击后，五军营的步兵开始进攻，他们经常手持制骑兵武器（如长矛等），对蒙古骑兵发动最后一轮打击，这也是明军的最后一斧头。

可以看到，这是一个完整的战斗系统，明军使用火器压制敌人骑兵推进挫其锐气后，立刻发动反突击，然后用步兵巩固战场（神机铳居前，马队居后，步卒次之），这一系统的具体使用根据战场条件的不同各异，其细节操作过程也要复杂得多，比如多兵种部队的队形转换等，但其大致过程是相同的。

以冲击力见长的蒙古骑兵就是败在了明军的这套战术之下，无论多么凶悍的骑兵也扛不住这三斧头，这套“要你命三板斧战斗系统”经常搞得蒙古人痛苦不堪，却又无可奈何。

此外，明军使用的武器也是很有特点的，据考证，当时的明军骑兵使用的兵器与蒙古骑兵也多有不同，某些明朝骑兵使用的不是马刀，而是另一种威力更大的独门兵器——狼牙棒。

虽然骑兵多数使用的是弯马刀，但据现代科技人员研究表明，高速移动中的骑兵在与敌方骑兵交锋时，使用狼牙棒的一方是占有优势的，这是因为狼牙棒的打击范围广，使用方便，马刀只有单面开刃，狼牙棒却是圆周面铁刺，无论哪一部分击打对手都会造成伤害，此外还兼具棍棒打击功能，其威力实在堪比现在街头斗殴时

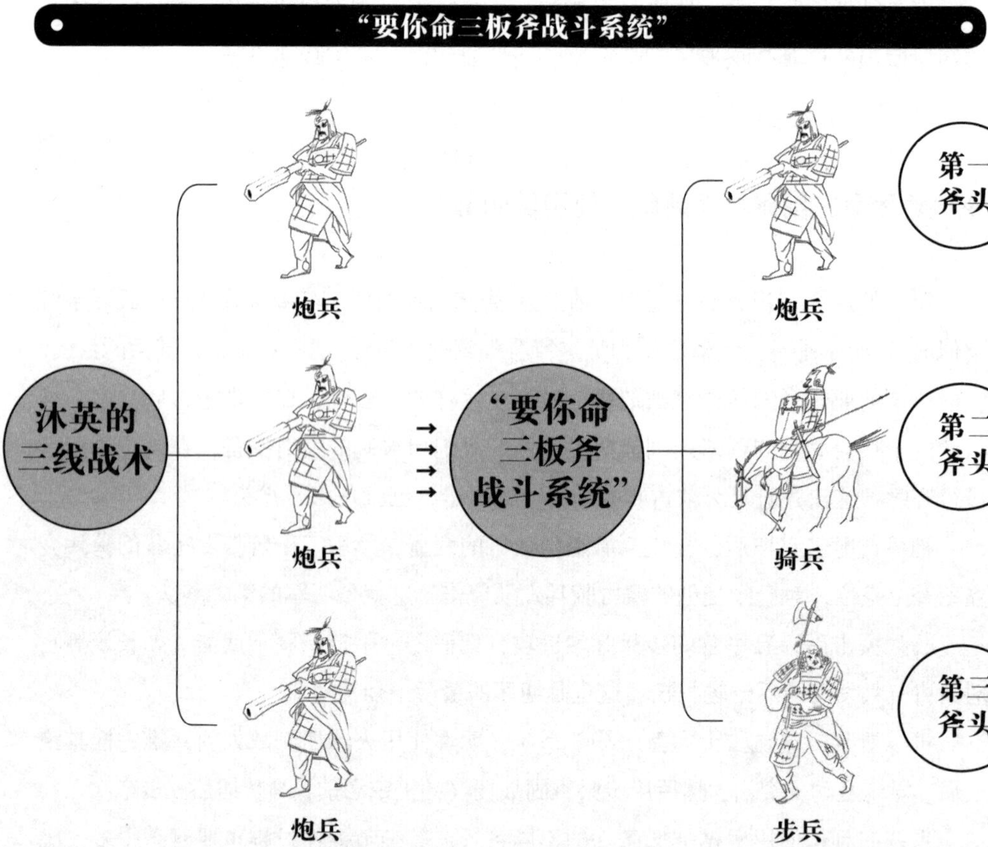

使用的王牌武器——三棱刮刀。

而且狼牙棒的批量制作费用低廉，没有统一标准，在棍棒上加装铁钉、铁签等物体，几十分钟即可制作完成，简单方便，还可自由发挥创造力，如个别心理阴暗者会加装倒钩、倒刺等，不死也让你掉层皮，实在让人胆寒，正是所谓价格便宜，量又足，他们一直用它。

综合以上的分析，我们可以看出，明军的胜利绝不是侥幸，在他们辉煌战绩的背后，是对先进武器的研发、战术的科学分析和战斗过程的细节编排，是无数军事战术科研人员的辛勤汗水的结晶。

所以在我看来，科学技术是第一推动力这句话实在是极为正确的。

和我们前面介绍过的沐英的三行战法一样，朱棣的这套战法在后来的时代里也有很多类似品。

三百多年后，一位矮个子开始使用与朱棣类似的战法，他的战术可以用三句话来概括：先用大炮轰，再用骑兵砍，最后步兵上。

可以看出，他的这套战法和朱棣时代的明军战法是比较类似的，正是凭借这套战法，他征服了大半个欧洲，并最终找到了一份和朱棣相同的工作——皇帝。

这位矮个子就是法国的拿破仑，他威震天下的资本正是他那独特而富于机动性的炮骑结合战术。

天才总是有某些共通点的。

会议开到现在，也该散会了，希望大家能够从这个总结会议中了解一些明朝的战术思想和技巧，也算没白开这个会。

对了，差点说漏了最重要一点，以上我们已经概括了明军的战术思想和战斗方法，虽然这些都是明军取胜的重要原因，但先进的武器和战术并不是影响战争胜负的决定性因素，事实上，古往今来，所有战争的胜负关系都遵循着一个最根本的原理：

最终决定胜负的是参加战争的人。

马哈木失败了，他的挑衅行为终于换来了教训，明白自己没有与明朝对抗的实力后，他也步阿鲁台后尘，于永乐十三年向明朝朝贡称臣。

不过总体看来，马哈木这个人还是比较守信用的，至少比阿鲁台强，或者说他很识时务，可能是那惨烈的一仗给他的心灵以沉重的打击，他终其一生再也没有侵犯过明朝边界，这无疑是一件好事，但从史料来看，他也并没有闲着，此后他将所有的精力都投入到了对子孙的培养中。

很明显，他认识到了最重要的一点，那就是以瓦剌目前的经济实力和科技实力，绝对不是明朝政府的对手，但他也明白，先进的武器和战术从来都不是胜利的保障，统帅和参与战争的人才是最为关键的。

事实证明，他确实培养出了堪称英才的下一代。

他的儿子叫脱欢，二十年后杀掉了鞑靼首领阿鲁台，最终统一蒙古。

他的孙子叫额森，这位仁兄比他老子还厉害，干出了更加惊天动地的事，他还有一个广为人知的名字——也先。

第十六章

帝王的财产

○永乐大帝朱棣就这样用武力为自己的国民创造了一个良好的生活环境　此时《永乐大典》已经修成　边疆平安无事　周边四夷争相向明朝皇帝朝贡　大明帝国可谓风光无比

朱棣对待蒙古部落的这种指哪打哪，横扫一切的军事讨伐有效地震慑了瓦剌和鞑靼，自永乐十二年征伐瓦剌得胜归来后，明帝国的边界终于安静了下来，瓦剌奄奄一息，鞑靼心有余悸，“不打不服，打服为止”这句俗语用在此处十分合适。永乐大帝朱棣就这样用武力为自己的国民创造了一个良好的生活环境，此时《永乐大典》已经修成，边疆平安无事，周边四夷争相向明朝皇帝朝贡，大明帝国可谓风光无比。

在朱元璋和朱棣父子的辛苦经营下，明帝国的文治武功达到了最高峰，国家繁荣昌盛、百业兴旺的景象又一次在中国大地上呈现。这固然是朱棣的成就，但究其根本还是朱元璋时代打下的良好基础在起作用，因为朱元璋就如同一个尽职的管家婆，早已为自己的子孙制定了一系列政策，让他们去照着执行。

事实上，朱棣时代奉行的仍然是他父亲的那一套系统，但朱棣本人在此基础上也有着自己的发明创造，下面我们将介绍朱棣统治时期出现的几个新机构，这些机构对之后的明代历史有着极为深远的影响，而且这些也确实可以算得上是朱棣辛苦劳动的结果，是超越前人的发明创造，值得一提。

我们先从最重要的一个说起。

这是一个全新的机构，是由朱棣本人设立的。但

明朝的第一任内阁

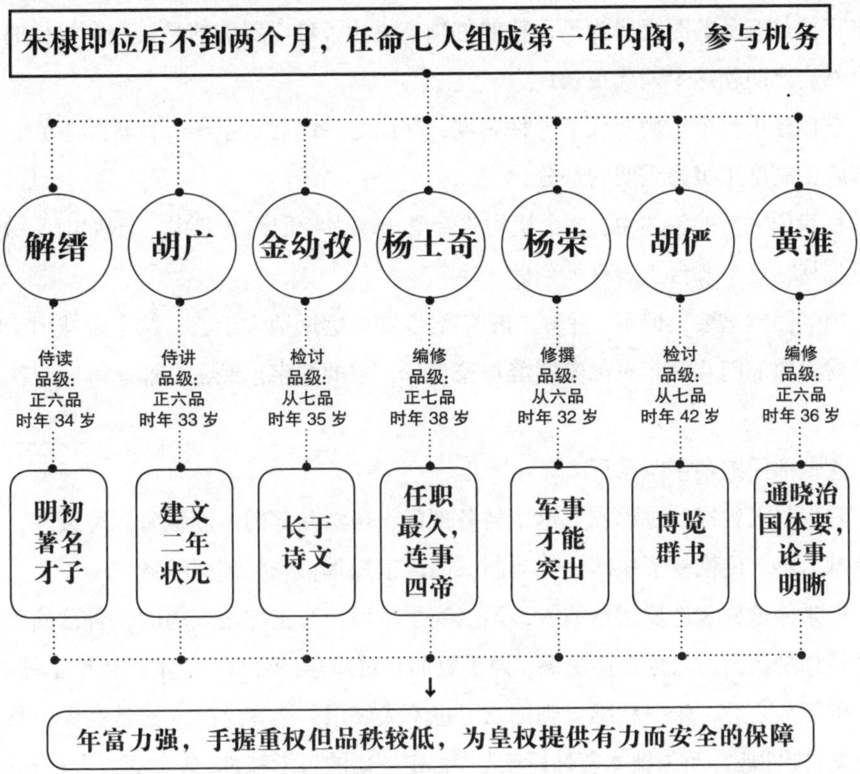

这个新机构的设立者朱棣做梦也不会想到，几十年之后，它会成长为一个可怕的庞然大物，庞大到足以威胁皇帝的地位和权力。

这个机构就是内阁。

永乐初年，被政事累得半死不活的朱棣终于无法忍受下去了。他总算领教了自己老爹朱元璋的工作效率和工作精神，自己纵然全力以赴没日没夜地干工作，还是很难完成。在这种情况下，他任命解缙等七人为殿阁大学士，参与机务。

这七个人组成了明朝的第一任内阁，自此之后，朱棣但凡战争、用人、甚至立太子这样的事情都要与这七个人讨论方做决定，其职权责任不可谓不大。

但出人意料的是，内阁成员的官职却只有五品，远远低于尚书、侍郎等中央官员，这也是朱棣精心设置的，他对内阁也存有一定戒心，为防止这七个人权势过大，他特意降低了这些所谓阁员的品衔，他似乎认为这样就能够有效地控制内阁。

后来的事实证明，他错了。

谁也料不到这个当初丝毫不起眼的小机构最终竟然会成为明帝国统治的中枢，当年官位仅五品的阁臣成为了百官的首领，更让人难以置信的是，这个机构的生命力竟然会比明朝这个朝代更长！

它已经由一个机构变成了一种制度，在此之后的五百余年一直延续下去，成为中国政治制度中极为重要的部分。

在我们之后的叙述中，这个机构将经常出现在我们的文章中，无数忠臣、奸臣、乱臣都将在这个舞台上表现他们的一生。

内阁固然重要，但下一个机构的知名度却要远远地大于它，这个朱棣出于特殊目的建立的部门几百年来都笼罩着神秘色彩，它的名字也经常和罪恶、阴谋纠缠在一起。

这个部门的名字叫东厂。

我们前面曾提到过锦衣卫这个特务部门，虽然此部门一度被朱元璋废除，但朱棣登基后不久便恢复了该部门的建制，原因很简单，朱棣需要特务。

像朱棣这样靠造反上台的人，虽然嘴上不说，心里却是很虚的，自己搞阴谋的人必然总是认为别人也在搞阴谋，为了更加有效地监视百官，他重新起用了锦衣卫。

但不久之后，朱棣就感觉到锦衣卫也不太好用，毕竟这些人都是良民出身，和百官交往也很密，而朱棣本着怀疑一切、否定一切的科学精神，认定这些人也不可靠。

这下就难办了，特务还不可靠，谁可靠呢？

参考消息 **态度好的好处**

翰林院庶吉士刘子钦好酒，一天中午喝酒之后，竟然直接躺在文渊阁的地上睡了，被东厂太监逮了个正着。按照明朝制度，官员不能在中午喝酒睡觉。朱棣把刘子钦叫去训斥了一顿，罚他去工部跑腿。刘子钦自知理亏，二话没说就去工部报到了。朱棣怕罚重了被人背后说闲话，就让太监去听壁角。结果太监回来报告，说刘子钦的态度好着呢。朱棣赞许之，当即就把他招了回来，当时刘子钦身上还穿着跑腿的衣服，朱棣就笑着寒碜了一句，然后让他重新换上官服，回文渊阁去了。

◆ 宦官

宦官最可靠，虽然这些家伙没文化，身体还有残疾（特等），大部分还有点变态心理(可以理解),但毕竟曾经帮助我篡位,一直在我身边,所以信任他们是没错的。

就这么定了，设立一个由宦官主管的机构，向我一个人负责，负责刺探情报，有事直接向我汇报请示，办公地点就设在东安门吧，这样调动也方便点。

至于名字，既然总部在东安门，就叫东厂吧。

永乐十八年（1420），朱棣设置东厂，这个明代最大的特务机构就此登上历史舞台，其权力之大、作恶之多、名声之臭实在罕有匹敌。

由于其机构位于东安门，所以被命名为东厂，家住北京的朋友有兴趣可以去原

址看看，具体地址是今天的北京王府井大街北部，名字还叫东厂胡同。

东厂设立之初便十分有气派，主要反映在东厂的关防印上。别的部门官印只是简单写明部门名称而已，东厂的关防印却大不相同，具体说来是十四个大字："钦差总督东厂官校办事太监关防"。虽然语法不一定通畅，却十分有派头，而在我看来，这样的印记还兼具一定的防伪作用，毕竟街头私刻公章的小贩要刻这么多字花费的力气会更多，收费也更贵。

最初东厂只负责侦查、抓人，并没有审判的权力，抓获人犯要交给锦衣卫北镇抚司审理，但到后来，为了方便搞冤假错案，本着人无我有、人有我优的精神，东厂充分发挥积极性，也开办了自己的监狱。

东厂设置有千户、百户、掌班、领班、司房等职务，但具体干活的是役长和番役，他们职责很广，什么都管，什么都看，朝廷会审案件，东厂要派人听审；朝廷的各个衙门上班，东厂派出人员坐班，六部的各种文件，东厂要派人查看；这还不算，更让人瞠目结舌的是，这些人还负责市场调查，连今天菜市场白菜、萝卜多少钱一斤，都要记录在案。

这些无孔不入的人不但监视百官，连他们的同行锦衣卫也监视，可见其权力之大。

能统率这么大的机构，拥有如此大的权力，东厂首领也就成为了人人称羡的职业，但这个职业有一个先天性的限制条件：必须是宦官（有得必有失啊）。

东厂的首领称为东厂掌印太监，是宦官中的第二号人物。

第一号人物自然是鼎鼎大名的司礼监掌印太监。

这些东厂的特务在刺探情报、鱼肉百姓之余，也有着自己敬仰的偶像和信条，在东厂的府衙大厅旁边，设置了一座小厅，专门用于供奉这位偶像。

相信大家也绝对不会想到，这位拥有大量东厂崇拜者的偶像竟然是——岳飞。

更令人啼笑皆非的是，东厂人员还在东厂大堂前建造了一座牌坊，写上了自己的座右铭——百世流芳。

百世流芳相信他们是做不到了，遗臭万年倒是很有可能，而可怜的岳飞如果知道还有这样一群人把他当成偶像，只怕也是高兴不起来的。

这里也要特地说明，请大家不要相信新龙门客栈中的所谓绝顶太监高手之类的鬼话，现实中的东厂太监手边也没有什么葵花宝典，抓人逞凶等大部分的具体事情

东厂的组成

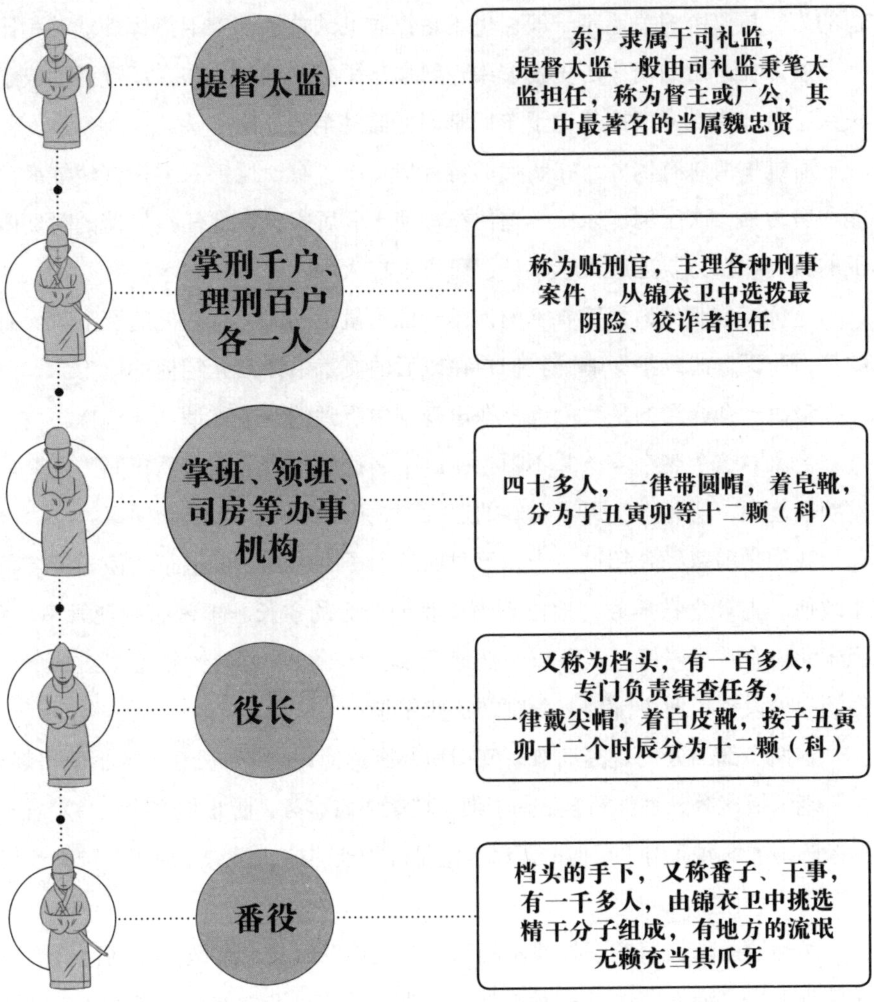

都是由东厂太监手下的那些正常人干的。

自从这个机构成立后，不光是朝廷百官倒霉，连锦衣卫也跟着郁闷，因为他们原本就是特务，东厂的人却成了监视特务的特务，锦衣卫的地位大受影响。

在东厂成立之前，锦衣卫也算是个有前途的职业，许多“有志青年”出于各种目的，纷纷投身于明朝的特务事业，但东厂机构出现后，其势头就盖过了锦衣卫，抢了锦衣卫的风头。

原因也很简单，东厂是直接向皇帝负责的，而且其首领东厂掌印太监是皇帝身边的人，与皇帝的关系不一般，也不是锦衣卫的首领锦衣卫指挥使能够相比的。

所以在之后的明代历史发展中，原本是平级的锦衣卫和东厂逐渐变成了上下级关系，有些锦衣卫指挥使见了东厂掌印太监甚至要下跪叩头。

不过事情总有例外，在明代的特务历史中，有一位锦衣卫指挥使依靠自己的才能和努力第一次压倒了东厂，这位指挥使十分厉害，在他任指挥使的时期内，锦衣卫的威名和权力要远远大于东厂，可见事在人为。

这位堪称明代最强锦衣卫的人是一位重量级的人物，在他的那个时代有着强大的势力和深远的政治影响，我们将在以后的文章中详细介绍他的一生。

最后一个介绍的是我们经常在电视剧中听到的一个称谓——巡抚。

大家对这个名字应该并不陌生，这个名称最初出现在永乐年间，也算是朱棣的发明创造吧，实际上，那个时候的巡抚和之后的巡抚并不是一回事。

我们之前曾经介绍过，朱元璋时期废除了中书省，设置布政使司，最高长官为布政使，主管全省事务，地位相当于我们今天的省长。本来布政使管事也算正常，但朱元璋有一个嗜好——分权，他绝不放心把一省的所有大权都交给一个人，于是他还另外设置了两个部门，分管司法和军事。

这两个部门分别是提刑按察使司和都指挥使司，最高长官为按察使和都指挥使。

老朱搞这么一手，无非是为了便于控制各省事务，防止地方坐大，本意不坏，但后来的事情发展又出乎了他的意料，这是因为他的这一举动正应了中国的一句俗话：

三个和尚没水喝。

虽然这三位长官的职权并不相同，布政使管民政、财政、按察使管司法、都指挥使管军事，但大家都在省城办公，抬头不见低头见，关系处得不好，也是很麻烦的，平日里三家谁也不服谁，太平时期还好办，万一要有个洪灾、旱灾之类的天灾，如果没有统一调配，是很麻烦的，特别是当时还经常出现农民起义这种群众性活动，没有一个总指挥来管事，没准农民军打进官衙时，这三位大人还在争论谁当老大。

为了处理这三个和尚的问题，中央想了一个办法，就是由中央派人下去管理全省事务，这个类似中央特派员的人就叫巡抚。

要说明的是，中央可不是随便派个人下来当巡抚的，在论资排辈十分严重的中国，能被派下来管事的都不是等闲之辈，一般来说，这些巡抚都是各部的侍郎（副部级）。

与很多人所想的不同，在永乐时期，中央官员序列中实际上并没有巡抚这个官名，所谓的巡抚不过是个临时的官职，中央的本意是派个人下去管事，事情办完了你就回来，继续干你的副部级。

可是天不遂人愿，中央大员下到地方，小事容易办，要是遇到民族纷争问题和农民造反这些大事，就不是一年半年能回来的了。要遇到这种事情，巡抚可就麻烦了，东跑西跑，一忙就是大半年，这里解决了那里又闹，逢年过节的，民工都能回家过年，而有些焦头烂额的巡抚却几年回不了家。

本来只是个临时差事，却经常是一去不返，巡抚也有老婆孩子，也有夫妻分居、子女入学这些问题，长期挂在外面也实在苦了这些大人，中央也麻烦，往往是这个刚巡回来，又有汇报何处出事，地方处理不了，需要再派，周而复始，也影响中央人员调配，于是，在后来的历史发展中，巡抚逐渐由临时特派员变成了固定特派员，人还算是中央的人，但具体办公都在地方，也不用一年跑几趟了。

既然说到巡抚，我们就不得不说与之相关的两个官职。

巡抚虽然是大官，却并非最大的地方官员，事实上，比巡抚大的还有两级，这两级官员才真正称得上是举足轻重的人物。

明朝政府确定了巡抚制度后，又出现了新的难题，因为当时的农民起义军们经常会变换地点，也就是所谓的打一枪换一个地方，也算是游击战的一种，山东的往河北跑，湖北的往湖南跑，遇到这种情况，巡抚们就犯难了。比如浙江巡抚带着兵追着起义军跑，眼看就要追上，结果这些人跑到了福建，浙江巡抚地形不熟，也不方便跑到人家地盘里面去，就会要求福建巡抚或是都指挥使司配合，如果关系好也就罢了，算是帮你个忙。关系不好的那就麻烦了，人家可以把眼一抬："你何许人也，贵姓？凭什么听你指挥？"

为了处理这种情况，中央只得再派出更高级别的官员（一般是尚书正部级），到地方去处理事务，专门管巡抚。这些人就是所谓的总督。

总督一般管两个省或是一个大省（如四川总督只管四川），可以对巡抚发令。

按说事情到这里就算解决了，可是政策实在跟不上形势，到了明朝后期，如李自成、张献忠这样的猛人出来后，游击队变成了正规军，排场是相当的大，人家手

地方官制度

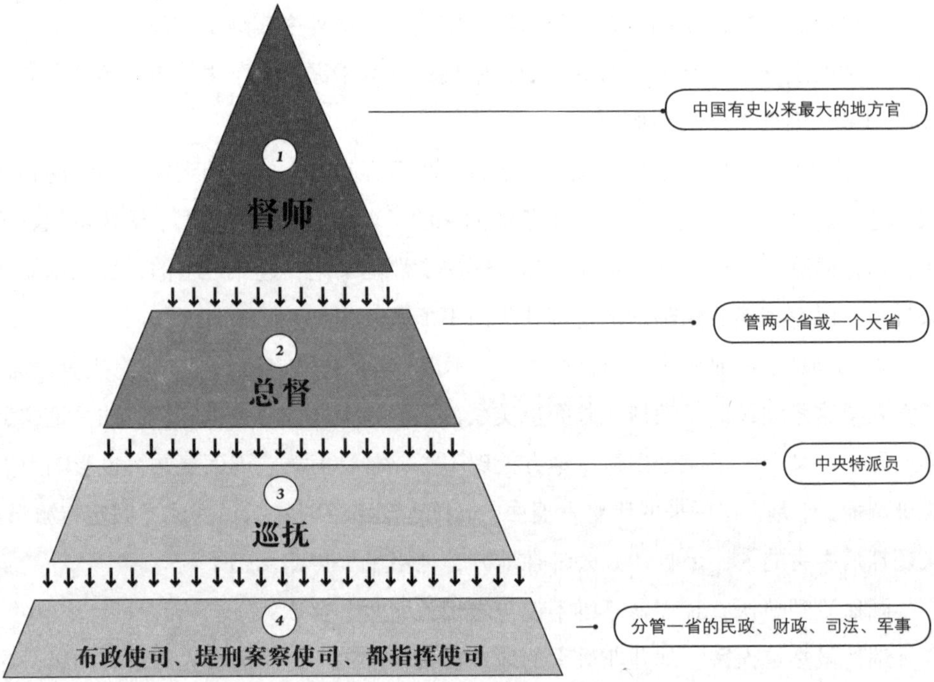

下几十万人，根本不把你小小的巡抚、总督放在眼里，正规军不小打小闹，要打就打省会城市，一闹就几个省，总督也管不了。

在这种情况下，中国有史以来最大的地方官出场了，疲于应付的明朝政府最后只得又创造出一个新官名——督师。这个官专门管总督，农民军闹到哪里，他就管到哪里，当然了，这种最高级别的地方官一般都是由中央最高文官大学士兼任的。

以上三种机构或官职都是在永乐时期由朱棣首创的，其作用有好有坏，我们在这里介绍它们，是因为在后面的文章中，我们还要经常和他们打交道，所以在这里必须先打个底。

与这些制度机构相比，朱棣还给他的子孙后代留下了一样更加珍贵的宝物，也正是这件宝物不但开创了永乐盛世，还在朱棣死后，将这种繁荣富强的局面维持下去。

这件宝物就是人才。

朱棣和朱元璋一样，都是中国历史上十分有作为的英明君主，但综合来看，朱棣比朱元璋在各个方面都差一个层次，除了一点之外。

这一点就是看人才的眼光。

之前我们曾经介绍过朱元璋给他的孙子留下的那三个人，事实证明这三个人是名副其实的书呆子，作用极其有限，朱棣也给自己的子孙留下了三个人，这三个人却与之前的齐、黄大不相同。

他们是真正的治世英才。

由于他们三个人都姓杨，所以史称“三杨”。

他们是那个时代最为优秀的人物，且各有特长，不但有能力，而且有城府心计，历经四朝而不倒，堪称奇人，下面我们就逐个介绍他们的传奇经历。

◆ 第一个人：博古守正 杨士奇

如果要评选中国历史上著名盛世之一——仁宣盛世的第一缔造者，恐怕还轮不到仁宣两位皇帝，此荣誉实非杨士奇莫属，因为如果没有他，朱高炽可能就不是所谓的明仁宗了。

这位传奇文臣活跃于四朝，掌控朝政，风光无限，但这一切都是他应得的，为了走到这一步，他付出了太多太多。

至正二十五年（1365），杨士奇出生在袁州，当年正是朱元璋闹革命的时候，各地都兵荒马乱，民不聊生，为了躲避饥荒，杨士奇的父母带着他四处奔走，日子过得很苦。在杨士奇一岁半的时候，他的父亲杨美终于在乱世中彻底得到了解脱——去世了。

幼年的杨士奇不懂得悲伤，也没有时间悲伤，因为他还要跟着母亲继续为了生存而奔走，上天还是公平的，他虽然没有给杨士奇幸福的童年，却给了他一个好母亲。

杨士奇的母亲是一个十分有远见的人，即使在四处漂流的时候，她也不忘记做一件事——教杨士奇读书。在那遍地烽火的岁月中，她丢弃了很多行李，但始终带着一本书——《大学》，说来惭愧，此书我到二十岁才通读，而杨士奇先生五岁就已经会背了，如果在下生在那个时代，估计混到四五十岁还是个童生。

读书是要讲天分的，杨士奇就十分有天分，可读书还需要另一样更为重要的东西，那就是钱。

杨士奇没钱，他的母亲也没钱。

没有钱，就上不起私塾，就读不了书，就不能上京考试，就不能当官，毕竟科举考试并不是只考《大学》。

杨士奇和他的母亲就这样在贫困的煎熬中迎来了人生的转折。

洪武四年，杨士奇的母亲改嫁了，杨士奇从此便多了一位继父，一位严肃且严厉的继父。

这位继父叫罗性，他同时也兼任杨士奇的老师。

罗性，字子理，事实上，他并不是一个普通人，此人出生世家，当时已经是著名的名士，且有官职在身，性格耿直，但生性高傲，瞧不起人。

杨士奇怀揣着好奇和畏惧住进了罗性的家，当然，也是他自己的家。

罗性是一个十分严厉孤傲的人,对这个跟着自己新娶妻子（或是妾）一道进门，却并非自家血亲的小孩并没有给什么好脸色。这似乎也是很自然的事。

进入罗家后不久，杨士奇就被强令改姓罗，这似乎也很正常，给你饭吃的人总是有着某种权力的。

杨士奇就这样在这个陌生的环境下开始了自己的生活，虽然改姓罗，但毕竟不是人家的孩子，差别待遇总是有的，罗性也并不怎么重视他，这一点，即使是幼年的杨士奇也能感觉得到。他唯一能做的就是更加小心翼翼，尽量不去惹祸，以免给他和他的母亲带来麻烦。

两年后，年仅八岁的杨士奇的一次惊人之举改变了他的生活状况。

洪武六年（1373），罗家举行祭祀先祖的仪式，还是小孩的杨士奇被触动了，他想起了自己故去的父亲和颠沛流离的生活，他也想祭拜自己的父亲和亲人。

可是罗家的祠堂绝不会有杨家的位置，而且如果他公开祭祀自己的家人，恐怕是不会让继父罗性高兴的。

这个年仅八岁的小男孩却并未放弃，他从外面捡来土块，做成神位的样子，找到一个无人注意的角落，郑重地向自己亡故的父亲跪拜行礼。

杨士奇所不知道的是，他这自以为隐秘的行为被一个人看在了眼里，这个人正是罗性。

不久之后，罗性找到了杨士奇，告诉他自己看到了他祭拜祖先的行为，还告知他从今往后，恢复他的杨姓，不再跟自己姓罗。

杨士奇十分惊慌，他以为是罗性不想再养他，要将他赶出门去。

罗性却摇了摇头，叹息道："我的几个儿子都不争气，希望你将来能够略微照顾一下他们。"

他接着感叹道："你才八岁，却能够寄人篱下而不堕其志，不忘祖先，你将来必成大器！你不必改姓了，将来你必定不会辱没生父的姓氏。"

罗性是对的，有志从来不在年高。

自此之后，罗性开始对杨士奇另眼相看，并着力培养他，供他读书。

如果事情就这样发展下去，杨士奇应该会通过各项考试，最终中进士入朝为官，因为他确实有这个实力，但上天实在弄人。

仅仅一年之后，罗性因罪被贬职到远方，杨士奇和他母亲的生活又一次陷入了困境。然而在这艰苦的环境下，有志气的杨士奇却没有放弃希望，他仍然努力读书学习，为自己的将来而奋斗。

由于家境贫困，杨士奇没有办法像其他读书人那样上京赶考图个功名，为了贴补家用，他十五岁就去乡村私塾做老师，当时私塾很多，没有形成垄断产业，每个学生入学时候交部分学费，不用开学时去教务处一次性交清，如果觉得先生教得不好，可以随时走人，所以老师的水平是决定其收入的关键，学生多收入就多，由于他学问根基扎实，很多人来做他的学生，但毕竟在农村贫困地区，他的收入还是十分微薄，只能混口饭吃。

参考消息 **杨士奇的婚事**

杨士奇在内阁时，他的夫人已去世多年，他也没有再娶，只有一名丫鬟一直照顾他的起居。一次，宫中有喜庆典礼，各文武大臣都带着诰命夫人前往朝贺。太后听说杨士奇没有夫人，一时兴起，命手下把那名丫鬟召到跟前。只见她其貌不扬、穿得也比较寒碜，便让妃嫔们重新为她梳妆，然后换上后宫的首饰衣服。看着打扮好的人，太后很满意："这下杨先生该认不出来了。"第二天，才破例封她为诰命夫人。

生活贫困的杨士奇和他的母亲一直过着清贫的生活，不久之后，他又用自己的行动诠释了人穷志不短这条格言的意义。

杨士奇的一个朋友家里也十分穷困，但他没有别的谋生之道，家里还有老人要养，实在过不下去了。杨士奇主动找到他，问他有没有读过四书，这个人虽然穷点，学问还是有的，便回答说读过。杨士奇当即表示，自己可以把教的学生分一半给他，并将教书的报酬也分一半给他。

他的这位朋友十分感动，因为他知道，杨士奇也有母亲要养，家境也很贫穷，在如此的情况下，竟然还能这样仗义，实在太不简单。

少了一半收入的杨士奇回家将这件事情告诉了母亲，他本以为母亲会不高兴，毕竟本来已经很穷困的家也实在经不起这样的折腾，但出乎他意料的是，母亲却十分高兴地对他说:“你能够这样做，不枉我养育你成人啊！”

是的，穷人也是有尊严和信义的，正是因为有这样明理的母亲，后来的杨士奇才能成为一代名臣。

杨士奇就是这样成长起来的，在困难中不断努力，在贫困中坚持信念，最终成就事业。

人穷，志不可短!

没有功名的杨士奇仕途并不顺利，他先在县里做了一个训导（类似今天的县教育局官员），训导是个小官，只是整天在衙门里混日子，可杨士奇做官实在很失败，他连混日子都没有混成。

不久之后，杨士奇竟然在工作中丢失了学印，在当年那个时代，丢失衙门印章是一件很大的事，比今天的警察丢枪还要严重得多，是有可能要坐牢的。此时，杨士奇显示了他灵活的一面。

如果是方孝孺丢了印，估计会写上几十份检讨，然后去当地政府自首，坐牢时还要时刻反省自己，杨士奇没有这么多花样，他直接就弃官逃跑了。

之后逃犯杨士奇流浪江湖，他这个所谓逃犯是应该要画引号的，因为县衙也不会费时费力来追捕他，说得难听一点，他连被追捕的价值都不具备，此后二十多年，他到处给私塾打工养活自己，值得欣慰的是，长年的漂泊生活没有让他变成二混子，在工作之余，他继续努力读书，其学术水平已达到了一个相当的高度。

在度过长期学校教书的流浪生活后，杨士奇终于等到了他人生的转机。

建文二年，建文帝召集儒生撰写《太祖实录》，三十六岁的杨士奇由于其扎实的史学文学功底，被保举为编撰。

在编撰过程中，杨士奇以深厚的文史才学较好地完成了工作，并得到了此书主编方孝孺的赞赏，居然一举成为了《太祖实录》的副总裁。

永乐继位后，杨士奇真正得到了重用，他与解缙等人一起被任命为明朝首任内阁七名成员之一，自此之后，他成为了朱棣的重臣。

与解缙相同，他也不是个安分的人，此后不久，他卷入了立太子的纷争，他和解缙都拥护朱高炽，但与解缙不同的是，他要聪明得多。

青少年时期的艰苦经历磨炼了杨士奇，使他变得老成而有心计。他为人十分谨慎，别人和他说过的话，他都烂在肚子里，从不轻易发言泄密，他是太子的忠实拥护者，却从不明显表现出来，其城府可见一斑。

而杨士奇之所以能够有所成就，其经验大致可以概括为一句话：

刚出道时要低调，再低调。

虽然杨士奇精于权谋诡计，但事实证明，他并不是一个滑头的两面派，在这场你死我活的夺位斗争中，他始终坚定地站在了朱高炽一边，并依靠自己的智慧和忠诚最终战胜了政治对手，将朱高炽扶上了皇帝的宝座。

永乐年间，最为残酷的政治斗争就是朱高炽与朱高煦的皇位之争，在这场斗争中，无数人头落地，无数大臣折腰，阴谋诡计层出不穷，双方各出奇谋，经过更是一波三折，跌宕起伏，斗争一直延续到朱棣去世的那个夜晚，一个人冒着极大的风险，秘密连夜出发，奔波一个月赶路报信，方才分出了胜负。

事实上，不但杨士奇参加了这场斗争，我们下面要介绍的三杨中的另外两个也没有闲着，他们都是太子党的得力干将。在后面的文章中，我们会详细介绍这场惊天动地的皇位之争。

◆ 第二个人：足智多谋 杨荣

我们接着介绍的杨荣是三杨中的第二杨，他虽然没有杨士奇那样出众的政务才能和学问基础，却有一项他人不及的能力——准确的判断力。

杨荣，洪武四年生，福建人，原名杨子荣（注意区分），他虽然没有深入虎穴、剿灭土匪的壮举，但其大智大勇却着实可以和后来的那位战斗英雄相比。

与杨士奇不同，他小时候没有吃过那么多苦，家里环境不错的他走的正是读书、应试、做官的这条老路。建文二年，他考中进士，由于成绩优秀，被授予编修之职，即所谓的翰林。

建文帝时代的翰林院可谓书呆子云集之地，这也难怪，毕竟掌权的就是黄子澄、方孝孺那样的人，上行下效也很正常。

然而后来的事实证明，杨荣这位优等生与他的那些同事们有很大的不同，他实在不是个书呆子，而应该算是一位心思缜密的谋士。

与杨士奇一样，这个足智多谋的人也是在永乐时期才被重用的，但他飞黄腾达的经过却很有点传奇色彩，因为他凭借的不是才学，而是一句话。

建文四年，朱棣终于打败了顽强的南军，进入京城，夺得了皇位，现在他只剩下一件事要办——登基即位。

然而就在他骑马向大殿进发时，意想不到的事情发生了。

一个人站了出来，阻挡了他的去路（迎于马首）。

这个人正是杨荣。

由于当时情况还比较混乱，敌友难分，难保某些忠于建文帝的大臣不会玩类似恐怖分子和荆轲那样的把戏，周围的人十分紧张，而朱棣本人也大为吃惊，但他不会想到，更让他吃惊的还在后面。

杨荣竟然对他说，现在不应该进宫即位。

不应该即位？笑话！打了那么多年的仗，装了那么久的傻，死了那么多的人，无非只是为了皇位，可眼前的这个书生竟然敢阻止我即位，凭什么！真是可笑！

在场的人几乎已经认定杨荣发疯了，准备替他收尸。

但杨荣真的阻止了朱棣的即位，还让朱棣心悦诚服照办，而他完成这个不可能的任务竟然只用了一句话。

“殿下是应该先去祭陵呢，还是先去即位呢？”（先谒陵乎，先即位乎？）

一语惊醒梦中人。

我们前面说过，朱棣造反是披着合法外衣的，说得粗一点就是既要当婊子，又要立牌坊，胜利冲昏了他的头脑，竟然一时之间忘记了立牌坊，只是一心要当婊子。

无论怎么说，如果不先拜一下老爹的坟，那是很不妥当的，朱棣连忙拨转马头，去给老爹上坟。

从这件事情上，我们可以看出杨荣已经精明到了极点，他摸透了朱棣的心理，也看透了遮羞布下权力斗争的真相。这样的一个人比他的上级方孝孺、黄子澄不知要高明多少倍。

同样老奸巨猾的朱棣从此记住了这个叫杨荣的人，在他即位后便重用杨荣，并将其召入内阁，成为七人内阁中的一员。

当时的内阁七人都是名满天下之辈，而在他们中间，杨荣并不显眼，他没有解缙的才学，也没有杨士奇的政务能力，并不是个引人注目的人，但这绝不是他的能力不行，事实上，他所擅长的是另一种本领——谋断。

所谓谋断就是谋略和判断，这些本应是姚广孝那一类人的专长，而从小熟读四书五经，应该是个老实读书人的杨荣居然会擅长这些，实在令人费解，但他善于判断形势却是不争的事实，下面的这个事例就很能说明问题。

一天晚上，边关突然传来急报，宁夏被蒙古军队围攻，守将派人几百里加急报信，这是紧急军情，朱棣也连忙起身去内阁找阁臣讨论如何处理（内阁有二十四小时值班制度，七天一换），偏巧那天晚上，值班的正是杨荣。

朱棣风风火火地来到内阁，把奏报交给杨荣看，问他有什么意见。

出乎朱棣预料，杨荣看完后没有丝毫慌乱，表情轻松自然，大有一副太监不急皇帝急的势头。

朱棣又气又急，杨荣却慢条斯理地对他说："请陛下再等一会儿，宁夏一定会有第二份解围奏报送来的。"

朱棣好奇地看着他，让他说出理由，杨荣此刻也不敢再玩深沉，因为朱棣不是一个对大臣很有耐心的人。

杨荣胸有成竹地说道："我了解宁夏的情况，那里城防坚固，而且长期作战，士兵经验丰富，足以抵御周围的蒙古军队。从他们发出第一份奏报的日期来看，距离今天已过去十余天，此刻宁夏应该已经解围了，必然会发出第二份奏报。"

不久之后，朱棣果然收到了第二份解围的奏报，自认料事如神的朱棣对杨荣也十分佩服，并交给他一个更为光荣的任务——从军。

朱棣认识到，杨荣是一个能谋善断的人，在对蒙古作战中，这样的人才正是他所需要的，于是在永乐十二年的那次远征中，杨荣随同朱棣出行，表现良好，获得了朱棣的信任。朱棣便将军队中最为重要的东西——印信交给杨荣保管，而且军中但凡宣诏等事务，必须得到杨荣的奏报才会发出，可以说，杨荣就是朱棣的私人秘书。

朱棣之所以如此信任杨荣，很大的一个原因就在于他这个人处事不偏不倚，也不参与朱高炽与朱高煦的夺位之争，没有帮派背景，当然，这仅仅是朱棣的想法而已。

朱棣想不到的是，这个看上去十分听话的杨荣并不像他表面上那么简单，朱棣将印信和奏报之权授予杨荣，只是为了要他好好干活，然而这位杨荣却利用这一便利条件，在关键时刻做出了一件关键的事情。

永乐二十二年七月，朱棣病逝之时，那个当机立断，驰奔上千里向太子报告朱棣已死的消息，为太子登基争取宝贵时间，制订周密计划的人，正是一向为人低调的杨荣。因为他的真实身份和杨士奇一样，是不折不扣的太子党。

◆ 第三个人：临危不惧 杨溥

下面要说的这位杨溥，其名气与功绩和前面介绍过的两位相比有不小的差距，但他却是三人中最具传奇色彩的一个，别人出名、受重用依靠的是才学和能力，他靠的却是蹲监狱。

杨溥，洪武五年（1372）生，湖北石首人，建文二年中进士，是杨荣的进士同学，更为难得的是，他也被授予编修，又成为了杨荣的同事，但与杨荣不同的是，杨溥是天生的太子党，因为在永乐元年，他就被派去服侍朱高炽，算是早期党员。

朱棣毕竟还是太天真了，杨荣和杨溥这种同学加同事的关系，外加内阁七人文臣集团固有的拥立太子的政治立场，说杨荣不是太子党，真是鬼都不信。

杨溥没有杨士奇和杨荣那样突出的才能，他辅佐太子十余年，并没有什么大的成就，也不引人注目，这样下去，即使将来太子即位，他也不会有什么前途，但永乐十二年发生的一个突发事件却改变了他的命运，不过，这个突发事件实在不是一件好事。

永乐十二年，“东宫迎驾事件”事发，这是一个有着极深政治背景的事件，真正的幕后策划者正是朱高煦。在这次事件中，太子党受到严重打击，几乎一蹶不振，许多大臣被关进监狱当替罪羊，而杨溥正是那无数普普通通的替罪羊中的一只。

由于杨溥的工作单位就是太子东宫，所以他被认定为直接责任者，享受特殊待遇，被关进了特级监狱——锦衣卫的诏狱。

锦衣卫诏狱是一所历史悠久、知名度极高的监狱，级别低者是与之无缘的（后期开始降低标准，什么人都关），能进去的人不是穷凶极恶就是达官显贵。所谓身不能至，心向往之，有些普通犯人对这所笼罩神秘色彩的监狱也有着好奇心，这种心理也可以理解，从古至今，蹲监狱一直都是吹牛的资本，如“兄弟我当年在里面的时候”，说出来十分威风。

此外，蹲出名的人也绝不在少数。反正在哪里都是坐牢，找个知名度最高的监狱蹲着，将来出来后还可以吹牛“兄弟我当年蹲诏狱的时候”，应该也能吓住不少同道中人。

这样看来，蹲监狱也算是出名的一条捷径。

然而事实上，在当年，想靠蹲诏狱出名可不是一件容易的事，首先要够级别，其次你还要有足够的运气。

因为一旦进了诏狱，就不太容易活着出来了。

诏狱是真正的人间地狱，阴冷潮湿，环境恶劣，虽然是高等级监狱，却绝不是卫生模范监狱，蚊虫老鼠到处跑，监狱也从来不搞卫生评比，反正这些东西骚扰的也不是自己。

虽然环境恶劣，但北镇抚司的锦衣卫们（诏狱由北镇抚司直辖）却从来没有放松过对犯人们的关照，他们秉承着宽于律己、严于待人的管理理念，对犯人们严格要求，并坚持抗拒从严、坦白也从严的审讯原则，经常用犯人练习拳脚功夫，以达到锻炼身体的目的，同时他们还开展各项刑具的科研攻关工作，并无私地在犯人身上试验刑具的实际效果。

最初进入诏狱的犯人每天的生活都是在等待——被审讯——被殴打（拳脚，上刑具）——等待中度过的，等到没人审你也没人打你的时候，说明你的人生开始出现了三种变数：1. 即将被砍头；2. 即将被释放；3. 你已经被遗忘了。

相信所有的犯人都会选择第二种结果，但可惜的是，选择权从来不在他们的手上。

这就是诏狱，这里的犯人没有外出放风的机会，没有打牌消遣等娱乐活动，自然更不可能在晚上排队到礼堂看新闻报道。

明朝著名的铁汉杨继盛、左光斗等人都蹲过诏狱，他们腿被打断后，骨头露了出来也没人管，任他们自生自灭。所以我们说，这里是真正的地狱。

杨溥进的就是这种监狱，刚进来时总是要吃点苦头的，不久之后，他也陷入了坐牢苦等的境况，但杨溥想不到的是，这一等就是十年。

更惨的是，杨溥的生命时刻都笼罩着死亡的阴影，“东宫迎驾事件”始终没有了结，而朱高煦更是处心积虑要借此事彻底消灭太子党，在这种情况下，杨溥随时都有被拉出去砍头的危险（史载“旦夕且死”），然而杨溥却以一种谁也想不到的行为来应对死亡的威胁。

如果明天生命就可能结束，而你却无能为力，你会干些什么？

我相信很多人在这种状况下是准备写遗书或是大吃一顿，把以前没玩的都补上，更多的人则是怨天尤人，抱怨上天不公。

这些都是人的正常反应，可杨溥奇就奇在他的反应不正常。

明天就可能被拉出去砍头，他却仍在读书，而且是不停地读，读了很多书（读经史诸子书不辍），这实在是让人难以理解，在那种险恶的环境下，性命随时不保，读书还有什么用呢？

可这个人却浑似坐牢的不是自己，每天在散发恶臭、肮脏潮湿的牢房里，却如同身在自己书房里一样，不停地用功读书，他的自学行为让其他犯人很惊讶，到后来，连看守他的狱卒都怀疑他精神不正常。

他的这种举动也引起了朱棣的注意，有一次朱棣突然想起他，便问杨溥现在在干什么（幸好不是问杨溥尚在否），大臣告诉他杨溥在监狱里每天都不停地读书。

朱棣听到这个答案后，沉思良久，向锦衣卫指挥使纪纲下达了命令，要他务必好好看守杨溥，不能出任何问题。

我们前面说过，朱棣是一个很有水平的领导，这种水平就体现在对人的认识上，他很清楚杨溥的境况和心理状态，然而就是在这样的情况下，杨溥却能视死如归，毫不畏惧，也绝非伪装（装不了那么长时间），这是很不容易的。

很明显，这个叫杨溥的人心中根本就没有害怕这两个字。

自古以来，最可怕的事情并不是死，而是每天在死亡的威胁下等死。

不知何时发生，只知随时可能发生，这种等死的感受才是最为痛苦的。

杨溥不怕死，也不怕等死，这样的人，天下还有何可怕？！

真是个人才啊！

正是因为这个原因，朱棣才特意让人关照杨溥，他虽然不愿用杨溥，却可以留给自己的儿子用。

也多亏了朱棣的这种关照，杨溥才能在诏狱中度过长达十年的艰苦生活，最终熬到刑满释放，光荣出狱，并被明仁宗委以重任，成为一代名臣。

看了以上这三位的人生经历，我们就能知道：在这个世界上，要混出头实在不容易啊。

之所以在这里介绍三杨的经历，不但因为他们将在后来的明代历史中扮演重要角色，更重要的是，他们都参加了那场惨烈的皇位之争，并担任了主角，以上的内容不过是参与这场斗争演员的个人简介，下面演出开始。

第十七章

生死相搏

○干了那么多的事 却什么回报都没有 朱高煦很愤怒 后果很严重

○他恨朱高炽 更恨说话不算数的父亲朱棣 想做皇帝 只能靠自己了

朱高煦一直不服气。

这也很容易理解，他长得一表人才，相貌英俊，且有优秀的军事才能，相比之下，自己的那个哥哥不但是个大胖子，还是个瘸子，连走路都要人扶，更别谈骑马了。

简直就是个废人。

可是，偏偏就是这样的一个废人，将来要做自己的主人！

谁让人家生得早呢？

自己也不是没有努力过，靖难的时候，拼老命为父亲的江山搏杀，数次出生入死，却总是被父亲忽悠，虽得到了一句“勉之，世子多疾！”的空话，却从此就没有了下文。

干了那么多的事，却什么回报都没有，朱高煦很愤怒，后果很严重。

他恨朱高炽，更恨说话不算数的父亲朱棣。

想做皇帝，只能靠自己了。

不择手段、不论方法，一定要把皇位抢过来！

朱高煦不知道的是，他确实错怪了自己的父亲。

朱棣是明代厚黑学的专家，水平很高，说谎抵赖如同吃饭喝水一样正常，但在选择太子这件事情上，他却并没有骗人，他确实是想立朱高煦的。

父亲总是喜欢像自己的儿子，朱高煦就很像自己，都很英武、都很擅长军事、都很精明、也都很无赖。

朱高炽却大不相同，这个儿子胖得像头猪，臃肿不堪，小时候得病成了瘸子（可能是小儿麻痹症），走路都要人扶，简直就是半个废人。朱棣实在想不通，如此英明神武的自己，怎么会有个这样的儿子。

除了外貌，朱高炽在性格上也和朱棣截然相反，他是个老实人，品性温和，虽然对父亲十分尊重，但对其对待建文帝大臣的残忍行为十分不满，这样的人自然也不会讨朱棣的喜欢。

于是朱棣开始征求群臣的意见，为换人作准备，他先问自己手下的武将，得到的答案几乎是一致的——立朱高煦。

武将：战友上台将来好办事啊。

之后他又去问文臣，得到的答复也很统一——立朱高炽。

文臣：自古君不立长，国家必有大乱。

一向精明的朱棣也没了主意，便找来解缙，于是就有了前面所说的那场著名的谈话。从此朱棣开始倾向于立朱高炽。

但在此之后，禁不住朱高煦一派大臣的游说，朱棣又有些动摇，立太子一事也就搁置了下来，无数大臣反复劝说，但朱棣就是不立太子，朱高炽派大臣十分明白，朱棣是想立朱高煦的。于是，朱高炽派第一干将解缙开始了他的第二次心理战。

不久之后，有大臣画了一幅画（极有可能是有人预先安排的），画中一头老虎带着一群幼虎，作父子相亲状。朱棣也亲来观看，此时站在他身边的解缙突然站了

参考消息 **螳螂捕蝉**

朱高煦身材高大，累有战功，而且两腋长有数个龙鳞一样的痣，据说是帝王之相。他很不服气自己的哥哥，甚至在公开场合也多有不尊。有一次，朱棣命他跟朱高炽一起去谒祭朱元璋的孝陵，由于天气不好，地面湿滑。朱高炽身材肥胖，行动不便，虽然有两个宦官搀扶着前进，还是不免摔了一跤。朱高煦就在后面话中有话地嘲讽道：“前人打滑，后人知警。”这时，他的身后响起了一个稚嫩的声音：“更有后人知警！”朱高煦回头一看，发现朱瞻基站在他的后面，小小年纪，表情却十分严肃，就再也不敢吭声了。

出来，拿起毛笔，不由分说地在画上题了这样一首诗：

虎为百兽尊，谁敢触其怒。
惟有父子情，一步一回顾。

高！实在是高！

解缙的这首打油诗作得并不高明，却很实用，所谓百兽尊不就是皇帝吗，这首诗就是告诉朱棣，你是皇帝，天下归你所有，但父子之情是无法替代也不应抛开的。朱高煦深受你的宠爱，但你也不应该忘记朱高炽和你的父子之情啊。

解缙的判断没有错，朱棣停下了脚步，他被深深地打动了。

是啊，虽然朱高炽是半个废人，虽然他不如朱高煦能干，但他也是我的儿子，是我亲自抚养长大的亲生儿子啊！他没有什么显赫的功绩，但他一直都是一个忠厚老实的人，从没有犯错，不应该对他不公啊。

就在那一刻，朱棣作出了决定。

他命令，立刻召见朱高炽，并正式册封他为太子（上感其意，立召太子归，至是遂立之）。

从此朱高炽成为了太子，他终于放心了，支持他的太子党大臣们也终于放心了。

这场夺位之争似乎就要以朱高炽的胜利而告终，然而事实恰恰相反，这场争斗才刚开始。

◆ 朱高煦的阴谋

朱高炽被册立为太子后，自然风光无限，而朱高煦却祸不单行，不但皇位无望，还被分封到云南。

当时的云南十分落后，让他去那里无疑是一种发配，朱高煦自然不愿意去，但这是皇帝的命令，总不能不执行吧，朱高煦经过仔细思考，终于想出了一个不去云南的方法——耍赖。

他找到父亲朱棣，不断诉苦，说自己又没有犯错，凭什么要去云南，反复劝说，赖着就是不走。朱棣被他缠得没有办法，加上他也确实比较喜欢这个儿子，便收回了命令，让他跟随自己去北方巡视边界（当时尚未迁都）。

在跟随朱棣巡边时，朱高煦表现良好，深得朱棣欢心，高兴之余，朱棣便让他自己决定去留之地。

朱高煦等的就是这个机会，他告诉朱棣，自己哪里也不去，就留在京城（南京）。

朱棣同意了他的要求，从此，朱高煦便以京城为基地，开始谋划针对朱高炽的阴谋。

他广收朝中大臣为爪牙，四处打探消息，企图抓住机会给太子以致命的打击。

朱高煦深通权术之道，他明白，要想打倒太子，必须先除去他身边的人，而太子党中最显眼的解缙就成了他首要打击的对象。在朱高煦的策划下，外加解缙本人不知收敛，永乐五年，解缙被赶出京城，太子党受到了沉重打击。

朱高煦的第一次攻击获得了全胜。

但搞掉解缙不过是为下一次的进攻作准备，因为朱高煦的真正目标是被太子党保护着的朱高炽。

经过周密策划后，永乐十年，朱高煦发动了第二次进攻。

朱高煦深知朝中文臣支持太子的很多，要想把文官集团一网打尽绝无可能，于是他另出奇招，花重金收买了朱棣身边的很多近臣侍卫，并让这些人不断地说太子的坏话，而自永乐七年后，由于朱棣要外出征讨蒙古，便经常安排太子监国（代理国家大事），在这种情况下，精于权术的朱高煦终于等到了一个最佳的进攻机会。

朱高煦聪明过人，他跟随朱棣多年，深知自己的这位父亲大人虽然十分精明且长于权谋诡计，却有一个弱点——多疑。

而太子监国期间，正是他的这种弱点爆发的时刻，因为他多疑的根源就在于对权力的贪婪，虽然由于出征不得不将权力交给太子，但这是迫不得已的，朱高煦相信，所有关于太子急于登基、抢班夺权的传闻都会在朱棣的心中埋下一颗颗定时炸弹。

朱高煦的策略是正确的，他准确地击中了要害，在身边人的蛊惑下，不容权力有失的朱棣果然开始怀疑一向老实的太子的用心。

永乐十年（1412）九月，朱棣北巡回京，对太子搞了一次突然袭击，审查了其监国期间的各项工作，严厉训斥了太子，并抓了一大批太子身边的官员，更改了太子颁布的多项政令。

朱棣的这种没事找事的找碴行为让大臣们十分不满，他们纷纷上书，其中言辞最激烈的是大理寺丞耿通，他直言太子没有错，不应该更改（太子事无大过误，无可更也）。

但直言的耿通却绝不会想到，他的这一举动可正中朱棣下怀。

耿通算是个做官没开窍的人，他根本不懂得朱棣这些行为背后的政治意义，欲加之罪，何患无辞！人家本来就是来找碴儿踢场子的，不过随意找个借口，是直接奔着人来的，多说何益！

朱棣却是一个借题发挥的老手，他由此得到了启发，决定向耿通借一样东西，以达到自己的目的。

这样东西就是耿通的脑袋。

随后，朱棣便煞费苦心地演了一出好戏。

他把文武百官集合到午门，用阴沉的眼光扫视着他们，怒斥耿通的罪行（好像也没什么罪行），最后斩钉截铁地说道：像耿通这样的人，一定要杀（必杀通无赦）！

如此杀气腾腾，群臣无不胆寒，但大臣们并不知道，这场戏的高潮还没有到。

耿通被处决后，朱棣集合大臣们开展思想教育，终于说出了他演这场戏最终的目的：

“太子犯错，不过是小问题，耿通为太子说话，实际上是离间我们父子，这样的行为绝对不能宽恕，所以我一定要杀了他（失出，细故耳……离间我父子，不可恕）！”

至此终于原形毕露。

耿通无非是说太子没错而已，怎么扯得到离间父子关系上，这个帽子戴得实在不高明却也说出了朱棣的真意：

朱高炽，老子还没死呢，你老实点！

太子地位岌岌可危，太子党被打下去一批，朱高炽本人经过这场打击，也心灰意冷，既然让自己监国，却又不给干事的权力，做事也不是，不做事也不是，这不是拿人开涮吗？

在这关键时刻，一个大臣挺身而出，用他的智慧稳住了太子的地位。

这个人就是我们之前说过的杨士奇。

杨士奇虽然学问比不上解缙，他的脑袋可比解缙灵活得多，解缙虽然也参与政治斗争，却实在太嫩，一点也不知道低调做官的原则。本来就是个书生，却硬要转行去干政客，隔行如隔山，水平差得太远。

杨士奇就大不相同了，此人我们介绍过，他不是科举出身，其履历也很复杂，先后干过教师、教育局小科员、逃犯（其间曾兼职教师）等不同职业，社会背景复杂，特别是他在社会上混了二十多年，也算跑过江湖，黑道白道地痞混混估计也见过不少，按照今天的流动人口规定，他这个流动了二十年的人是绝对的盲流，估计还可以算是在道上混过的。

朝廷就是一个小社会，皇帝大臣们和地痞混混也没有什么区别，不过是吃得好点，穿得好点，人品更卑劣，斗争更加激烈而已，在这里杨士奇如鱼得水，灵活运用他在社会上学来的本领，而他学得最好，也用得最好的就是：做官时一定要低调。

他虽然为太子继位监国出了很多力，却从不声张，永乐七年七月，太子为感谢他一直以来的工作和努力，特别在京城闹市区繁华地带赐给他一座豪宅，换了别人，估计早就高高兴兴地去拿钥匙准备入住，可杨士奇却拒绝了。

他推辞了太子的好意，表示自己房子够住，不需要这么大的豪宅。

这个世界上没有人会嫌房子多，杨士奇也不例外，他拒绝的原因其实很简单，如果他拿了那栋房子，就会成为朱高煦的重点打击目标，权衡利弊，他明智地拒绝了这笔横财。

杨士奇虽然没有接受太子的礼物，但他对太子的忠诚却是旁人比不上的，应该说他成为太子党并不完全是为了投机，很大程度上是因为他对太子的感情。

自永乐二年朱高炽被立为太子后，杨士奇就被任命为左中允（官名），做了太子的部下，朱高炽虽然其貌不扬，却是个真正仁厚老实的人，经常劝阻父亲的残暴行为，弟弟朱高煦屡次向他挑衅，阴谋对付他，朱高炽却一次又一次地容忍了下来，甚至还数次帮这个无赖弟弟说情。

这些事情给杨士奇留下了深刻的印象，他虽然历经宦海，城府极深，儿时母亲对他的教诲却始终记在心头，仗义执言已经成为了他性格中的一部分，虽然很多年过去了，他却并没有变，他还是当年的那个正气在胸的杨士奇。

眼前的朱高炽虽然形象不好，身体不便，却是一个能够仁怀天下的人，他将来一定能成为一个好皇帝的，杨士奇相信自己的判断。

秉持着这个信念，杨士奇与太子同甘共苦，携手并肩，走过了二十年历经坎坷的储君岁月。

说来也实在让人有些啼笑皆非，可能是由于杨士奇过于低调，连朱棣也以为杨士奇不是太子党，把他当成了中间派，经常向他询问太子的情况，而在永乐十年的风波之后，朱棣对太子也产生了怀疑，便向杨士奇询问太子监国时表现如何。

这看上去是个很简单的问题，实际上却暗藏杀机。

城府极深的杨士奇听到这句问话后，敏锐地感觉到了这一点，他立刻意识到，决定太子命运的关键时刻来到了。

他紧张地思索着问题的答案。

趁着杨士奇先生还在思考的时间，我们来看一下为什么这个问题难以回答又十分关键。

如果回答太子十分积极，勤恳做事，和群众（大臣）们打成一片，能独立处理政事，威望很高的话，那太子一定完蛋了。

你爹还在呢，现在就拉拢大臣，独立处事，想抢班夺权，让老爹不得好死啊。

既然这个答案不行，那么我们换一个答案：

太子平时积极参加娱乐活动，不理政事，疏远大臣，有事情就交给下面去办，没有什么威信。

这样回答的话，太子的结局估计也是——完蛋。

这又是一个非常类似第二十二条军规的矛盾逻辑。

太子的悲哀也就在此，无数太子就是这样被自己的父亲玩残的，自古以来，一把手和二把手的关系始终是处理不好的，在封建社会，皇帝就是一把手，太子就是二把手，自然也逃脱不了这个规则的制约。

你积极肯干，说你有野心，你消极怠工，说你没前途。

参考消息 **迟到的理由**

朱高炽生性忠厚，跟太子朱标一样，朱元璋很喜欢他。有次朱元璋让他与秦、晋、周三王的世子分头检阅军士，结果朱高炽回来得最晚，朱元璋问他什么原因。朱高炽回答：“今天早晨特别冷，我等到军士们吃过早饭才开始检阅，所以回来晚了。”朱元璋听后大悦。

干多了也不行，干少了也不行，其实只是要告诉你，不服我是不行的。

让你干，你就不得休息，不让你干，你就不得好死。

为什么呢？

答案很简单：权力。

谁分我的权，我就要谁的命（儿子也不例外）！

朱棣很明白，他最终是要将权力交给太子的，而在此之前，太子必须有一定的办事能力，为了帝国的未来，无能的废物是不能成为继承人的，所以必须给太子权力和锻炼的机会，但他更明白，要想得一个善终，混个自然死亡，不至于七八十岁还被拉出去砍头，就必须紧紧握住自己手中的权力，直到他死的那一天！

儿子是不能相信的，老婆是不能相信的，天下人都是不能相信的。

这就是皇帝的悲哀。

好了，现在杨士奇先生已经完成了他的思索，让我们来看看他的答案：

“太子监国期间努力处理政事，能够听取大臣的合理意见，但对于不对的意见，也绝不会随便同意，对于近臣不恰当的要求，他会当面驳斥和批评。”

这就是水平啊，在朱棣举办的现场提问回答活动中，杨士奇能够在规定时间内想出这种两全其美的外交辞令，实在不简单。

既勤恳干活礼贤下士，又能够群而不党，与大臣保持距离，在杨士奇的描述下，朱高炽那肥头大耳的形象一下子变得光辉照人。

朱棣听了这个答案也十分满意，脸上立刻阴转晴，变得十分安详，当然最后他还不忘夸奖杨士奇，说他是一个尽职尽责的人。

在这场看不见硝烟的战争中，朱棣和杨士奇各出绝招，朱棣施展的是武当长拳，外柔内刚，杨士奇则是太极高手，左推右挡，来往自如。

从这个角度来看，他们似乎可以算是武当派的同门师兄弟。

于是，永乐十年的这场纷争就此结束，太子党受到了沉重打击，太子被警告，地位也有所动摇，但由于杨士奇等人的努力，终于稳定住了局势。

可是太子前面的路还很长，只要朱棣一天不死，他就会不断受到朱高煦的攻击，直到他登上皇位或是中途死去。

事实也是如此，另一个更大的阴谋正在策划之中，对太子而言，这也将是他监国二十年中经受的最严酷的考验。

在朱高煦持续不断地诬陷诋毁下，朱棣确实对太子有了看法，但暂时也没有换太子的想法，皇帝这样想，下面的大臣们可不这样想。

看到朱棣训斥太子，许多原先投靠太子准备投机的官员纷纷改换门庭，成为了朱高煦的党羽，但杨士奇却始终没有背弃太子，他一直守护着这个人，守护在这个看上去迟早会被废掉的太子身边。

大浪淘沙，始见真金。

不久之后，一场更大的风暴到来了，太子和杨士奇将接受真正的考验。

永乐十二年九月，朱棣北巡归来，当时太子及其下属官员奉命留守南京，闻听这个消息，立刻派人准备迎接，但迎接时由于准备不足，有所延误，朱棣很不高兴。

其实说来这也就是个芝麻绿豆的小事，朱棣同志平日经常自行骑马出入大漠等不毛之地，陪同的人也不多，像迎驾这种形象工程有没有是不大在乎的。所以太子朱高炽虽然心中不安，却也没多想。

然而，后来事情的发展大大出乎了朱高炽的意料。

朱棣大发雷霆，把朱高炽狠狠骂了一顿，大概意思是老子在外面打仗那么辛苦，也是为了你将来的江山打基础，你却连个基本迎接工作都做不好，要你这个废物有什么用？

朱高炽挨骂了，心里非常委屈：不就是稍微晚了点，至于搞得这么大吗？

至于，非常至于。

朱高炽不知道的是，在此之前，他的好弟弟朱高煦不断打探他的行动，虽然并没有什么发现，但政治家朱高煦先生整人是从来不需要事实的，他不断编造太子企图不轨的各种小道消息，并密报给朱棣。

朱棣开始并不相信，之后禁不住朱高煦长年累月地造谣，加上身边被朱高煦买通的人们也不断说坏话，他渐渐地又开始怀疑起太子来。

屋漏偏逢连夜雨，没想到回来就碰上了太子迎驾迟缓这件事，虽然这并不是个大事情，但在朱棣那里却变成了导火线。在朱棣看来，这是太子藐视他的一种表现。

自己还没有退休呢，就敢这么怠慢，将来还得了？！

在朱高煦的推波助澜下，事情开始一边倒，太子受到严厉斥责的同时，太子党的主要官员如尚书蹇义、学士黄淮、洗马（官名，不是马夫）杨溥都被抓了起来，关进了监狱。

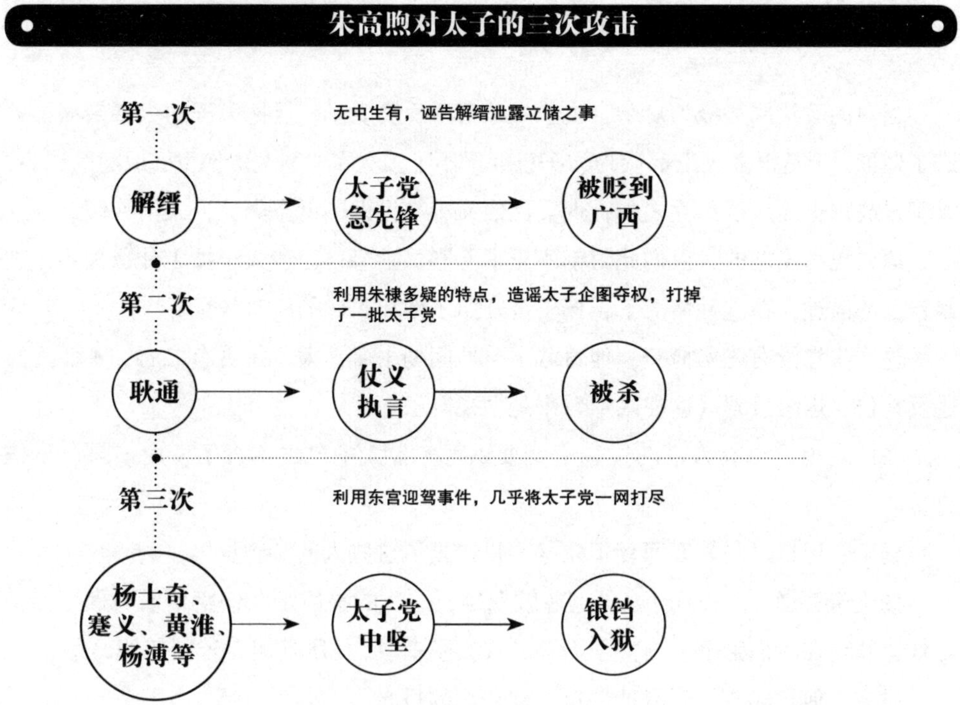

最黑暗的时刻终于到来了。

在朱高煦的精心组织策划和挑拨下，朱棣的怒火越烧越旺，太子党几乎被一网打尽。

朱棣已经认定太子党那帮人都想着自己早死，然后拥立太子博一个功名，他对太子的失望情绪也达到了顶点。他不再相信拥护太子的那些东宫文官，除了一个人外。

这个例外的人就是杨士奇。

说来奇怪，虽然杨士奇一直在太子身边，朱棣却一直认为他是一个公正客观的人，于是在两年后，朱棣再次召见他，问了他一个问题。

与两年前一样，这也是一次生死攸关的问答。

◆ 无畏的杨士奇

当时的政治局势极为复杂，由于朱棣公开斥责太子，且把太子的很多亲信都关进了监狱，于是很多大臣都认为太子已经干不了多久了，倒戈的倒戈，退隐的退隐，太子朱高炽也陷入了孤立之中，现实让他又一次见识了世态炎凉，人情冷暖。

原先巴结逢迎的大臣们此时都不见了踪影，唯恐自己和太子扯上什么关系，连累自己的前途，在这种情况下，杨士奇开始了他和朱棣的问答较量。

这次朱棣没有遮遮掩掩，他直截了当地问杨士奇，太子是否有二心，不然为何违反礼仪，迟缓接驾（这在朱棣看来是藐视自己）？

在此之前，也有人也劝过杨士奇要识时务，太子已经不行了，应该自己早作打算。

杨士奇用自己的答案回复了朱棣，也回复了这些人的“建议”。

杨士奇答道：“太子对您一直尊敬孝顺，这次的事情是我们臣下没有做好准备工作，罪责在我们臣下，与太子无关。”(太子孝敬，凡所稽迟，皆臣等罪。)

说完，他抬起头，无畏地迎接朱棣锐利的目光。

朱棣终于释然了，既然不是太子的本意，既然太子并不是有意怠慢，自己也就放心了。

就这样，悬崖边上的朱高炽又被杨士奇拉了回来。

杨士奇这样做是需要勇气的，在太子势孤的情况下，主动替太子承担责任，需要冒很大的风险，要知道，朱棣不整太子，对他们这些东宫官员却不会手软。与他一同辅佐太子的人都已经进了监狱，只剩下了他暂时幸免，但他却主动将责任归于自己，宁愿去坐牢，也不愿意牵连太子。

杨士奇用行动告诉了那些左右摇摆的人，不是所有的人都能被收买，不是所有的人都趋炎附势。

从当时的形势来看，朱高炽的太子地位被摘掉是迟早的事情，继续跟随他并不明智，还很容易成为朱高煦打击的对象，是非常危险的。所以我们可以说，在风雨飘摇中依然坚持支持太子的杨士奇，不是一个投机者。

就如同三十年前，他身处穷困，却仍然无私援助那位朋友一样，三十年后，他又做出了足以让自己母亲欣慰的事情。

三十年过去了，虽然他已身处高位，锦衣玉食，他的所作所为却并没有违背他的人生信条。

人穷志不短，患难见真情。

杨士奇最终还是为他的无畏行为付出了代价，朱高煦恨他入骨，指示他买通的人攻击杨士奇（士奇不当独宥），本来不打算处置他的朱棣也禁不住身边人的反复煽动，将杨士奇关入了监狱。

朱高炽得知杨士奇也即将被关入监狱，十分焦急，但以他目前的处境，仅能自保，是绝对保不住杨士奇的。

杨士奇却不以为意，反而在下狱前对太子说：殿下宅心仁厚，将来必成一代英主，望殿下多多保重，无论以后遇到什么情况，都一定要坚持下去，决不可轻言放弃。

此时，朱高炽终于意识到，眼前这个即将进入监狱却还心忧自己的杨士奇其实不只是他的属下，更是他的朋友，是患难与共的伙伴。

太子的地位保住了，却已经成为了真正的孤家寡人，在朱高煦咄咄逼人的气势下，他还能坚持多久呢？

◆ 朱高煦的失误

朱高煦终于第一次掌握了主动权，他的阴谋策划终于有了结果，太子受到了沉重打击，而帮太子说话的文官集团也已经奄奄一息，形势一片大好，前途十分光明。

话说回来，人有一个很大的缺点，那就是一旦得意就容易忘形，朱高煦也不例外。

胜利在望的朱高煦在历史书中找到了自己的偶像，并在之后的岁月中一直以此自居。

他的这位偶像就是唐太宗李世民，他经常见人就说："我这么英明神武，不是很像李世民吗（我英武，岂不类秦王李世民乎）？"

如此急切表白自我的言语，今日观之，足以让人三伏天里尚感寒气逼人，如果朱高煦出生在现代，定可大展拳脚，拍些个人写真照片，再配上自信的台词，必能一举成名。

朱高煦不是花痴，他这样说是有着深厚的政治寓意的。

大家只要想一想就能明白他的隐含意思，李世民与朱高煦一样，都是次子，李建成对应朱高炽，都是太子，甚至连他们的弟弟也有对应关系，李元吉对应朱高燧，都是第三子。

这样就很清楚了，李世民杀掉了李建成，当上皇帝，朱高煦杀掉朱高炽，登上皇位。

朱高煦导演希望把几百年前的那一幕戏再演一遍。

我们这里先不说朱高煦先生是否有李世民那样的水平，既然他坚持这样认为，那也没办法，就凑合吧，让他先演李世民，单从这出戏的演员阵容和所处角色上看，似乎和之前的那一幕确实十分相似。

但朱高煦导演也出现了一个致命的失误，他忽略了这场戏中另一个大牌演员的感受，强行派给他一个角色，这也导致了他最终的失败。

他要派的是这场戏的主要角色之一——李世民的父亲李渊，被挑中的演员正是他的父亲朱棣。

这也是没办法的事，要把这场戏演好、演完，搞一个朱高煦突破重重险阻，战胜大坏蛋朱高炽，登基为皇帝的大团圆结局，就必须得到赞助厂商总经理朱棣的全力支持。

朱棣不是李渊，事实上，他跟李渊根本就没有任何共通点，但他很清楚，上一幕戏中，李渊在李世民登基后的下场是被迫退位，如果这一次朱高煦像当年的李世民那样来一下，他的结局也是不会超出剧本之外的。

朱棣虽然不是导演，却是戏霸。

让我演李渊，你小子还没睡醒吧！

◆ 太子党的反击

就在朱棣渐渐对日益嚣张的朱高煦感到厌恶时，太子党开始了自己的反击。

当时正值朱高煦主动向朱棣要求增加自己的护卫，这引起了朱棣的警觉，永乐十三年五月，朱棣决定改封朱高煦去青州，按说青州并不是很差的地方，但朱高煦为了夺权的需要，不肯离开京城，又开始耍赖。

这次朱棣没有耐心陪朱高煦玩下去了，他直截了当地告诉朱高煦：你既然已经被封，就赶紧去上任，怎么能总是赖在京城不走（既受藩封，岂可常居京邸）！

朱棣不断地打击太子，无非是想告诉太子不要急于夺权，但他的这一行动却给了朱高煦错误的信号，他误以为皇位非自己莫属，越发专横跋扈，最终触怒了朱棣。

捧得起你，自然也踩得扁你。

太子党的精英们抓住了这个机会，发出了致命的一击，而完成这一击的人正是杨士奇。

由于平日表现良好，且自我改造态度积极，杨士奇和蹇义连监狱的门都没进，就被放了出来，再次被委以重任。但千万不要由此推出朱棣慈悲为怀的结论，要知道，他们的难兄难弟杨溥还在监狱里看书呢，而且一看就是十年。

由此可见，特赦也是有级别限制的。

逃离牢狱之灾的杨士奇自然不会洗心革面，与朱高煦和平相处，在经过长期的观察和对时局的揣摩后，他敏锐地抓住了机会，发动了攻击。

说来似乎有点不可思议，与前两次一样，他的这次攻击也是通过问答对话的形式完成的。

此次对话除了朱棣和杨士奇外，蹇义也在场，不过他的表现实在让人失望。

朱棣问："我最近听到很多汉王（朱高煦封号）行为不法的传闻，你们知道这些事情吗？"

这话是对杨士奇和蹇义两个人问的，但两人的反应却大不相同。

蹇义虽然忠于太子，却也被整怕了，他深恐这又是一个陷阱，要是实话实说，只怕又要遭殃，便推说自己不知道。

朱棣失望地转向了另一个人——杨士奇，他注视着杨士奇，等着他的答复。

杨士奇等待这一天已经很久了。

经历了那么多的波折和阴谋，自己身边的同伴不是被杀掉，就是被朱高煦整垮，为了自己的信念，他忍耐了很久，他曾经有很多机会向朱棣揭发朱高煦的不轨行为，但作为一个政治老手，他十分清楚权力斗争就如同剑客比武，一击必杀才是制胜的王道，因为一旦宝剑出鞘，就没有收回的余地。

朱棣已经丧失了对朱高煦的信任，他已经渐渐看清自己这个儿子的真面目，这是最好的机会，机不可失，时不再来！

拔剑出鞘！

杨士奇从容答道："我和蹇义一直在东宫服侍太子，人家就把我们看成太子的人（还装，难道你不是吗），有什么话也不会跟我们讲，所以我们不知道。"

奇怪了，这句回答不是和蹇义一样，啥也没说吗？

要知道，自古以来最狠的整人方法就是先夸你，再骂你，杨士奇熟练地运用了这一技巧。所以别急，下面还有个但是呢：

"但是，汉王两次被封都不肯到地方就藩，现在陛下要迁都了，在这个时候，他要求留在南京，希望陛下仔细考虑一下他的用意(惟陛下熟察其意)。"

细细品来，杨士奇此言实在厉害，看似平淡无奇，却处处透着杀机，要把朱高煦往死里整，杨士奇之权谋老到实在让人胆寒。

杨士奇终于亮出了他的宝剑，在正确的时间、正确的地点，对正确的人，使出了那一剑。

一剑封喉！

朱棣被杨士奇的话震惊了，朱高煦三番两次不肯走，如今要迁都了，他却执意留在南京，他到底想干什么！

不能再拖了，让他马上就滚！

永乐十五年三月，不顾朱高煦的反复哀求，朱棣强行将他封到了乐安州（今山东广饶），朱高煦十分不满，但也没有办法，他已经意识到，自己此生注定不可能用合法手段登上皇位了。

朱棣确实是一个老谋深算的人，如果我们翻开地图察看的话，就会发现他似乎已经预见到了自己的这个儿子将来不会老实，于是在封地时，便已作好了打算。乐安州离北京很近，离南京却很远，将朱高煦调离他的老巢，安置在天子眼皮底下，将来就算要打，朝发夕至，很快就能解决，不能不说是一招好棋。

至少在这一点上，朱棣要比他的父亲高明。

至此，储君之争暂时告一段落，太子党经过长期艰苦的斗争，稳住了太子的宝座，也为后来仁宣盛世的出现提供了必要条件。

另一方面，朱高煦多年的图谋策划最终付之东流，至少朱棣绝对不会再考虑立他为太子了，但这位仁兄自然也是不会死心的，他把自己的阴谋活动完全转入地下，并勾结他的同党准备东山再起。

不过这一次他不打算继续搞和平演变了，因为在他面前只剩下了一条路——武装夺权。

虽然方针已经拟定，但朱高煦还是很有自知之明的，自己老爹打仗有多厉害，他比谁都清楚，只要他还是一个精神正常的人，就绝对不会在自己老爹头上动土。

朱高煦决定等待，等到时机成熟的那一天。

第十八章 最后的秘密

○ 在他坐在皇位上的每一个白天 睡在寝宫里的每一个夜晚 有一件事情总是缠绕在他的心头 如噩梦般挥之不去 斩之不绝

平定天下，迁都北京，修成大典，沟通南洋，威震四海，平定安南，打压蒙古。

以上就是朱棣同志的主要政绩史。在执政的前十几年中，他不停地忙活，不停地工作，付出了许多心血，也获得了许多成就，正是这些成就为他赢得了一代英主的名誉。

他做了历史上很多皇帝都没有做到的事情，但他并未感到丝毫疲惫，因为在朱棣的心目中，权力就是他工作的动力，手握权力的他就如同服用了兴奋剂一样，权力对他而言已经变成了一种毒品，一分一秒也离不开，任何人也无法夺走。

像他这样的人似乎是没有也不可能有朋友的。

但朱棣还是有朋友的，在我看来，至少有一个。

◆ 告别

永乐十六年（1418）三月，北京庆寿寺。

朱棣带着急促的脚步走进了寺里，他不是来拜佛的，他到这里的目的，是要向一个人告别，向一个朋友告别。

八十四岁的姚广孝已经无力起身迎接他的朋友，

长年的军旅生涯和极其繁重的参谋工作耗干了他的所有精力，当年那个年过花甲却仍满怀抱负的阴谋家不见了，取而代之的只是一个躺在床上的无力老者。

此时的姚广孝感慨良多，洪武十八年的那次相遇不但改变了朱棣的一生，也改变了自己的命运。自此之后，他为这位野心家效力，奇计百出，立下汗马功劳，同吃同住同劳动（造反应该也算是一种劳动）的生活培养了他和朱棣深厚的感情，朱棣事实上已经成为了他的朋友。

这并不奇怪，野心家的朋友一般都是阴谋家。

在朱棣取得皇位后，姚广孝也一下子从穷和尚变成了富方丈，他可以向朱棣要房子、车子（马车）、美女、金银财宝，而朱棣一定会满足他的要求。因为作为打下这座江山的第一功臣，他完全有这个资格。

可他什么也不要。

金银赏赐退了回去，宫女退了回去，房屋宅第退了回去，他没有留头发，还是光着脑袋去上朝，回家后换上僧人服装，住在寺庙里，接着做他的和尚。

他造反的目的只是为了实现自己的抱负，抱负实现了，也就心满意足了。此外，他还十分清楚自己的那位“朋友”朱棣根本不是什么善类，他是绝对不会容忍一个知道他太多秘密，比他还聪明的人一直守在身边的。

所以他隐藏了自己，只求平静地生活下去。

综观他的一生，实在没有多少喜剧色彩，中青年时代不得志，到了六十岁才开始自己的事业，干的还是造反这个整日担惊受怕，没有劳动保险的特种行业。等到造反成功也不能太过招摇，只能继续在寺庙里吃素，而且他也没有类似抽烟、喝酒、逛窑子的业余爱好，可以说，他的生活实在很无趣。

他谋划推翻了一个政权，又参与重建了一个政权，却并没有得到什么，而在某些人看来，他除了挣下一个助纣为虐的阴谋家名声外，这辈子算是白活了。

他的悲剧还不仅于此，他之前的行为不过是各为其主罢了，也算不上是个坏人，他还曾经劝阻过朱棣不要大开杀戒，虽然并没有成功，却也能看出此人并非残忍好杀之辈。

但这并不能减轻他的恶名，因为他毕竟是煽动造反的不义之徒，旁人怎么看倒也无所谓，最让他痛苦的是，连他唯一的亲人和身边的密友也对他嗤之以鼻。

永乐二年八月，姚广孝回到了家乡长洲，此时他已经是朝廷的重臣，并被封为太子少师，与之前落魄之时大不相同，可以说是衣锦还乡，但出乎他意料的事情发生了。

父母已经去世，他最亲的亲人就是他的姐姐，他兴冲冲地赶去姐姐家，希望自己的亲人能够分享自己的荣耀，但他的姐姐却对他避而不见（姊不纳），无奈之下，他只好去见青年时候的好友王宾，可是王宾也不愿意见他（宾亦不见），只是让人带了两句话给他，这两句话言简意赅，深刻表达了王宾对他的情感：

和尚误矣！和尚误矣！

姚广孝终于体会到了众叛亲离的滋味，原先虽然穷困，但毕竟还有亲人和朋友，现在大权在握，官袍加身，身边的人却纷纷离他而去。

耳闻目睹，都带给姚广孝极大的刺激，从此他除了白天上朝干活外，其余的时间都躲在寺庙里过类似苦行僧的生活，似乎是要反省自己以前的行为。

这种生活磨炼着他的身体，却也给他带来了长寿，这位只比朱元璋小七岁的和尚居然一口气活到了八十四岁，他要是再争口气，估计连朱棣都活不过他，有望打破张定边的纪录。

但这一切只是假设，现在已经奄奄一息的他正躺在床上看着自己这位叫朱棣的朋友。

心情复杂的朱棣也注视着姚广孝，像他这样靠造反起家的人最为惧怕的就是造反。所以他抓紧了手中的权力，怀疑任何一个靠近他的人，而眼前的这个人是唯一例外的。这个神秘的和尚帮助他夺取了皇位，却又分毫不取，为人低调，他了解自己的脾气、性格和所有的一举一动，权谋水平甚至超过了自己，却从不显露，很有分寸。这真是个聪明人啊！

参考消息 **姚广孝挨打**

有次姚广孝前往云台山办差，途中路过姑苏的寒山寺，兴致一来便舍了众人，独自穿着僧衣上山。在山上遇到一位当地的小官员曹三尹。曹三尹和很多人一样，也不喜欢姚广孝，趁着没有随从跟在身边，故意打了姚广孝二十皮鞭（挞之二十）。不久，姚广孝的随员到齐，准备惩处曹三尹，姚广孝却不以为意地摇摇头，做了首诗来调侃自己："出使南来坐画船，袈裟犹带御炉烟。无端撞着曹公相，二十皮鞭了宿缘。"

只有这样的聪明人才能做朱棣的朋友。

在双方的这最后一次会面中，他们谈了很多，让人奇怪的是，他们谈的都是一些国家大事，姚广孝丝毫未提及自己的私事，这似乎也很正常，大家相处几十年，彼此之间十分了解，也就没有什么私事可说了吧。

朱棣很清楚，姚广孝已经不行了，这是一个做事目的性很强的人，自然不会无缘无故在生命的最后时刻找自己聊国家大事，他一定会提出某个要求。

朱棣和姚广孝如同老朋友一般地继续着交谈，但在他们的心底，都等待着最后时刻的到来。

话终于说完了，两人陷入了沉默之中。

姚广孝终于开口了，他提出了人生中最后一个要求：

“请陛下释放溥洽吧。”

朱棣默然。

不出所料，他果然提出了这个要求。

堪称当世第一谋士的姚广孝临死前提出的竟然是这样的一个要求，这个溥洽到底是什么人呢，能够让姚广孝在生命的最后一刻仍然如此挂念他的安危？

其实溥洽的个人安危并不是那么重要，只是因为这个人的身上隐藏着一个秘密，隐藏着朱棣追寻十余年而不得的一个答案。

这个秘密就是建文帝的下落。

十六年前，一场大火焚毁了皇宫，同时也隐灭了建文帝朱允炆的踪迹，等到朱棣带领大群消防队员赶到现场的时候，留给他的只是一堆废墟和活不见人死不见尸的尴尬局面。

从此建文帝的下落就成了他的心头大患，为了找出这个问题的答案，朱棣想尽各种办法四处找人，只要有任何蛛丝马迹，他就会抓住不放。

也就在此时，有人向他告密，还有一个人知道建文帝的下落，这个人就是溥洽。

溥洽是建文帝朱允炆的主录僧，据说当时正是他安排朱允炆出逃的，虽是传闻，但此人与朱允炆关系密切，他确实很有可能知道朱允炆的下落。

朱棣听说后大喜，便将溥洽关进了监狱，至于他是否拷打过溥洽，溥洽如何回应，史无记载，我们自然也不知道。但我们可以肯定的是，他并没有从溥洽的口中得到他想要的东西，因为直到二十年后他临死前方才找到了问题的答案。

但溥洽却从此开始难见天日，他不但是一个特殊的政治犯，还是一个绝对不会被释放的政治犯，原因很简单，他不说出朱允炆的下落，自然不会放他，而如果他说了出来，朱棣也绝不会把这个知情人释放出狱，依着朱棣的性格，还很有可能杀人灭口，一了百了。

如无意外，溥洽这一辈子就要在牢房里度过了。

但是现在，意外发生了。

朱棣知道姚广孝这个要求的分量，溥洽是不能放的，但这毕竟是自己老朋友这一生中的最后一个愿望，实在难以抉择。

姚广孝目不转睛地看着沉默中的朱棣，他知道眼前的这位皇帝正在思考，准备做出决定。

“好吧，我答应你。”

姚广孝释然了，他曾亲眼看见在自己的阴谋策划之下，无数人死于非命，从方孝孺到黄子澄，凌迟、灭族，这些无比残忍的罪行就发生在自己面前，他曾劝阻过，却无能为力。虽然这些人并非直接死在自己手上，但他确实是这一切的始作俑者。

虽然他不是善男信女，但他也不是泯灭人性的恶魔。残酷的政治斗争和亲人朋友的离去让他开始反思自己的行为，很多人因为他而死去，他却背负着罪恶活了下来。

所以在他生命的最后时刻，他提出了这个要求。

不是为了救赎溥洽，而是为了救赎他自己的灵魂。

精神上得到解脱的姚广孝最终也得到了肉体的解脱，三月十八日，姚广孝病死于北京庆寿寺，年八十四。

这位永乐年间最伟大的阴谋家终于含笑离开了人世，他付出了很多，却似乎并没有得到什么，他的前半生努力实践着自己的抱负，后半生却背负着罪恶感孤独地生活着。

无论如何，对于他而言，一切都已结束。

朱棣遵守了他的诺言，放出了溥洽，不是因为仁慈，而是出于对老朋友的承诺。

皇位夺下来了，首都迁过去了，大典修完了，南洋逛遍了，安南平定了，瓦剌、鞑靼没戏唱了。

现在唯一的老朋友也走了。

这场戏演到现在，也差不多了，当年三十一岁的青年朱棣起兵造反，最终夺得

姚广孝的一生

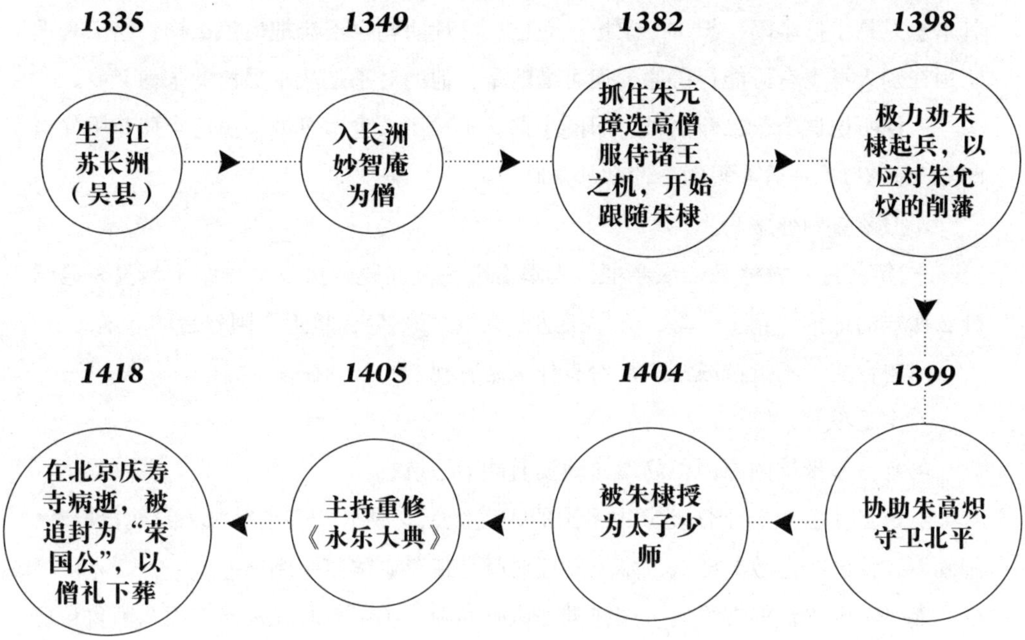

天下，之后他又开始了自己的统治，创造了属于他的时代。

在这漫长而短暂的几十年中，该做的事情他做了，不该做的事情他也做了。但综合来看，他确实是一位历史上少有的雄才大略的皇帝。上面列出的那些政绩里的任何一条都很难做到、做好，但他却用短短十几年的时间就全部完成了。

做皇帝做到他这个份儿上，实在不容易啊。

按说有如此功绩，朱棣也应该心满意足了，但其实不然，在他坐在皇位上的每一个白天，睡在寝宫里的每一个夜晚，有一件事情总是缠绕在他的心头，如噩梦般挥之不去，斩之不绝。

是的，雄才大略的朱棣在他执政的每一个日日夜夜都挂念着这件事，恐惧着这件事。

朱允炆，你到底是死是活，现在何方？

朱棣，不用再等多久了，你很快就会知道答案。

永乐二十年（1422），欠收拾的阿鲁台又开始闹事，他率军大举进攻明朝边境，其本意只是小打小闹，想干一票抢劫而已，估计明朝也不会把他怎么样，这一套理论用在别人身上有可能行得通，但可惜的是，他的对手是从不妥协的朱棣。

朱棣听说这个十二年前被打服的小弟又不服了，也不多说，虽已年届花甲（当时五十五岁），好勇斗狠的个性却从未减退。

不服就打到你服为止！

同年三月，朱棣又一次亲征，大军浩浩荡荡向鞑靼进发，一路上都没有遇到什么像样的抵抗，到了七月，大军抵达沙珲原（地名），接近了阿鲁台的老巢。

阿鲁台实行不抵抗政策，是否有什么后着呢？

答案是没有。

阿鲁台不抵抗的原因很简单，他没有能力抵抗。

这位当年曾立志于恢复蒙古帝国的人已经蜕变成了一个小毛贼，只能抢抢劫，闹闹事，他没有退敌的办法，唯一的应对就是带着老婆孩子跑路。

荡平了阿鲁台的老巢后，朱棣准备班师回朝，由于当时兀良哈三卫与阿鲁台已经互相勾结，所以朱棣决定回去的路上顺便教训一下这个当年的下属。

他命令部队向西开进，并说道："兀良哈知道我军前来，必然向西撤退，在那里等着他们就是了。"

部下们面面相觑，人家往哪边撤退，你是怎么知道的？

可是皇帝说话，自然要听，大军随即向西边转移，八月到达齐拉尔河，正好遇到了兀良哈的军队及部落。

兀良哈十分惊慌，朱棣却十分兴奋，按照现在的退休制度，他已经到了退休年龄，虽然按照级别划定，他应该是厅级以上干部，估计还能干很长时间，但中国历史上，皇帝到了他这个年纪，还亲自拿刀砍人的实在是少之又少。

值此遇敌之时，他横刀立马，以五十五岁之高龄再次带领骑兵亲自冲入敌阵，大破兀良哈（斩首数百级，余皆走散）。

此后他又率军追击，一举扫平了兀良哈的巢穴，这才心满意足地回了家。

从朱棣的种种行为经历来看，他是一个热爱战争、陶醉于战争的人，是一个天生的战士。

上天并没有亏待这位喜欢打仗、热爱战争的皇帝，仅仅一年之后，他又一次亲征鞑靼，不过这次出征的缘由却十分奇特，很明显是没事找事。

永乐二十一年七月，边关将领报告阿鲁台有可能（注意此处）会进攻边界，本来这不过是一份普通的边关报告，朱棣却二话不说，马上准备亲征。

人家都说了，只是可能而已，而且边关既然能够收到情报，必然有准备，何需皇帝陛下亲自出马？

就算阿鲁台真的想要袭击边界，估计他也会说："我还没动手呢，就算打也是小打，你干吗搞这么大阵势？"

其实朱棣的动机十分简单：

实话说了吧，就是想打你，你能怎么样？

看来先发制人的政策绝非今日某大国首先发明的，这是历史上所有的强者通用的法则。

同年八月，朱棣第四次亲征，千里之外的阿鲁台得到消息后，马上就开始收拾东西，准备溜号。他已经习惯了扮演逃亡者，并掌握了这一角色的行动规律和行为准则——你来我就跑，安全第一。

这是一次不成功的远征，由于阿鲁台逃得十分彻底，朱棣什么也没有打着，只好班师回朝。

虽然此次远征并无收获，朱棣却在远征途中获得了一件意想不到的礼物，一件对他而言价值连城的礼物。

这件礼物就是他已苦苦寻觅二十年的答案。

参考消息 **庆功会**

第三次亲征回朝后，朱棣搞了一次很有个性的庆功会。他把出征的人分为了四等：第一等是有功无过者，坐前列，吃高等餐；第二等是功过相抵者，坐次列，吃中等餐；第三等是无功无过者，坐下列，吃下等餐；第四等是无功有过者，就不坐了，命令他们站在一边，看着别人吃……

◆ 最后的答案

胡濙终于回来了。

十六年前，他接受了秘密的使命，独自出行两湖江浙，探访大小寺庙，只为了寻找朱允炆的行踪，十年之间费尽心力，却毫无收获。

胡濙十分清楚，朱棣绝对不是一个可以商量的人，自他接受这个任务起，自己的命运就只剩下了两种结局，要么找到朱允炆，要么继续寻找，直到自己死去，另一个人来接替他。

没有同伴，没有朋友，不能倾诉也无法倾诉，胡濙就这样苦苦寻找了十几年，这期间他没有回过家，连母亲去世他也无法回家探望，因为在使命完成之前，他没有回家的权利。

朱棣也并不是刻薄的人，他深知这项工作的辛苦，永乐十四年，他终于召胡濙回来，并任命他为礼部左侍郎，从小小的给事中一下子提拔为礼部的第二把手，胡濙成为了众人羡慕的对象，但只有朱棣和胡濙本人才知道，这一切不过是对胡濙从事的秘密工作的报答。

历时十年，胡濙没有能够找到朱允炆，他只得回到朝廷做他的官。

这个人真的还存在吗？或许这一辈子也找不到他了吧。

三年后的一次任命打破了胡濙的幻想。

永乐十七年（1419），朱棣再次命令胡濙出巡江浙一带，这次任命看似普普通通，实际上是另一次寻找的开始。我们有理由相信，这次朱棣是获得了准确的情报，朱允炆就在这一带！

一定要找到他！

然而胡濙这一去又是几年毫无音信，这下子连朱棣也几乎丧失了信心。

胡濙一直在找，朱棣一直在等，二十年过去了，两个青年人的约定变成了老年人的约定，朱棣的身体也是一天不如一天，恐怕等不了多久了，但约定还在继续，也必须继续下去。

就在看上去朱允炆即将被划入永远失踪人口时，事情出现了意想不到的转机。

这个悬疑长达二十年的问题终于得到了解答，在一个神秘的夜里。

永乐二十一年的一个深夜，远征途中的朱棣正在他的行在内睡觉（帝已就寝），忽然内侍前来通报，说有人前来觐见。

被吵醒了的朱棣很不高兴，这也是人之常情，即使普通人也不愿意在熟睡之际被人从美梦中惊醒，但当内侍说出前来觐见的人的名字时，朱棣如同触电一般地立刻睡意全消，他命令马上召见此人。而这个深夜前来吵醒朱棣的人正是胡濙（闻濙至，急起召入）。

朱棣的心中充满了兴奋、期待和恐惧，他十分清楚，如果没有他的命令，胡濙是绝不可能私自回来的。而此刻胡濙不经请示，深夜到访必然只有一个原因——他找到了那个人。

胡濙见到了朱棣，告诉了他自己所知道的一切，两人交谈了很长时间（悉以所闻对，漏下四鼓乃出……至是疑始释）。

相信很多人都会问，他们到底谈了些什么，这个悬疑二十年的谜团的谜底到底是什么？

我必须饱含悲痛地告诉大家，我也不知道。

坦率地说，现在说出这句话，我也很惭愧，胡濙最终没有忽悠朱棣，他虽然让朱棣等了十六年，但确实带给了他答案。

而从我讲这个谜团开始，到现在谜团结束，中间穿插了无数历史事件，也已经过去了很长时间，但我最终还是不能给大家一个肯定的答案。

说实话，这似乎也不能怪我，此文虽然用过一些明清笔记、杂谈之类的记载，但主要依据的还是《明实录》《明史》等正史资料。

我这人胆子并不算小，但如此重大的历史悬疑问题，也实在不敢乱编，史料上没有，我自然也不能写有。但我虽然不能给出结论，却能够推理出一个结论。

要知道，史料是死的，人却是活的。

下面我们就开始这段推理，力争发现历史背后隐藏的真相，在这段推理过程中，

参考消息 **一箭三雕**

胡濙除了肩负寻找张仙人和建文帝的使命外，还有个重要作用就是打听民间小道消息，报告给朱棣。消息的范围从官员家的八卦，到税课司的贪墨，再到粮价，还有各地的民俗、特产，甚至还有一些兵变、民变的原因等。这一切经由特定的通道定期（一般视旅途远近，以数月为周期）传回宫中，所以半夜跑来的胡濙也格外不同寻常。

我们将得到三个推论:

首先，从上面的这段记载我们可以知道，胡濙的使命确实是寻找建文帝，而朱棣在深夜被吵醒还如此兴奋，其原因我们也已经分析过了，除非已经完成使命，胡濙是绝对没有胆子敢擅离职守的。

由此我们得到推论 1: 胡濙完成了他的使命，带来了建文帝的消息。

接下来是最重要的部分，也是争议最多的部分，胡濙到底对朱棣说了什么?

这似乎是个死无对证的问题，但其实只要在推论 1 的基础上抓住蛛丝马迹进行一些推理辨别，我们就可以知道在那个夜晚两人交谈的内容。

胡濙深夜到访，会对朱棣说些什么呢？有以下几种可能:

A: 我没有找到建文帝，也没有他的消息，这么晚跑来吵醒你是想逗你玩的。

结论: 不可能。

原因: 朱棣不会把如此重要的工作交给一个精神不正常的人。

B: 我找到了建文帝的下落，但他已经死了。

结论: 可能性较小。

原因: 虽然本人当时并不在场，我却可以推定胡濙告诉朱棣的应该不是这句话，因为在史书中有一句极为关键的话可以证明我的推论:

“悉以所闻对，漏下四鼓乃出”。

“漏下四鼓乃出”！如果说一个人已经死掉，就算你是验尸的，无论如何也不可能讲这么长时间，胡濙为人沉稳寡言，身负绝密使命，绝对不是一个喜欢说废话的人，所以我们可以推定，他告诉朱棣的应该不是这些。

我们就此得出最后的结论 C。

C: 我找到了建文帝，并和他交谈过。

结论: 很有可能。

原因: 以上两个推论皆不对，此为所剩可能性最大的结论。

就这样，我们结合史料用排除法得到了第二个推论:

推论 2: 胡濙找到了建文帝，并和他交谈过。

结合推论 1 和推论 2，我们最终来到了这个谜团的终点——建文帝对胡濙说过些什么?

这看上去似乎是我们绝对不可能知道的，连胡濙对朱棣说了些什么我们都无法肯定，怎么能够了解到建文帝对胡濙说过什么话呢？

其实只要细细分析，就会发现，我们是可以知道的。

因为建文帝对胡濙说过的话，必然就是胡濙和朱棣的谈话内容！

胡濙不是吃饱了没事干四处找人聊天的那种官员，他肩负重要使命，且必须完成，当他找到建文帝并与之交谈后，一定会把所有的谈话内容告诉朱棣，因为这正是他任务中的最重要部分。所以我们可以肯定，在那个神秘夜晚胡濙告诉朱棣的，正是建文帝告诉胡濙的。

现在我们已经清楚，只要知道了胡濙和建文帝的谈话内容，就能了解胡濙和朱棣的谈话内容，那么胡濙和建文帝到底谈了些什么呢？

可以肯定的是，他们不会谈论天气好坏、物价高低等问题，当年的臣子胡濙除了向建文帝行礼叙旧外，其谈话必然只有一个主题——你的打算。

陛下，你还活着，那你到底想怎么样呢？

我们有理由相信，朱允炆给了胡濙一个答案。

而在那个神秘的夜里，胡濙告诉朱棣的也正是这个答案。

建文帝的答案到底是什么，这看上去也是我们不可能知道的秘密。

然而事实上，我们是可以了解这个秘密的，因为这个秘密的答案正是我们的第三个推论。

解开秘密的钥匙仍然在史料中——“至是疑始释”。

解脱了，彻底解脱了，二十年的疑问、忧虑、期待、愧疚、恐惧，在那个夜晚之后，全部烟消云散。

需要说明的是，我们同时可以推定胡濙与朱棣谈话之时，建文帝应该还活着。

因为胡濙是一个文臣，之后他还因为在此事上立下大功，被任命为尚书，并成为了后来的明宣宗托孤五大臣之一，在寻访过程中，为了保密，他一直是单人作业，像他这样的一个人，是干不出杀人灭口的事情的。而他深夜探访朱棣，也充分说明了在此之前，他并没有向朱棣通报过建文帝的消息。

当然，在谈话之后，朱棣会不会派人去斩一下草，除一下根，那也是很难说的。

不过我愿意相信，朱棣没有这样做，在我看来，他并不是一个灭绝人性的人，他的残忍行为只是为了保证自己的皇位，如今二十多年过去了，他也变成了一个老人，并且得到了那个答案，他也应该罢手了。

寻找朱允炆

朱允炆的下落始终是朱棣的一块心病，他摆下天罗地网，穷追不舍二十一年才找到答案

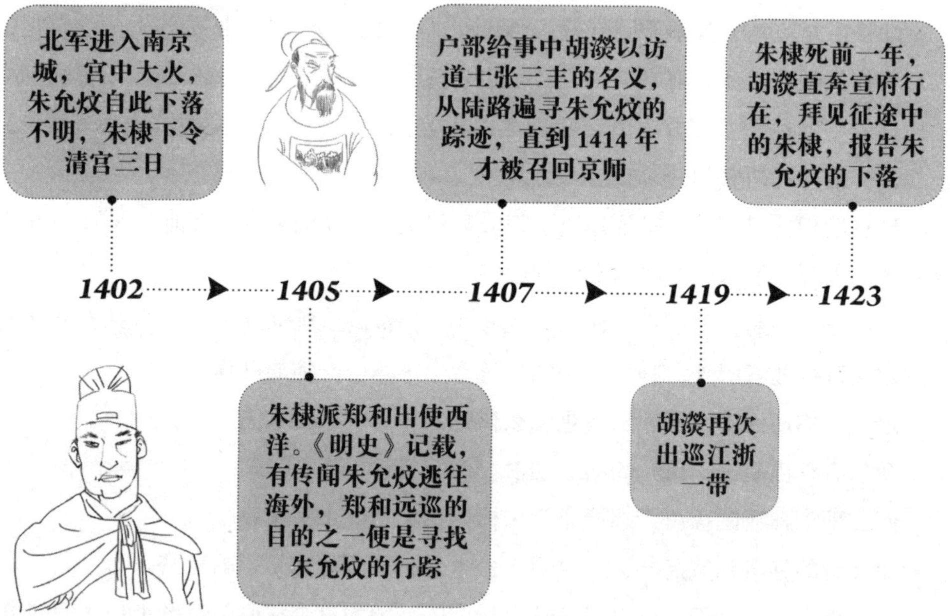

推论3：答案。

“二十年过去了，我也不想再争了，安心做你的皇帝吧，我只想一个人继续活下去。”

我相信，这就是最后的答案，因为只有这样的答案才能平息这场二十多年的纷争，才能彻底解脱这两个人的恐惧。

坐在皇位上的那个，解脱的是精神，藏身民间的那个，解脱的是肉体。

我不会再和你争了，做一个好皇帝吧。

我不会再寻找你了，当一个老百姓，平静地活下去吧。

这场叔侄之争终于画上了句号。为了权力，这对亲人彼此之间从猜忌到仇恨，再到兵刃相见，骨肉互残，最终叔叔打败了侄子，抢得了皇位。

但事情并未就此结束，登上皇位的人虽然大权在握，却时刻提心吊胆，唯恐自

己在某一天夜里醒来，会像上一个失败者那样失去自己刚刚得到的东西。

因为一无所有并不可怕，可怕的是得到后再失去。

被赶下去的那个人更惨，他必须抛弃荣华富贵的生活，藏身民间，从此不问世事，还要躲避当权者的追寻，唯有隐姓埋名，只求继续活下去。

这种残酷的心灵和肉体上的煎熬整整持续了二十年，六千多个日日夜夜的折磨，足以让任何一个人发疯。

得到了权力，似乎就得到了一切，但其实很多人并不明白，在权力游戏中，你没有休息的机会，一旦参加进来，就必须一直玩下去，直到你失败或是死亡。

得到了很多，但失去的更多。

这就是他们必须付出的代价，无论是成功者，还是失败者。

走上了这条路，就不能再回头。

◆ 死于征途的宿命

无论如何，朱棣终于得到了解脱，虽然来得迟了一点，但毕竟还是来了，至少他不会将这个疑问带进棺材。

也算是老天开眼吧，因为如果这个答案来得再晚一两年，朱棣也只能带着遗憾去见他父亲了，不过现在他终于可以心无旁顾地过几天舒服日子了。

朱棣的精神得到了解脱，这之后的日子对他而言应该是放松而愉快的，但这恐怕也是上天对他最后的恩赐了，因为死神已经悄悄逼近了他。

永乐二十二年元月，阿鲁台又开始重操旧业，在明朝边界沿路抢劫，侵扰大同等地，此时朱棣的身体已经大不如前，但为了彻底解决问题，他还是十分勉强地骑上了战马，第五次率领大军出征。

就算不为自己着想，也要为儿子着想，帮他把对头收拾干净，将来才好安心做皇帝，就算留不下多少遗产，也给你留个太平日子吧。

古往今来的父爱，大抵都是如此。

朱棣与往常一样，挑选了几个大臣与他一同出发远征，而在他挑选的人中，有一个会在不久之后发挥极为重要的作用。

这个人就是杨荣。

六月，大军出发到达达兰纳木尔河，这里就是原先阿鲁台出没之地，然而此刻已经是人去楼空。抢劫惯犯阿鲁台早已收拾好包袱，逃之夭夭了。

经过反复搜寻，仍然不见阿鲁台的身影，朱棣的身体却是一天不如一天，大臣们发生了争论:

张辅表示，愿意自己领取一个月的粮食，率领军队深入大漠，一定要把阿鲁台抓回来。

杨荣表示，大军已经到此，如果继续待下去，粮草必然无法充足供应，必须尽早班师。

朱棣木然地听完他们的争论，下达了命令:

班师。

他也已经厌倦了，从少年时起跟随名将远征，到青年时靖难造反，再到成年时远出蒙古，横扫大漠。打了几十年的仗，杀了无数的人，驰骋疆场的生活固然让人意气风发，却也使人疲惫不堪。

还是回家吧。

七月，大军到达翠微岗，周身患病的朱棣召见了杨荣，君臣二人之间进行了最后一次谈话。

朱棣说道:“太子经过这么多年磨炼，政务已经十分熟悉，我回去后会将大权交给他，我自己就安度晚年，过几天平安日子吧。”

杨荣心中大喜，却并不表露，他回应道:“太子殿下忠厚仁义，一定不会辜负陛下的期望。”

参考消息 **工作狂朱棣**

朱棣每天凌晨四点左右起床，先仔细想想当天要做的事，再洗漱去上早朝，跟大臣们商议。中间有点休息时间，大臣们都去休息了，他却坚持到偏殿看书。接着又是午朝。晚上吃饭的时候，还经常约人谈工作。之后，就开始处理奏章，到了夜深人静的时候，他又开始读书。睡到半夜，一旦想起什么事儿，就起床叫人记下。虽然贵为皇帝，一天却睡不了几个小时，典型的“起得比鸡早，干得比驴多”。有证据显示，他在位的八千零六十二天里，没有一天是荒废的。

朱棣五次亲征漠北之战

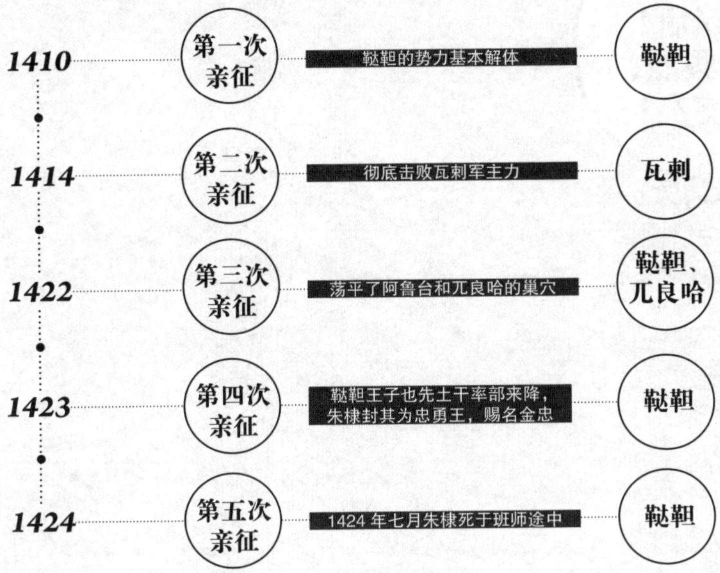

重病缠身的朱棣笑了笑，他夺得了江山，也守住了江山，现在儿子已经很能干了，大明帝国必将在他的手中变得更加强大，自己也终于能够安享太平了。

但朱棣想不到的是，他已经回不了家了。

可能上天也学习了朱棣这种凡事做绝的作风，他注定要让这个喜爱战争和打仗的皇帝在征途中结束他的一生。

大军到达榆木川后，朱棣那原本强撑着的身体终于支持不住，于军营中病逝，年六十五。

六十五年前，在战火硝烟中诞生的那个婴孩，经历了无数风波，终于在征途中找到了自己的归宿，获得了永久的安宁。

在我看来，在远征途中死去，实在是他最佳的落幕方式，这位传奇帝王就此结束了他的一生。

这似乎也是一种宿命，生于战火、死于征途的宿命。

按照以往的习惯，应该给这位皇帝写一个整体的评价，其实对这位传奇帝王的评价，在以往的明史资料中有很多版本，而我认为最为出色的当属《明史》的评论。

虽然《明史》有很多错漏和问题，但至少在对朱棣的评价上，在我看来，史料中无出其右者，我之前很少引用古文，最多只是引用只言片语，用来说明出处，但此段文字实在是神来之笔，在下本欲自己动笔写评，奈何实在不敢班门弄斧，故引用如下：

文皇少长习兵，据幽燕形胜之地，乘建文孱弱，长驱内向，奄有四海。即位以后，躬行节俭，水旱朝告夕振，无有壅蔽。知人善任，表里洞达，雄武之略，同符高祖。六师屡出，漠北尘清。

至其季年，威德遐被，四方宾服，受朝命而入贡者殆三十国。幅陨之广，远迈汉唐！成功骏烈，卓乎盛矣！然而革除之际，倒行逆施，惭德亦曷可掩哉！

幅陨之广，远迈汉唐！成功骏烈，卓乎盛矣！

得评如此，足当含笑九泉！

他不是一个好人，却是一个不折不扣的好皇帝。

◆ 深夜的密谋

朱棣结束了他传奇性的一生，终于故去了，死人没有了烦恼，也不用再顾虑权力、金钱、前途之类的东西，但活人却是要考虑这些的。

在朱棣死去后的那片哀怨愁云下，却隐藏着一股潜流。不同的利益集团正在加紧行动的步伐，他们争夺的就是朱棣留下的最有价值的遗产——皇位。

早在朱棣出发远征之时，他的好儿子朱高煦就已经预见到，自己的这位父亲可能很快就要走人了，他加紧了筹划，派出自己的儿子朱瞻圻潜伏在京城，并用快马传递消息，一晚上甚至会有七八批人往来通报，在没有电话的当年，也真是苦了那些报信的。

朱高煦做梦都想要皇位，但他十分清楚，必须确认自己的父亲抢救无效死亡后，才能动手，要是情况没摸准，自己就起兵，结果老爹来个诈尸或是借尸还魂，来到自己面前："小子，想学你爹造反啊！"不用打，自己就败局已定。

在造反专家朱棣面前，朱高煦的道行还太浅。

所以他耐心地等待着，等待着那个消息的到来。

朱棣的内侍马云是个并不起眼的人，平日看上去不偏不倚，然而此时，他也亮出了自己的立场，朱棣死后，他以内侍身份深夜召集两个人开会，这两个人分别是杨荣和金幼孜。

他们三人经过密谋，做出了这样的决定，暂不发丧，每日按时给皇帝送膳食，以掩人耳目，并严格控制消息，禁止军营中人擅自外出报信。

可能有人会问，皇帝死后，由于尚远征在外，密不发丧不是通常的安排吗，为什么会说是密谋呢？

因为这看似寻常的安排实际上暗藏玄机，在朱棣死前，他召见的顾命大臣并不是这两个人，而是张辅！

朱棣临死前召见张辅，并传达了传位太子的旨意，这似乎并没有什么让人担心的，但问题就在于张辅这个人。

张辅是张玉的儿子，而张玉和邱福与朱高煦的关系十分紧密，他们都是靖难时候的战友，在立储问题上，靖难派是支持朱高煦的。

马云召集杨荣、金幼孜两人密谋做出如此重大之决定，竟然没有张辅在场，实在是十分之不寻常。很明显，他们是有所防备的。

事实证明，他们的担心并非没有道理，因为就在一年后，朱高煦起兵造反的前夜，派人去京城寻找的那个内应，正是张辅。

在封锁消息之后，杨荣被赋予了最为重要的使命——回京向太子报丧，并筹备太子继位事宜，这位潜伏多年的太子党秘密成员终于有了用武之地，他日夜兼程，终于将遗命及时送到了太子手中。

朱高煦从头到尾都被蒙在鼓里，等到他知道消息的时候，太子已经做好了各项准备，登基即位了。

朱高煦先生，你又没有猜对，吸取教训，下回再来，你还有一次机会。

朱允炆大事记

1377 洪武十年	1岁	出生，为朱标次子
1392 洪武二十五年	16岁	四月，太子朱标病故
		九月，朱允炆被立为皇太孙
1398 洪武三十一年	22岁	继位，改年号建文
1399 建文元年	23岁	重用齐泰、黄子澄、方孝孺等，进行削藩 燕王朱棣起兵反抗，靖难之役起
1400 建文二年	24岁	诏减苏、松、嘉、湖重赋 年末，朱棣军攻东昌，为大将盛庸所败
1401 建文三年	25岁	罢谪齐泰、黄子澄，以缓燕王之兵，但朱棣进军如故
1402 建文四年	26岁	燕师攻进南京，靖难之役终，从此下落不明

朱棣大事记

1360	至正二十年	1岁	五月二日，出生，为朱元璋第四子
1370	洪武三年	11岁	受封为燕王
1376	洪武九年	17岁	成亲，妻子徐氏册为燕王妃
1380	洪武十三年	21岁	就藩北平
1382	洪武十五年	23岁	在京师结识道衍和尚姚广孝
1390	洪武二十三年	31岁	征讨乃儿不花，大获全胜
1398	洪武三十一年	39岁	敕谕朱棣统率诸王。六月二十四日，朱元璋病故，六月三十日，朱允炆即位，为建文帝
1399	建文元年	40岁	建文帝削藩，朱棣起兵，靖难兵起
1402	建文四年	43岁	燕师攻下南京，朱棣登基
1403	永乐元年	44岁	改北平为北京
1404	永乐二年	45岁	立长子朱高炽为太子

1405 永乐三年	46 岁	派郑和下西洋
1406 永乐四年	47 岁	营建北京
1407 永乐五年	48 岁	修《永乐大典》成
1410 永乐八年	51 岁	亲征鞑靼本雅失里
1411 永乐九年	52 岁	立皇长孙朱瞻基为皇太孙
1414 永乐十二年	55 岁	亲征瓦剌马哈木
1420 永乐十八年	61 岁	设置东厂；北京宫殿成，下诏迁都
1422 永乐二十年	63 岁	亲征漠北
1423 永乐二十一年	64 岁	亲征漠北
1424 永乐二十二年	65 岁	亲征鞑靼阿鲁台，还师途中驾崩，葬于明十三陵中的长陵

图书在版编目（CIP）数据

明朝那些事儿．第 2 部 / 当年明月著．—北京 ：
北京联合出版公司，2017.5（2025.5 重印）
ISBN 978-7-5596-0158-2

Ⅰ．①明… Ⅱ．①当… Ⅲ．①中国历史－明代－通俗读物 Ⅳ．① K248.09

中国版本图书馆 CIP 数据核字（2017）第 079360 号

明朝那些事儿 第2部
作　　者：当年明月
出 品 人：赵红仕
责任编辑：李　征
特约监制：何　寅
产品经理：夜　莺
特约编辑：刘晨楚
插画制作：typo_design　李宝剑
地图制作：王晓明
内文设计：typo_design
封面设计：魏　魏

北京联合出版公司出版
（北京市西城区德外大街 83 号楼 9 层　100088）
北京盛通印刷股份有限公司印刷　　新华书店经销
字数 280 千字　710 毫米 ×1000 毫米　1/16　18.5 印张
2017 年 5 月第 1 版　2025 年 5 月第 33 次印刷
ISBN 978-7-5596-0158-2
定价：45.00 元
